ÖSTERREICHISCHE AKADEMIE DER WISSENSCHAFTEN
PHILOSOPHISCH-HISTORISCHE KLASSE
SITZUNGSBERICHTE, 779. BAND

VERÖFFENTLICHUNGEN DER KOMMISSION ZUR HERAUSGABE
DES CORPUS DER LATEINISCHEN KIRCHENVÄTER

HEFT XXIV

COLLATIO AUGUSTINI CUM PASCENTIO

EINLEITUNG, TEXT, ÜBERSETZUNG

MIT BEITRÄGEN VON H. C. BRENNECKE, H. REICHERT UND K. VÖSSING

HERAUSGEGEBEN VON HILDEGUND MÜLLER,
DOROTHEA WEBER UND CLEMENS WEIDMANN

Verlag der
Österreichischen Akademie
der Wissenschaften

ÖAW

Wien 2008

Vorgelegt von w. M. KURT SMOLAK in der Sitzung am 14. März 2008

Teile dieses Bandes wurden mit dem Programm CLASSICAL TEXT EDITOR erstellt.

Die verwendete Papiersorte ist aus chlorfrei gebleichtem Zellstoff hergestellt, frei von säurebildenden Bestandteilen und alterungsbeständig.

ISBN 978-3-7001-6054-0

Druck: Börsedruck Ges.m.b.H., A-1230 Wien

http://hw.oeaw.ac.at/6054-0
http://verlag.oeaw.ac.at

INHALTSVERZEICHNIS

VORWORT

Der vorliegende Band ist das Ergebnis des internationalen Postgraduate-Workshop „Edieren lateinischer patristischer Texte“, den die Kirchenväterkommission der Österreichischen Akademie der Wissenschaften vom 21. August bis 1. September 2006 in Wien abhielt. Im Rahmen dieser Veranstaltung wurden an der pseudo-augustinischen Collatio cum Pascentio als exemplarischem Text editorische Arbeitsschritte wie etwa Kollationieren, Entwurf eines Stemmas, Einzelprobleme der Textkonstitution, Erstellung der Apparate besprochen und gemeinsam durchgeführt.

Die Edition ist in Zusammenarbeit aller Teilnehmer entstanden:

Simone Adam	Arnold Becker	Alexander Cyron
Patrick Falmbigl	Katharina Greschat	Cinzia Grifoni
Andreas E. J. Grote	Barbara Hanus	Rainer Klotz
Martin Lang	Mieczyslaw Mejor	Livia Neureiter
Mehran Nickbakht	Vera v. d. Osten-Sacken	Eduardo Otero Pereira
Victoria Panagl	Igor Pochoshajew	Marianne Pollheimer
Christina Prapa	Nils Rücker	Martin Schaller
Petra Schierl	Stefan Schima	Till Schindehütte
Michael C. Sloan	Wolfgang Strobl	Tobias Uhle
	Samuel Zinsli	

Die Einleitung, die über Umstände der Entstehung, Überlieferung, Echtheits-, Quellen- und Genusfragen der in vielfacher Hinsicht ebenso interessanten wie problematischen Schrift informiert, will dem Leser die unterschiedlichen, einander ergänzenden, bisweilen auch relativierenden Fragestellungen und Ansätze der Herausgeber präsentieren; leichte Inkonzinnitäten, etwa im Titel der Schrift, wurden daher bewusst nicht abgeglichen. Die Teile sind jeweils namentlich gekennzeichnet. Zur besseren Verständlichkeit ist dem sprachlich mitunter schwierigen lateinischen Text eine Übersetzung (S. Adam, A. Cyron, I. Pochoshajew, N. Rücker, P. Schierl, T. Uhle) beigegeben; die drei Einzelbeiträge (H. C. Brennecke, H. Reichert, K. Vössing), hervorgegangen aus Vorträgen im Rahmen des Workshop, informieren über historische, kirchenpolitische und gesellschaftliche Hintergründe sowie über Fragen der vandalischen Sprache, aus welcher der Text zwei vieldiskutierte Wörter überliefert. Die redaktionelle Betreuung des Manuskripts hat V. Panagl übernommen.

Hildegund Müller　　Dorothea Weber　　Clemens Weidmann

Einleitung

Die Schrift Collatio Augustini cum Pascentio

Bemerkungen zum historischen Umfeld

Die Collatio Augustini cum Pascentio[1] ist ein Produkt jener Phase des spätantiken Nordafrika, die von dramatischen Umbruchserscheinungen gekennzeichnet ist: Politische Herrschaft, Zivilisation, Kultur und Sprache, Sozialgefüge und kirchliche Autorität veränderten sich innerhalb weniger Jahrzehnte grundlegend.[2] Diese Umwälzungen wirkten sich, wie in vielen anderen Lebensbereichen, so auch in der Literatur aus, brachten diese aber keineswegs zum Stillstand: Eher hat es den Anschein, dass im germanischen Vandalenreich lateinische Poesie und Prosa auf reges Interesse stießen. Manche unter den Vandalenkönigen verfasste Schriften thematisieren Aspekte der neuen Lebensrealität, etwa das Werk Victors von Vita über die Unterdrückung der Katholiken durch die arianischen Herrscher, oder reflektieren in dezidiert traditionell-literarischer Haltung die neue Situation wie beispielsweise die Dichtungen des unter König Gunthamund eingekerkerten Dracontius. Zu den Schriften, die auf religionspolitische Maßnahmen – die Vandalen waren Anhänger des ‚Arianismus'[3] und bekämpften ihre ‚katholischen' Gegner unter Anwendung politischer Gewalt – mit einer letztlich retrospektiven Methode reagierten, gehört der in diesem Band edierte Text.

---

[1] Clavis patrum latinorum (=CPL), Steenbrugge ^{3}1995, 366; R. Gryson, Répertoire général des auteurs ecclésiastiques latins de l'antiquité et du haut moyen âge, 5. éd., Freiburg 2007, 2 Bände, I, 274; J. Machielsen, Clavis patristica pseudepigraphorum medii aevi, IIA, Turnhout 1994, Nr. 145 (20). Zuletzt wurde coll. Pasc. von J.-P. Migne im Jahr 1841 (PL 33, 1156–1162; Nachdruck 1861) in enger Anlehnung an die Ausgabe der Mauriner (s. u. S. 61 und 71) ediert. Eine gute Einführung und einen Überblick über die Sekundärliteratur bietet U. Heil, Augustin-Rezeption im Reich der Vandalen. Die *Altercatio sancti Augustini cum Pascentio Arriano*, ZAC 11 (2007), 6–29. – Im Folgenden werden abgekürzt: Corpus Christianorum Series Latina mit CC, J. B. Hofmann - A. Szantyr, Lateinische Syntax und Stilistik, München ^{2}1972 mit LHS.

[2] Ein Überblick findet sich, abgesehen von den in diesem Band vereinigten Artikeln, in: Das Reich der Vandalen und seine (Vor-)Geschichten, edd. G. M. Berndt - R. Steinacher, Wien 2008 (Forschungen zur Geschichte des Mittelalters 13).

[3] Trotz seiner Problematik (dazu Brennecke, S. 125–128) wird hier und im Folgenden der Einfachkeit halber der Begriff ‚Arianismus' für die homöische Position verwendet.

Die anonyme[4] Collatio cum Pascentio (im Folgenden mit coll. Pasc. abgekürzt), allem Anschein nach im vandalischen Nordafrika des ausgehenden 5. Jhs. verfasst,[5] gibt sich als Niederschrift einer Debatte, die Augustinus und der Arianer Pascentius unter dem Vorsitz eines Richters namens Laurentius in einer (historisch und archäologisch nicht nachweisbaren) *domus Anicia*[6] in Hippo Regius über den Wortlaut des ‚arianischen' und des ‚katholischen' Glaubensbekenntnisses, im Besonderen über die Rechtmäßigkeit des Begriffs ὁμοούσιος, geführt haben sollen. Im ersten Drittel des Textes werden Voraussetzungen und Bedingungen der von ‚Pascentius' initiierten Diskussion geklärt (capp. 1–14), die eigentliche theologische Argumentation (cap. 15) nimmt ‚Augustinus' in einem langen Monolog vor; am Ende zieht ‚Pascentius' seinen Vorwurf zurück (cap. 17), Laurentius hält das Ergebnis fest und unterzeichnet das Protokoll (capp. 18–19).

Der dogmengeschichtliche Hintergrund der Debatte[7] liegt letztlich im Wortlaut des Nicaenum, in dem die zweite göttliche Person mit einem un-

---

[4] In der Maurineredition (s. S. 61) wurde die (in der modernen Forschung aufgegebene) Zuschreibung an Vigilius von Thapsus wegen stilistischer und literarischer Ähnlichkeiten – er fingierte in c. Arian. dogmatische Streitgespräche, die unter dem Vorsitz eines Richters zwischen Arius und berühmten, bereits verstorbenen katholischen Autoren geführt werden –, erwogen. Da zuverlässige Ausgaben seiner Schriften, die einen sprachlich-stilistischen Vergleich ermöglichen würden, nicht vorliegen, fingierte Dialoge über dogmatische Fragen auch anderweitig (s. u. S. 37) bezeugt sind und in den Handschriften coll. Pasc. nicht gemeinsam mit echten Werken des Vigilius überliefert wurde, entbehrt diese Zuschreibung jeder Grundlage.

[5] Der Text bietet für diese Lokalisierung durch die (sachlich nicht nötige) Erwähnung Africas (15, 97–100: *non enim in Africa aut cuncta barbaria, sed in Syria vel Graecia ... decuit vel oportuit verba fidei compendiose firmare*) und für die Datierung in die Zeit vandalisch-arianischer Vorherrschaft in Nordafrika durch seine Thematik und das offene Ende (s. u. S. 18) Anhaltspunkte.

[6] Die senatorische Adelsfamilie der *Anicii* hatte offenbar afrikanische Wurzeln (s. A. Beschaouch, Uzappa et le proconsul d'Afrique Sex. Cocceius Anicius Faustus Paulinus, MEFRA 81 [1969], 195–218; M. Christol, A propos des Anicii, MEFRA 98 [1986], 141–164), mehrere Mitglieder der Familie der *Anicii Acilii Glabriones* waren im 5. Jh. in der Verwaltung von Africa proconsularis tätig (M. Dondin-Payre, Exercice du pouvoir et continuité gentilice: les Acilii Glabriones du IIIe siècle av. J.-C. au Ve siècle ap. J.-C., Rome 1993 [Collection de l'École Française de Rome 180], 259), es ist daher wahrscheinlich, dass sie über private Besitzungen in Africa verfügten und sich in der Region als Stifter betätigten. Somit ist es durchaus möglich, dass es in Hippo Regius eine *domus Anicia* gab (Hinweis von Fritz Mitthof, Wien). – Siehe besonders Vössing, unten S. 192.

[7] S. den Beitrag von Brennecke in diesem Band.

biblischen Begriff als ὁμοούσιος τῷ πατρί[8] bezeichnet wurde. Von der Synode von Sirmium (357) abgelehnt, findet sich ὁμοούσιος unter den Anathemen der sogenannten vierten Formel von Sirmium (359) und der Synoden von Rimini bzw. Konstantinopel (359/360),[9] welche das Verhältnis von Vater und Sohn als ὅμοιος bestimmten.[10] Im Westen wurde der Begriff ὁμοούσιος trotz seiner Aufnahme in das Symbolum der Synode von Konstantinopel (381) bis in das 6. Jh. von Seiten der ‚Arianer' bekämpft, die am homöischen Bekenntnis festhielten. Wie sehr dieses Wort im Zentrum der dogmatischen Auseinandersetzungen stand, zeigt sich auch daran, dass Anhänger des Nicaenum abwertend als *homousiani* (cf. coll. Pasc. 4, 12; 15, 154) bezeichnet wurden.[11] Gegen Ende des 5. Jhs. scheint sich diese Diskussion in Nordafrika intensiviert zu haben:[12] So setzen beispielsweise das Vigilius von Thapsus zugeschriebene Werk Contra Felicianum Arrianum de unitate trinitatis, der anonyme Traktat De trinitate[13] sowie der bei Victor von Vita überlieferte Libellus fidei catholicae[14] ebenso wie coll. Pasc. mit einer Problematisierung dieses Begriffs ein.

---

[8] Zur Geschichte der Auseinandersetzung allgemein s. J. N. D. Kelly, Early Christian Creeds, in dt. Übersetzung: Altchristliche Glaubensbekenntnisse. Geschichte und Theologie, Göttingen [2]1993, und F. Dünzl, Kleine Geschichte des trinitarischen Dogmas in der Alten Kirche, Freiburg-Basel-Wien 2006; speziell zu ὁμοούσιος Kelly 240–251.

[9] Vgl. die Epistula synodi Ariminensis ad Constantium (coll. antiar. Paris. A 6, 1: *ne quis usiae vel omousii nomina ecclesiae dei ignota aliquando nominet quod scandalum inter fratres facere solet*).

[10] Kelly (wie Anm. 8), 290.

[11] Dies entspricht einer Begebenheit, über die Rufin (hist. 10, 22 [988, 6f.]) in Zusammenhang mit der Synode von Rimini (polemisch verzerrt?) berichtet (*ibi secundum ea, quae orientales apud Seleuciam conposuerant, callidi homines et versuti simplices et inperitos occidentalium sacerdotes facile circumveniunt, hoc modo proponendo eis, quem magis colere et adorare vellent, Homousion an Christum, illisque virtutem verbi, quid homousion significaret, ignorantibus velut in fastidium quoddam et execrationem sermo deductus est, Christo se credere, non Homousio confirmantibus*). Die Verwendung des Appellativums *homousianus* in der trinitätstheologischen Debatte ist auch durch Augustinus bezeugt, beispielsweise c. Iul. imperf. 1, 75 (*Athanasianos vel homousianos Arriani catholicos vocant* ...); c. serm. Arian. 36 (p. 110, 12: *Arriani quippe et Eunomiani, non alii haeretici, nos vocitant homousianos* ...).

[12] Zur Bedeutung dieses Themas im Umfeld des Textes s. S. 36.

[13] CC 90, 239–259.

[14] Historia persecutionis Africanae provinciae 2, 56–101.

Dass coll. Pasc. in der Sekundärliteratur wenig Beachtung gefunden hat, liegt zum einen daran, dass über ihre Inauthentizität spätestens vom 17. Jh. an[15] keine Zweifel mehr bestehen, zum anderen daran, dass ihr theologischer Ertrag gering ist; Aufmerksamkeit fand hauptsächlich die vandalische liturgische Formel *froia arme* (15, 202, entspricht *domine miserere*) und dies wegen ihrer sprachgeschichtlichen Bedeutung.[16] Eine literarische Untersuchung des Textes steht aus.

Das Verhältnis zu Augustins Brief 238

Coll. Pasc. schließt an die in Karthago gehaltene Debatte zwischen Augustinus und Pascentius an, über welche in Augustins Brief 238, 3–8 Folgendes berichtet wird: Im Zuge der von ihm geforderten Diskussion distanzierte sich Pascentius von Arius und Eunomius[17] und forderte Augustinus auf, sich seinerseits vom Begriff *homousion* zu distanzieren oder einen biblischen Beleg dafür anzuführen. Augustinus wies darauf hin, dass es sich um ein griechisches Wort handelte und dass nur dessen Bedeutung, nicht aber sein Wortklang, diskutiert werden sollten (cap. 4). Im weiteren Verlauf des Gesprächs trug Pascentius sein Glaubensbekenntnis vor; Augustinus war bereit, diese Formel zu akzeptieren, worauf Pascentius sie ihm zur Unterzeichnung schriftlich vorlegte, allerdings in leicht verändertem Wortlaut. Nach hitzigem Streit besserte Pascentius diese Version aus. Augustins Einwand, dass die darin enthaltene Wendung *pater ingenitus* biblisch nicht belegt sei (cap. 3), wurde von einem Anhänger des Pascentius unter Hinweis auf die sachliche Richtigkeit abgewehrt; nun verlangte Augustinus, dass dasselbe für

---

15 Erasmus deutete in seiner Augustinusausgabe bereits Zweifel an (*mirum est autem, Pascentium tam malè instructum ad certamen venisse, cùm tam gloriosè provocarit*; ebenso die Lovanienserausgabe, s. u. S. 61), Bernhard Vinding (Criticus Augustinianus castigatus, Vallameria 1621, Tomo secondo, CLXXVIII p. 42–45) fasste die wichtigsten Argumente gegen die Echtheit zusammen: Widersprüche zu epist. 238 (Vinding: „epist. 174"), das Fehlen jeglicher direkter Interaktion zwischen ‚Augustinus' und ‚Pascentius', stilistische Nähe zu anderen pseudoaugustinischen Schriften (Contra Felicianum, Contra Fulgentium), keine stilistischen Unterschiede zwischen den Gesprächsteilnehmern. – Helena Leithe-Jasper (München) sei herzlich für eine Abschrift der entsprechenden Passage Vindings gedankt.

16 Dazu H. Tiefenbach, Das wandalische *Domine miserere*, HSF 104 (1991), 251–268, sowie Reichert im vorliegenden Band.

17 Damit wollte Pascentius offenbar einer Etikettierung als Arianer oder Eunomianer entgehen und sich als *catholicus* verstanden wissen (vgl. Anm. 11).

den Begriff ὁμοούσιος gelten müsse, anderenfalls Pascentius das Wort *ingenitus* tilgen solle. Daraufhin zerriss Pascentius die Niederschrift, man einigte sich, das Gespräch am Nachmittag desselben Tages in Anwesenheit von *notarii* fortzusetzen; dies geschah auch. Als Pascentius nun ein in Details leicht abweichendes Bekenntnis vortrug und Augustinus aufforderte, seinerseits sein Credo zu verkünden, bat dieser ihn, zunächst sein Bekenntnis zu wiederholen, damit es niedergeschrieben werden könne; dies tat Pascentius widerstrebend. Als aber Augustinus anmerkte, dass der Wortlaut mit jenem zuvor vorgetragenen erneut nicht übereinstimmte, kam es zu einem Streit, der zum Abbruch der Debatte führte.

Nach der ergebnislosen Diskussion verfasste Augustinus mit epist. 238 eine schriftliche Darstellung der Ereignisse, um dem von Pascentius ausgestreuten Gerücht entgegenzuwirken, er habe sein Glaubensbekenntnis nicht preisgeben wollen; die Auseinandersetzung wurde schriftlich fortgesetzt (epist. 239, 240 und 241). Dass es unmittelbar nach dem in epist. 238 berichteten zu einem weiteren Zusammentreffen gekommen sei, welches coll. Pasc. zu protokollieren vorgibt, wird mit keinem Wort erwähnt.[18] Dies sowie sprachliche Besonderheiten[19] und die mangelhafte Strukturierung der Argumentation im Kapitel 15 sind klare Indizien dafür, dass coll. Pasc. nicht authentisch ist; vielmehr entstand auf der Grundlage von epist. 238 als Primärquelle ein Pseudepigraphon.[20] Sein Text gibt ein zweites, bis zum Ende geführtes Gespräch wieder, das ohne wechselseitige Beschimpfungen ablief und darin dem entspricht, was Pascentius in epist. 240 als (unrealistischen) Wunsch hingestellt hatte.[21] Das erneute Zusammentreffen soll einen

---

[18] Dies gilt auch für Possidius, vita Aug. 17, 1–6; unter den in indic. VIII 6f. erwähnten *Ad Pascentium liber unus* sowie *(epistulae) duae ad eundem contra quaestiones diversas* sind wahrscheinlich epist. 238 bzw. 239 und 241 zu verstehen, s. A. Wilmart, Operum sancti Augustini elenchus a Possidio eiusdem discipulo Calamensi episcopo digestus, in: Miscellanea Agostiniana, vol. II, Roma 1931, 149–233 (214).

[19] S. S. 24.

[20] Zur heiklen Frage, ob der Text als Fälschung zu gelten hat – die Problematik der Definition dieses literarischen Phänomens wurde gerade in rezenten Publikationen diskutiert –, s. S. 37.

[21] *Tu si voluisses et confideres de professione tua, resideres mecum cum coepiscopis tuis puro ac pacifico animo et spiritu et conferres de his, quae dei sunt et quae ad gloriam et gratiam spiritalem pertinent* (p. 560, 5–8). Vgl. auch Aug. epist. 238, 16 (p. 545, 15f.: *non inani ac puerili animositate studentes alterutrum vincere*). In coll. Pasc. nennt Pascentius, was für Streitgespräche ungewöhnlich ist, seinen Kontrahenten zweimal *frater* (4, 7; 13, 4).

Tag nach jenem stattgefunden haben,[22] von welchem der Brief berichtet.[23] Dass es durch den Titel und die Subscriptio von coll. Pasc. in Hippo Regius lokalisiert ist,[24] während Possidius zufolge die historische Debatte in Karthago stattfand[25] – eine Verlagerung der Teilnehmer in das etwa 250 Kilometer entfernte Hippo innerhalb eines Tages war weder möglich noch sinnvoll –, lässt den Schluss zu, dass der Autor von coll. Pasc. Possidius' Vita Augustini nicht kannte.[26] Da coll. Pasc. den ersten Teil der in epist. 238 geschilderten Konfrontation (capp. 3–6) voraussetzt und Parallelen zum zweiten Teil (capp. 7–9) enthält – in beiden Fällen wird das Gespräch protokolliert und verkündet ‚Pascentius' zweimal sein Bekenntnis,[27] ‚Augustinus'

---

[22] 4, 5f.: *Et quoniam hesterna die, cum laudabiliter sanctum virum et mirae scientiae Auxentium nominarem* ...; dies verweist auf epist. 238, 4: ... *in exordio sermonis nostri, cum Arrius et Eunomius commemorati essent non a me sed a fratre meo Alypio requirente, quemnam eorum secutus esset Auxentius, qui abs te paulo ante fuerat non parva praedicatione laudatus* ...

[23] Epist. 238 wird im Allgemeinen zwischen 404 und 414 (cf. J. Divjak, Art. Epistulae, AL 2, 1002) bzw. 404 und 411 datiert (B. Windau, Art. Pascentius, in: Lexikon der antiken christlichen Literatur, hg. v. S. Döpp und W. Geerlings, 3., vollst. neu bearb. u. erw. Auflage, Freiburg-Basel-Wien 1998, 547); Zweifel an der Möglichkeit, diesen Brief zu datieren, äußert A. Mandouze, Prosopographie chrétienne du bas-empire, 1: Prosopographie de l'Afrique chrétienne (303–533), Paris 1982, 827, Anm. 1. Aufgrund der Nähe der vorgebrachten Schriftargumente zu jenen der antiarianischen Spätwerke Augustins schlug zuletzt H.-J. Sieben (Augustins Auseinandersetzung mit dem Arianismus außerhalb seiner explizit antiarianischen Schriften, ThPh 81 [2006], 181–212) eine Datierung auf 428/429 vor (207–212).

[24] 19, 2: ... *Hippone Regio in domo Anicia* ...

[25] Cf. Poss. vita Aug. 17, 1: ... *cum quodam etiam Pascentio* ... *apud Carthaginem ab illo provocatus coram contulit.*

[26] In Augustins Bischofsstadt hatte die auch in anderer Hinsicht (s. S. 20) coll. Pasc. nahestehende coll. c. Maximin. stattgefunden; erst danach begab sich Maximinus nach Karthago und verbreitete das Gerücht, er sei aus der Debatte als Sieger hervorgegangen (cf. Poss. vita Aug. 17, 7: *Cum ipsorum quoque Arrianorum episcopo quodam Maximino, cum Gothis ad Africam veniente, apud Hipponem* ... *contulit, et quid singulae adseruerint partes scriptum est* ... [9] *Sed quoniam ille haereticus de Hippone rediens ad Carthaginem de sua multa in conlatione loquacitate victorem se de ipsa conlatione recessisse iactavit* ...).

[27] Zu epist. 238, 7 (*dixisti rursus fidem tuam atque in verbis tuis non audivi ingenitum patrem, credo, quod cogitaveris, quid inde mane dictum fuerit, et praecavere volueris*) vgl. coll. Pasc. 4, 3f. (es handelt sich um Pascentius' erste Wortmeldung: *in patrem ingenitum et in filium genitum et in spiritum sanctum me credere profiteor, sed non unius aequalisque naturae*); epist. 238, 8 (*sed tu his auditis rursus fidem tuam sono clariore repetisti* ...) wird in coll. Pasc. 10 (*tunc Pascentius sono clariore symbolum recitans credere se in deum patrem*

hingegen gar nicht –, hat es den Anschein, dass in coll. Pasc. die in ruhiger Atmosphäre verlaufende Diskussion ein Gegenstück zu jener historischen nachmittäglichen Auseinandersetzung sein soll, die in einem Eklat endete.

Über die Person des Pascentius[28] weiß coll. Pasc. nichts, was über Informationen in epist. 238 hinausgeht: Er ist älter als Augustinus,[29] als Staatsbeamter tätig[30] und hat senatorischen Rang inne.[31] Die zwei erstgenannten Details konnte der Autor dem Brief selbst entnehmen,[32] das letztere findet sich in dessen Überschrift, wie sie die meisten Handschriften enthalten,[33] wohin es aus Angaben des Possidius gelangt sein kann.[34] Ebenso wie im historischen Streitgespräch tritt Pascentius auch hier als *provocator*

---

omnipotentem, invisibilem, ingenitum et incapabilem dixit et in Iesum Christum filium eius, deum natum ante saecula, per quem facta sunt omnia et in spiritum sanctum) mit dem wörtlichen Zitat von epist. 238, 3 (*sed tu his auditis rursus fidem tuam sono clariore repetisti*) überblendet.

[28] Siehe J. R. Martindale, The Prosopography of the Later Roman Empire, vol. 2: A.D. 395–527, Cambridge 1980 (repr. 1995), 834f.; Mandouze (wie Anm. 23), 827–829 s. v. Pascentius I.

[29] Cf. 2, 8.

[30] Cf. 2, 5f.: ... *fidem rei publicae debens vir spectabilis Pascentius* ...

[31] Cf. die Bezeichnung als (*vir*) *nobilissimus* (1, 6; 3, 2) bzw. *spectabilis* (2, 6; 5, 3; 9, 2; 11, 3; 12, 4; 14, 8; 16, 3; 17, 1); Letztere kommt ihm gemäß der bis etwa in die Mitte des 5. Jhs. gültigen Titulatur als *comes* zu (s. Anm. 34), vgl. A. H. M. Jones, The Later Roman Empire, Oxford 1964, Bd. 2, 527–530. – Siehe Vössing, unten S. 190f.

[32] Cf. epist. 238, 1 (*pro merito aetatis* ...). 9 (*vir tantus, qui pro fide, quam rei publicae debes* ...).

[33] Nach Ausweis der Edition von Goldbacher (CSEL 57) bezeichnen die meisten der von ihm verwendeten Handschriften des 11./12. Jhs. (*M F A P*) in der Überschrift Pascentius als *comes*; dies passt zu dem Titel *vir spectabilis*, wie er in coll. Pasc. dem Namen des Pascentius beigegeben ist, der Text der Briefe 238–241 hingegen enthält weder eine Rangbezeichnung noch einen Titel. Da der Autor von coll. Pasc. Possidius' Vita Augustini offenbar nicht kannte (s. o. S. 12), ist anzunehmen, dass ihm bereits eine Handschrift von epist. 238 mit jener Überschrift vorlag.

[34] Vita Aug. 17, 1: ... *Pascentio comite domus regiae Arriano, qui per auctoritatem suae personae fisci vehementissimus exactor fidem catholicam* ... *oppugnabat* ... Zum Amt des *comes domus regiae* (bzw. *divinae*) s. R. Delmaire, Largesses sacrées et *res privata*. L'*aerarium* impérial et son administration du IVe au VIe siècle, Paris 1989 (Collection de l'école française de Rome 121), 218–220. – Um seinen Kontrahenten zu schützen, hatte Augustinus in seinen Briefen Angaben vermieden, die eine Identifizierung ermöglicht hätten, cf. ibid. 5: ... *coactus est ad ipsum scribere Pascentium, propter illius metum omissis nominibus conferentium*, ...

der Debatte auf.[35] Diese wird aber, anders als jenes Gespräch, von einem Schiedsrichter geleitet: Auf Vorschlag des ‚Pascentius' habe ein gewisser Laurentius, der historisch nicht nachweisbar ist und ebenfalls dem senatorischen Stand angehören soll,[36] diese Rolle übernommen. ‚Augustinus' billigt zwar die Wahl,[37] erinnert Laurentius aber an einem heiklen Punkt der Debatte an seine Verpflichtung zur Unparteilichkeit.[38] – Wie epist. 238[39] setzt auch coll. Pasc. die Anwesenheit weiterer Personen voraus,[40] reduziert aber deren Bedeutung in auffälliger Weise: Selbst jene Frage, die in der historischen Diskussion Alypius gestellt hatte, wird in unserem Text in einer Rückblende als Wortmeldung Augustins referiert.[41] Die Konzentration des Geschehens auf die Hauptkontrahenten einerseits und die Erweiterung des Personals um den Richter andererseits schafft eine Szenerie, die für das literarische Genus des theologischen Kontroversdialogs typisch ist (s. S. 30).

Inhalt, Argumentationslinien und Gewichtung der Sprecher

Als Richter eröffnet Laurentius das Streitgespräch: Er mahnt die Kontrahenten in Anbetracht des Themas, nämlich des Wesens Gottes, zu einem respektvollen Umgang miteinander und warnt vor Ausfälligkeiten, wie sie in früheren Zusammentreffen passiert seien. Zunächst sollen die Streitparteien ihr Glaubensbekenntnis vortragen, dann die Frage erörtern, ob bibelfremde Begriffe darin verwendet werden dürfen (1). ‚Augustinus' macht auf den Unterschied zwischen einem Wort und dem damit Bezeichneten aufmerk-

---

[35] Cf. 2, 6: *Pascentius, quia ipse exstitit provocator* ...; 2, 9.

[36] Cf. 3, 7–9: *Tua* (scil. *Pascentii*) *enim delectione iudex in cognitione fidei inter utrosque videor praesidere*; vgl. ferner 2, 10f.; 3, 1–5. Zu seinem Titel *vir clarissimus* s. 1, 1; 3, 1 u. ö.; eine Verbindung zu einem der historisch nachweisbaren Träger dieses Namens (s. Mandouze [wie Anm. 23], 628–630 s. v. Laurentius 1., 2., 3., 4) ist nicht ersichtlich, weswegen Mandouze (628 s. v. **Laurentius) die Historizität dieses Laurentius bezweifelte.

[37] Cf. 2, 10f.

[38] Cf. 8, 3–7. Laurentius ist sich dieser Verpflichtung von Anfang an bewusst, cf. 3, 5–8; 16, 9f.

[39] Cf. epist. 238, 4 (s. Anm. 41). 5 (536, 11–13): *Tunc unus ex eis, qui aderant, quantum intellegi datur, fidei tuae socius ait mihi: quid ergo?*

[40] Cf. 1, 1–2: *partibus et personis in cominus positis*; 8, 9: *coram omnibus recitare.*

[41] Vgl. Pascentius' Wortmeldung in 4, 5–8 (*Et quoniam hesterna die, cum laudabiliter sanctum virum et mirae scientiae Auxentium nominarem et, quem idem vir e duobus fuisset secutus, utrum Arium an Eunomium, idem frater Augustinus scrupulosius inquireret*, ...) mit epist. 238, 4 (535, 7–8: ... *in exordio sermonis nostri cum Arrius et Eunomius commemorati essent non a me sed a fratre meo Alypio requirente* ...).

sam und fordert ‚Pascentius' auf, sein Glaubensbekenntnis als Erster vorzulegen, da er nicht nur älter und ranghöher sei, sondern auch die Diskussion verlangt habe (2). Laurentius verspricht, das Gespräch unparteiisch zu leiten, obgleich er auf Vorschlag des Pascentius als Richter eingesetzt sei, und ist mit Augustins Forderung einverstanden (3). Pascentius legt ein kurzformuliertes Bekenntnis ab; er erinnert daran, dass er am Vortag Arius und Eunomius mit einem Bannfluch belegt habe; Augustinus hingegen habe sich geweigert, seinerseits den Begriff *homousion* zu verurteilen; ein nicht in der Bibel belegter Begriff dürfe aber im Glaubensbekenntnis nicht enthalten sein (4). Nachdem ihm von Laurentius das Wort erteilt wurde (5), bestätigt Augustinus, dass er an *homousion* festhalte; zuerst solle die grundsätzliche Frage erörtert werden, ob nichtbiblische Wörter verwendet werden dürften – eine Entscheidung darüber müsse für beide Parteien in gleicher Weise gelten –, dann der Gehalt des Begriffs *homousion* geklärt werden (6). Laurentius ist einverstanden; er verzichtet darauf, den jeweiligen Wortlaut der unterschiedlichen Glaubensbekenntnisse zu erfahren, und fordert Augustinus auf, einen Schriftbeleg für *homousion* vorzubringen (7). Unter Hinweis auf das göttliche Gericht erinnert Augustinus den Richter an dessen Unparteilichkeit; er solle auf Rezitation der Bekenntnisse bestehen (8). Auf Geheiß des Laurentius (9) trägt Pascentius nun sein Credo vor (10), daraufhin erklärt Augustinus unter Berufung auf die vereinbarte Vorgehensweise es als erwiesen, dass der Begriff *homousion* erlaubt sei, da auch das Symbolum seines Gegners unbiblische Ausdrücke enthalte, die darüber hinaus falsche Aussagen über Gott machten (11). Sollte sich herausstellen, dass Pascentius tatsächlich unbiblische Ausdrücke verwendet habe, solle, so legt Laurentius fest, nur noch die sachliche Richtigkeit von *homousion* zur Diskussion stehen (12). Pascentius verspricht, seinen Widerstand aufzugeben und sich dem Glaubensbekenntnis des Augustinus anzuschließen, wenn ihm der Gebrauch derartiger Begriffe nachgewiesen würde (13). Dies zu beweisen fordert Laurentius Augustinus auf (14).

In seiner umfangreichen Darlegung (15) wendet sich Augustinus zunächst dem Wortlaut des arianischen Bekenntnisses zu um zu zeigen, dass es unbiblische (*ingenitus*, *incapabilis*) und theologisch falsche Begriffe (*invisibilis*, *incapabilis*) enthält: *ingenitus* hat zwar für Gott Vater Gültigkeit, der (unausgesprochene) Gegensatz zum gezeugten Sohn impliziert allerdings nicht einen Unterschied hinsichtlich des Wesens oder der Zeitenthobenheit (15, 1–23); *incapabilis* ist falsch, da Gott Vater für den Sohn fassbar ist (15, 25–43). In ähnlicher Weise argumentiert Augustinus gegen *invisibilis* (15, 23–25. 43–49) und kommt mit der Interpretation von Phil. 2, 6 auf *incapabilis* zurück

(15, 52–72). All dies erweist Pascentius' Credo als falsch und zeigt, dass der Begriff *homousion* das Verhältnis zwischen den göttlichen Personen sachlich zutreffend beschreibt (15, 73–82); dass das Wort selbst in der Bibel belegt sein muss, darf Pascentius nicht fordern, da ja auch er in seinem Credo unbiblische Wörter verwendete (15, 82–89). Nicht einmal die Tatsache, dass *homousion* kein lateinisches Wort ist, kann Anlass zu Kritik geben, da selbst in der lateinischen Bibel griechische und syrische Wörter vorkommen (15, 90–104). Beweise für die sachliche Richtigkeit von *homousion* sind in der Bibel zu finden (15, 105–138); dass der Begriff einen griechischen Ursprung hat, ist unerheblich, da auch Paulus Fremdwörter verwendete und sich in christlichem Kontext weitere nicht-lateinische Wörter eingebürgert haben (15, 139–177). Die Wesensgleichheit ist biblisch bezeugt (15, 178–186); wenn selbst der Kreuzestitulus Griechisches enthielt, muss sich das Glaubensbekenntnis nicht auf lateinische Begriffen beschränken; anderenfalls muss auch auf vandalische Gebetsformeln verzichtet werden (15, 188–206). Biblische Zeugnisse für die Unterordnung des Sohnes unter den Vater beziehen sich nur auf Jesu menschliche Natur (15, 207–215).

Laurentius fasst Augustins lange Argumentation zusammen und gibt Pascentius die Möglichkeit, die Beweisführung seines Gegners durch biblische Belege für *ingenitus* und *incapabilis* zu widerlegen (16); Pascentius gesteht ein, dass er dies nicht kann, hält aber an der sachlichen Richtigkeit seines Credo fest (17). Laurentius schließt die Debatte mit der Feststellung, dass auch *homousion* keinen Schriftnachweis benötigt (18). Er unterfertigt das Protokoll (19).

In der Diskussion kommt es nie zu einer direkten Konfrontation zwischen den Kontrahenten: Der Richter kommentiert jeweils die Äußerung des einen, bevor er dem anderen das Wort erteilt. Aus 1–14, wo die Voraussetzungen des Gesprächs und Verfahrensfragen diskutiert werden, geht hervor, dass ‚Pascentius' die Debatte initiierte, um *homousion* als unbiblisches Wort zu erweisen; daraus (und nicht etwa aus einer dogmatischen Argumentation) sollte die Unhaltbarkeit der katholischen Formulierung abgeleitet werden. Die Auseinandersetzung gilt daher zunächst allein der Frage, ob unbiblische Begriffe im Glaubensbekenntnis erlaubt sind;[42] eine Ausweitung auf Bedeutung und Richtigkeit allfälliger außerbiblischer Begriffe wird von

[42] Cf. 1, 10–12; 4, 12–16; 6, 3–5; 11, 3–5; dies entspricht dem von Aug. in epist. 238, 4 referierten Ausgangspunkt des Streits.

‚Augustinus' zunächst angedeutet[43] und dann für den Fall gefordert, dass die Ausgangsfrage positiv beantwortet wird, somit beiden Parteien die Verwendung derartiger Begriffe erlaubt ist.[44] Unter Bezugnahme darauf legt Laurentius fest (cap. 12), dass, falls im Glaubensbekenntnis des Pascentius derartige Begriffe nachgewiesen werden könnten, nur noch die Frage nach der Bedeutung von *homousion* zu klären sei; dem stimmt ‚Pascentius' zu (cap. 13).

‚Augustinus' verfolgt offenkundig die Strategie, seinen Gegner als Ersten sein Glaubensbekenntnis vorbringen zu lassen,[45] um Kritik an dem griechischen, unbiblischen *homousion* von vornherein durch den Nachweis zu unterbinden, dass die Formulierung von Pascentius' Credo dessen eigenen Forderungen nicht entspricht.[46] Diese Absicht erklärt ‚Augustins' nachdrücklichen Protest gegen Laurentius' Vorschlag (7, 5f.), man könne auf die Rezitation der Glaubensbekenntnisse verzichten (8, 1–7). Sein Einwand setzt freilich voraus, dass er schon vor der Diskussion den Wortlaut des gegnerischen Bekenntnisses kennt,[47] was deswegen plausibel erscheint, weil das Gespräch ja die in epist. 238 geschilderte Debatte fortzusetzen vorgibt.[48]

---

[43] 2, 1–3: *Sunt aliqua quae fidei necessaria a patribus posita in verbis diversarum linguarum aliter sonant, aliud intus continent in secreto, ...*

[44] 6, 2–7: *Firmetur tantummodo eiusdem viri spectabilis Pascentii responsio, si nihil praeterquam quod scriptum est quisquam nostrum debeat vel audeat in defensione fidei applicans nominare. Aut enim licebit, et nulli, maxime Graecis ubi fides exorta est, denegabitur, aut non licebit, et calumnia iustissime repelletur.*

[45] Cf. 2, 5–9: *fidem rei publicae debens vir spectabilis Pascentius, quia ipse exstitit provocator, fidei quoque suae quam Christo debet, qua etiam suam credit animam gubernari, dignetur nomen edicere, quia potestatis, aetatis etiam simulque provocationis eius ordo id fieri iustissime flagitat.*

[46] In dem etwa zeitgleich entstandenen, ebenfalls fiktiven Dialog *Contra Arianos* lässt Vigilius von Thapsus Athanasius dieselbe Argumentation anwenden: er kündigt an, seinem Gegner die Verwendung unbiblischer Begriffe (*ingenitum, impassibilem* bzw. *deum de deo, lumen ex lumine, patri similem*) nachzuweisen, um daraus die Berechtigung für *homousion* abzuleiten (1, 13; PL 62, 163f.).

[47] Dies erklärt, warum ‚Augustinus' bereits in 6, 5–7 ankündigt, Pascentius werde selbst dann unterliegen, wenn sich herausstellen sollte, dass für das Bekenntnis nur biblische Begriffe zugelassen sind (*aut enim licebit* [scil. die Verwendung unbiblischer Wörter], *et nulli, maxime Graecis ubi fides exorta est, denegabitur, aut non licebit, et calumnia iustissime repelletur*).

[48] Cf. epist. 238, 3: ... *primo dixisti credere te in deum patrem omnipotentem, invisibilem, ingenitum, incapabilem* ...; 238, 4: ... *prius quaesivi, ne, quod in mentem venerat, laberetur, utrum alicubi scripturarum divinarum legeretur pater ingenitus.* – Dass der historische Augustinus in der Debatte in Karthago diese Strategie verfolgte, ist immerhin möglich;

Im Vergleich zu der verfahrenstechnischen ist ‚Augustins' theologische Argumentation in Kapitel 15 auffallend ungegliedert und redundant. Mit einer gewissen Unschärfe lassen sich drei größere Abschnitte ausmachen, deren erster der Kritik an Pascentius' Bekenntnis in Wortwahl und sachlicher Hinsicht gilt (15, 1–90); im zweiten (15, 106–140) legt ‚Augustinus' Belege aus der Bibel vor, die die Wesensgleichheit der göttlichen Personen belegen, zuletzt (15, 141–219) sollen Bibelzitate sowie die christliche liturgische Praxis Argumente dafür liefern, dass auch im Glaubensbekenntnis nichtlateinische Begriffe zuzulassen sind. Obwohl diese Gliederung den Ankündigungen in 11, 9f. (... *aliqua quae scripta non sunt ab ipsis potius temere posita vel dicta modo probamus*), 6, 8f. (... *homousion verbum Graecum unitatem ostendens quid contineat quid habeat quidve maneat exponetur*) und 2, 1–3 (*sunt aliqua quae fidei necessaria a patribus posita in verbis diversarum linguarum aliter sonant, aliud intus continent in secreto*) entspricht, erwecken die Ausführungen ‚Augustins' den Eindruck eines von der Situation der coll. Pasc. losgelösten polemisch-dogmatischen Traktats.

Während Augustinus in coll. Pasc. als die Auseinandersetzung (auch quantitativ) beherrschender Kontrahent gezeichnet wird,[49] und Laurentius Augustins Überlegenheit sogar erhöht, da er zunächst Pascentius näher zu stehen scheint (er wurde ja auf dessen Vorschlag hin als Richter eingesetzt), doch am Ende Augustinus Recht gibt, spielt der Herausforderer eine untergeordnete Rolle: Pascentius' Äußerungen sind in Summe nur etwa halb so lang wie jene des Richters, eine seiner vier Sprechpartien gibt in Durchbrechung der dialogischen Situation seine Wortmeldung sogar nur indirekt wieder.[50] Sein Auftreten ist betont zurückhaltend und unterscheidet sich darin von seinem Verhalten in der Debatte von Karthago: Nicht nur formuliert er, sobald er zu Wort kommt, ohne Widerstreben sein Bekenntnis, seine Formulierung enthält in den Worten *sed non unius aequalisque naturae* (4, 4)

---

diese Annahme würde erklären, warum Pascentius ihm vorwarf, seine Position mit Bedacht nicht deklariert zu haben (epist. 238, 9: ... *vides, quam non debeas iactare apud homines, quod non ausus sim tibi adserere fidem meam* ...).

[49] Der Konzentration auf ihn als Hauptperson dient auch die augenfällige Abweichung in 4, 5–9 von epist. 238 (s. o. S. 14).

[50] 10, 1–4: *Tunc Pascentius sono clariore symbolum recitans credere se in deum patrem omnipotentem, invisibilem, ingenitum et incapabilem dixit et in Iesum Christum filium eius, deum natum ante saecula, per quem facta sunt omnia et in spiritum sanctum.* Die Formulierung des Bekenntnisses ist identisch mit jener aus epist. 238, 3.

auch den spezifischen Unterschied zum katholischen Credo; darin berücksichtigt er Augustins Kritikpunkte aus epist. 239, 1 (*nam nec tu mihi voluisti dicere fidem tuam ...; diceres autem mihi fidem tuam, si hoc diceres, unde dissentis a nobis ...*). Nach der langen Argumentation Augustins gibt er zwar unumwunden zu, dass auch sein Glaubensbekenntnis unbiblische Begriffe enthält, macht aber seine Ankündigung nicht wahr, im Fall seiner Niederlage sich dem Bekenntnis seines Gegners anzuschließen.[51] Dieses für einen kontroversiellen Dialog[52] untypische Ende lässt vermuten, dass der Text in einer politisch-religiösen Situation abgefasst wurde, in der man einen strahlenden Sieg der Katholiken für entweder nicht ihrer Sache zuträglich oder für unglaubwürdig hielt. Da coll. Pasc. wohl kaum zu Augustins Lebzeiten geschrieben worden sein kann, andererseits der älteste Textzeuge (Codex *T*, s. S. 44) von der Wende des 6. zum 7. Jh. stammt, kommen für die Datierung mit einiger Wahrscheinlichkeit die letzten Jahrzehnte des 5. Jhs. bzw. die ersten des 6. Jhs. in Frage: Als sich die Vandalenherrschaft in Nordafrika auf dem Höhepunkt ihrer Macht befand und den ‚Arianismus' nach Kräften förderte,[53] war es für Katholiken wohl angeraten, in theologischen Kontroversen einen gemäßigten Ton anzuschlagen und stärker auf Tolerierung als auf Polarisierung abzuzielen.[54]

---

[51] Cf. 17, 1–3: *Pascentius vir spectabilis respondit: „Scripta quae proposui non sunt quidem in lege, sed debere propter honorem patris astrui recte defenduntur"* im Vergleich mit der Ankündigung in 13, 5–7: *... si convicerit, nec homousion iniuste ab ipsis positum etiam ego iam publice conclamabo statimque eorum communioni socius fio.*

[52] Zu vergleichbaren Werken dieses Genus s. S. 30.

[53] Dies zeigt sich beispielsweise an dem von Hunerich initiierten Glaubensgespräch in Karthago (484), über das Vict. Vit. 2, 52–57, wenngleich polemisch überzeichnet, berichtet (s. S. 33); vgl. ferner Fulg. Rusp. psalm. abeced. 290–292 (*infideles Arrianos non debemus formidare, / qui nunc positi videntur in saeculi potestate / et catholicos adfligunt perseverantes in fide*). Siehe G. M. Vian, Ariani d'Africa, in: Africa Cristiana. Storia, religione, letteratura, edd. M. Marin - C. Moreschini, Brescia 2002, 241–254.

[54] Eine vergleichbare Absicht könnte in dem offenen Ende jener möglicherweise ebenso wie coll. Pasc. fiktiven Auseinandersetzung (s. aber Müller S. 35) liegen, die angeblich zwischen dem als Teilnehmer des Glaubensgesprächs von 484 bezeugten (notit. provinc. Caes. 119) Cerealis von Castellum Ripense und dem arianischen Bischof Maximinus (wohl nicht identisch mit dem aus Augustinus bekannten Träger dieses Namens) in Karthago stattfand (ediert von I. Baise, La *Disputatio Cerealis contra Maximinum* [CPL 813, CE]. Tradition manuscrite et édition critique, RBen 116 [2006], 233–286 [262–286]): Nachdem Cerealis alle Kritikpunkte seines Gegners durch Bibelstellen entkräftet und dieser keine Gegenargumente vorgebracht hatte, gehen die Kontrahenten auseinander,

Quellen

Die Hauptquelle für coll. Pasc. ist Augustins 238. Brief, durch den die situative Einbettung (Vorgeschichte, Personen, Gesprächsthema etc.) großteils vorgegeben ist (s. o. S. 10). Daher treten in den Kapiteln 1–14, die eben diese Themen behandeln, die deutlichsten Bezüge auf jenen Text auf;[55] dem stehen in Kapitel 15, der eigentlichen theologischen Argumentation, relativ wenige Entsprechungen gegenüber, obwohl auch epist. 238 eine Erklärung des Begriffs der Trinität (capp. 10–17) und biblische Belege dafür (capp. 18–25) enthält. Für Kapitel 15 lässt sich aber die Verwendung anderer thematisch nahestehender Augustinuswerke plausibel machen: Contra sermonem Arrianorum scheint die Gedankenführung und die sprachliche Gestaltung in 15, 12–15 und 211–213 beeinflusst zu haben;[56] sicher aber wurde die Kontroverse mit Maximinus – aus Augustins Œuvre ist coll. c. Maximin. die nächste Parallele für das literarische Genus – von coll. Pasc. benutzt: Dieser Text, mit dem coll. Pasc. 15, 25 eine beinahe wörtliche Übereinstimmung aufweist,[57] umfasst nämlich eine Diskussion der ‚arianischen' Prädikationen *incapabilis* (c. Maximin. 2, 13) für Gott Vater (cf. coll. Pasc. 10, 2 und 15, 25–43), die sonst in der ‚arianischen' Auseinandersetzung überhaupt keine Rolle gespielt zu haben scheint – selbst Augustinus hatte in der historischen Debatte mit Pascentius an diesem Begriff keinen Anstoß genommen.[58] Angesichts dessen kann coll. Pasc. auch in anderen Details auf c. Maximin. zurückgehen, etwa in der Argumentation gegen *invisibilis*, die zweimal lediglich angerissen, nicht aber ausgeführt wird (15, 23–25. 43–49), sodass sie vom Leser die

---

eine Entscheidung wird auf eine metaphysische Ebene verlagert (*iam inter vos* [scil. *Cerealem et Maximinum*] *deus audit* [lin. 540f.]).

[55] Zu sprachlichen Vorbildern und Parallelen S. 26.

[56] Zu coll. Pasc. 15, 12–15 *cf.* c. serm. Arian. 32 (107, 37–108, 41: ... *quemadmodum ignis et splendor qui ex igne gignitur et circumquaque diffunditur, simul esse incipiunt, nec genitus a gignente praeceditur, sic deus pater et deus de deo filius esse simul incipiunt, quia pariter sine ullo initio temporis sunt, nec genitus a gignente praeceditur. Et sicut ignis gignens et splendor genitus coaevi sunt, ita deus pater gignens et deus filius genitus coaeterni sunt*), zu 15, 211–213 cf. c. serm. Arian. 6 (60, 47f.: *Apparet tamen idem ipse Christus ... secundum quid oboediens, secundum quid aequalis deo, secundum quid filius hominis, secundum quid filius dei ...*).

[57] C. Maximin. 2, 13 (PL 42, 813, 8: *incapabilem quidem non legimus deum*).

[58] Cf. epist. 238, 3 (... *dixisti credere te in deum patrem omnipotentem, invisibilem, ingenitum, incapabilem ...*) und 4 (*deinde cum dixissem me paratum esse subscribere, adhuc illa verba etiam mea esse posse ...*).

Kenntnis eines anderen Textes zu erwarten scheint (cf. coll. c. Maximin. 14 [PL 42, 723]; c. Maximin. 1, 3 et al.), und in der Vertrautheit mit der ‚arianischen' Interpretation eines für die trinitätstheologische Diskussion besonders wichtigen Bibelzitats, nämlich Phil. 2, 6, das im Sinne von *non esse ausum filium dei per imparilitatem aequalem se per rapinam fieri deo patri* (scil. *Ariani affirmant*; coll. Pasc. 15, 54–56) gedeutet wurde.[59] Für manche Argumente hingegen, die coll. Pasc. mit c. Maximin. gemeinsam hat, ist direkte Abhängigkeit nicht beweisbar, da sie auch in anderen antiarianischen Schriften verwendet wurden, darunter in jenen, die etwa in demselben geographischen Raum und zeitlichen Rahmen wie coll. Pasc. entstanden (siehe auch S. 30). Dies gilt beispielsweise für coll. Pasc. 15, 7–9 (*non enim quia Adam ingenitus approbatur, idcirco est homo, et Abel quia de ipso est genitus, non est homo; hominem genuit quod est ingenitus homo*)[60] oder coll. Pasc. 15, 178–181 (*Si aequa-*

---

[59] Cf. c. Maximin. 1, 5 (PL 42, 747, 14–21: ... *quia hoc dixisse apostolum non potuisti negare, ideo dixisti: „quod ille non rapuit, nec nos dicimus", tamquam hoc sit ‚non rapuit', quod est ‚non habuit', id est aequalitatem dei, atque ita dictum sit: Non rapinam arbitratus est esse aequalis deo, ac si diceretur: Non arbitratus est esse rapiendam aequalitatem dei, eo quod ab illo fuerit aliena*; diese arianische Deutung kennt bereits Mar. Victorin. adv. Arium 4, 30). – Vgl. ferner coll. Pasc. 15, 46–49 (*Non ergo iuste positus est invisibilis solus pater in symbolo, sed invisibilis tota trinitas deus – excepta carne suscepta a filio – de qua dicit apostolus: Invisibili soli deo honor et gloria in saecula saeculorum*) mit c. Maximin. 2, 9, 1 (PL 42, 762: *de invisibili deo inter nos agitur, et hoc est quod quaestionem facit, quia vos invisibilem solum patrem dictum putatis, ubi apostolus ait: immortali invisibili soli deo. Si dixisset: soli patri, difficilius fortasse quaestio solveretur; quia vero dixit: soli deo, non est utique contra nos: et unigenitus quippe in dei forma et spiritus sanctus in sua natura est invisibilis. Unus enim et solus deus a nobis ipsa trinitas praedicatur*) und coll. Pasc. 15, 120f. (*Si homo generat quod est, deus non potuit generare quod est?*) mit coll. c. Maximin. 14 (PL 42, 721: *si enim animalibus dedit ut non generent nisi quod sunt, homo hominem generat, canis canem, et deus deum non generat?*).

[60] Vgl. neben Aug. epist. 170, 7 (*neque enim Abel et Adam ideo non unius naturae atque substantiae fuerunt, quia iste fuit homo de homine illo, ille de nullo. Si ergo utriusque natura quaeratur, homo Abel homo Adam, si autem origo, primus homo ex quo Abel, nullus homo ex quo Adam*) auch coll. c. Maximin. 14 (PL 42, 723 = c. Maximin. 1, 20 [PL 42, 758]: *Posses dicere non esse hominem quem genuit Adam, quia ipse Adam non est genitus, sed factus a deo. Si autem potuit Adam esse, et non esse genitus, et tamen hoc generare quod erat ipse, non vis ut potuerit deus deum aequalem sibi?*), wörtlich wiederholt in Ps.-Aug. solut. 15, 2–3 (CC 90, 162); ferner beispielsweise Anon. (Ps. Vigil. Thaps.) tract. de fide Nicaena (PL 62, 470C: *Utrum ingenitus et genitus diversam possunt habere naturam, quod nec in Adam, qui genitus non est, qui ex eo natus est poterit demonstrare*); Cereal. 8, 215–220 (*Non est enim ex tempore sempiternus, qui ante tempora noscitur generatus, sicut legimus quia Adam a nullo*

litas non est, ... nec auderet dicere: Volo ut ubi ego sum, et isti sint mecum, non, inquam, diceret: Volo, sed diceret: 'Supplicans rogo').[61] Möglicherweise kursierten im ausgehenden 5. Jh. Sammlungen einschlägigen Materials, das zur Widerlegung arianischer Argumente herangezogen werden sollte; diese Funktion haben etwa Contra Marivadum gemäß der Praefatio[62] (s. S. 34) und Cerealis' Contra Maximinum Arrianum, in dem die eingangs angeführten 20 Kritikpunkte des Maximinus an der katholischen Lehre der Reihe nach widerlegt werden (s. S. 35). Die in coll. Pasc. verwendeten biblischen Beweise finden sich großteils in der zeitgleichen antiarianischen Literatur wieder: Deut. 6, 4, Matth. 11, 27, mehrere Stellen aus dem Johannesevangelium (5, 18; 10, 30; 14, 10; 17, 10. 24), 1 Cor. 15, 28 und Phil. 2, 6 gehörten zum Standardrepertoire,[63] ihre Abfolge ist freilich jeweils unterschiedlich. Das auch in anderen dieser Texte angeführte Zitat von Ps. 115, 16 (coll. Pasc. 15, 210f.)[64] wurde nur bei Cerealis 6, 170 mit demselben Interpretament (*id est Mariae*) versehen wie in coll. Pasc., was auf größere Nähe der zwei Schriften zueinander weist. Lediglich drei in der Argumentation verwendete Bibelstellen gehen über den üblichen Rahmen hinaus: Mit Ioh. 20, 28 (coll. Pasc. 15, 135f.) griff der Autor auf Aug. epist. 238, 18 zurück; Luc. 23, 38 et sim. (vgl. coll. Pasc. 15, 188f.) und Act. 2, 11 (vgl. coll. Pasc. 15, 184–186) hinge-

---

generatus est et generavit filium ... Ipse cum utique Adam a nullo genitus esset, tamen erant pares et aequales, quia ambo homines erant).

[61] Vgl. z. B. Aug. c. Maximin. 2, 14, 7; 2, 20, 4 (PL 42, 790 = Ps.-Aug. solut. 44: *Sicut autem filius facit voluntatem patris, sic et pater facit voluntatem filii. Nam filius dicit: Pater, volo ut ubi ego sum, et isti sint mecum. Non dixit: peto, vel: rogo, sed: volo, ut isto volente faceret ille, sicut illo volente faciebat iste, et non alia ille, alia iste, sed quae ille, haec etiam iste. Quaecumque enim pater facit, haec et filius similiter facit*); Ps. Vigil. Thaps. c. Marivad. 1, 29 (*Audi adhuc eum, qui dixit: Rogo, quemadmodum tamquam patri imperans dicit alio evangelii loco: Pater, ait, volo, ut ubi ego sum, et isti sint mecum. Filius deinde pro sibi credentibus in homine constituto* [besser wohl: *constitutus*], *ut ante iam dictum est, patrem rogavit*); Cereal. 7, 197f. (*De libera fili potestate sic docetur. In evangelio dicit: Pater, volo ut ubi ego sum, et isti sint mecum. Non dixit ‚peto'*).

[62] Cf. praef. 8–15 *Sed quia nunc conperimus eos* (scil. *Arianos*) *nihil velle sibi privatis verbis opponi, sed magis propositiones suas desiderent* (sic!) *testimoniorum virtutibus oppugnari, mediocribus et ingenii tardioribus consulentes, ita sancto nos spiritu adiuvante responsionem nostram universis eorum obiectionibus testimonialiter coaptavimus, ut is qui legerit, non nudis, ut solent obicere, verbis, sed legalibus valeat refellere documentis ...*

[63] Die meisten wurden bereits von Mar. Victorin. adv. Arium verwendet und finden sich beispielsweise auch in Ps. Aug. solut., Ps. Vigil. Thaps. c. Marivad. und bei Cerealis.

[64] Zitiert z.B. bei Vigil. Thaps. c. Eutych. 3, 3 (PL 62, 112C) und c. Marivad. 1, 28.

gen, die beide die biblische Sprachvielfalt bezeugen, wurden in antiarianischer Argumentation offenbar überhaupt nicht angeführt und machen deutlich, dass der Frage der Rechtmäßigkeit des griechischen Begriffs ὁμοούσιος in coll. Pasc. besondere Bedeutung zukam.

Punktuell scheint der Autor auf Informationen aus Hier. interpr. hebr. nom.[65] und aus Mar. Victorin. adv. Arium zurückgegriffen zu haben,[66] doch sind die Entsprechungen nicht so eng, dass die Vermittlung nicht auch über heute verlorene Zwischenstufen erfolgt sein kann.

An zwei Stellen sind sprachliche Parallelen zu Texten zu beobachten, die in Zusammenhang mit der Geschichte der antiarianischen Kontroverse stehen: Zu coll. Pasc. 1, 1f. (*in cominus positis*) vgl. den bei Hilarius zitierten Bericht über die Einigung zwischen katholischen und arianischen Bischöfen über die Annahme des homöischen Bekenntnisses (coll. antiar. A 5, 3, 2 = frg. 8, 6 [CSEL 65, 86]: *sed quia in cominus positi universa tractavimus*); die Wendung *quid est quod quasi cautius in fidei ponere assertione nituntur?* (coll. Pasc. 15, 24f.) hat ihre nächste Parallele in der von Cassiodor zitierten Übersetzung eines Briefes von Papst Liberius an die orientalischen Bischöfe aus dem Jahr 364 (?), die nach den Ereignissen von Nike – die Einigung auf die homöische Formel soll durch Drohungen erreicht worden sein – zum nizänischen Bekenntnis zurückkehrten (cf. Cassiod. hist. 7, 25, 8 [425, 44]: *Cum igitur omnes occidentales episcopi Arimino congregati, quando eos Arianorum collegit insania, quadam suasione aut, ut verius dicam, mundana potentia hoc, quod cautius erat in fide positum, auferre aut oblique denegare conati sint, tamen nihil eorum calliditas profuit*).[67] Die Tatsache, dass in den zwei angeführten Texten nur die (anderweitig nicht belegbare) Formulierung auffallend ähnlich ist, nicht aber eine inhaltliche oder theologisch-argumentative Entsprechung vorliegt, kann ein Hinweis darauf

---

[65] Zu coll. Pasc. 15, 165f. vgl. interpr. hebr. nom. p. 27, 5 bzw. p. 75, 24 (Lagarde).

[66] Zu coll. Pasc. 15, 164–166 und 94–96 vgl. adv. Arium 2, 9 (... *item: si quis non amat deum nostrum Iesum Christum,* ἀνάθεμα, μαρὰν ἀθά*; sescenta talia aut interpretata, posita tamen, aut non interpretata et sola posita, ut anathema, quod non exprimitur nec Latine nec Graece, et tamen et positum est et cotidie usurpatur; sicut et alleluia et* ἀμήν, *quae in omni lingua incommutabiliter dicuntur*). Nicht so nahe ist Aug. doct. christ. 2, 11.

[67] Das griechische Original ist bei Sokrat. Hist. eccl. 4, 12, 117–121 (ed. Bright, Oxford 1893) erhalten: Τοιγαροῦν πάντων τῶν κατὰ τὴν δύσιν ἐπισκόπων τῶν εἰς τὸ Ἀρίμινον συνελθόντων, ὁπότε τούτους ἡ κακοήθεια τῶν Ἀρειανῶν συνεκρότησεν, ὅπως ἢ διὰ πειθοῦς τινὸς, ἢ ἵνα ἀληθέστερον εἴπω, κοσμικῆς δυναστείας, τοῦθ' ὅπερ ἀσφαλέστατον ἦν ἐν τῇ πίστει κείμενον ἀνέλοιεν, ἢ πλαγίως ἀρνήσωνται, οὐδὲν τούτων ὠφέλησεν ἡ πανουργία.

sein, dass dem Autor von coll. Pasc. möglicherweise nicht nur eine Sammlung einschlägiger theologischer Argumente vorlag, sondern auch ein Konvolut von Dokumenten zur Geschichte der arianischen Auseinandersetzung.

[*Dorothea Weber*]

Zu Sprache und Stil

Entsprechend ihrer inhaltlichen Zweiteilung zerfällt die Collatio cum Pascentio auch sprachlich klar in zwei deutlich voneinander unterschiedene Teilbereiche, das Rahmengespräch (capp. 1–14; 16–18) und die eingelegte Rede Augustins (cap. 15). Die beiden Abschnitte weisen unterschiedliche sprachliche und formale Charakteristika auf, die in je eigener Weise die Fiktion zu untermauern suchen, dass es sich um ein historisches Gespräch aus der Zeit und dem Umfeld Augustins handelt.

Generell ist für den gesamten Text ein verhältnismäßig hohes sprachliches Niveau festzuhalten. Er weist nahezu keine auffallenden morphologischen Abweichungen von der klassischen Latinität auf, mit Ausnahme möglicherweise der Präsensform *meminis* des präteritopräsentischen Verbs *memini* (3, 6)[68] sowie des sonst nicht nachweisbaren, aber als Analogiebildung unproblematischen Futurpartizips *docíturum* für klassisches *docturum* (12, 3).

Spätlateinischem Usus gehören die Verwendung des Komparativs in positiver Bedeutung (14, 3: *ocius* „schnell"; 10, 1: *sono clariore*, nach Aug. epist. 238, 8)[69] und mehrteilige Adverbien wie *e diverso* (3, 9; 13, 3), *in praesenti* (8, 6); *in intimis* (12, 7); *in pleno* (15, 51); sehr ungewöhnliche Fügungen desselben Typs sind *in quid* (15, 211–213) „worin" und *in nullo* (4, 11) „ganz und gar nicht", das aber vielleicht auf einem Missverständnis beruht.[70] Weitere auffallende Wortverwendungen finden sich ebenfalls im Bereich der Adverbien: *alio* „zu einem anderen Zweck",[71] *secus* in der Bedeutung „falsch", „unpassend" (3, 4f.), vor allem aber das problematische *perquam* (4, 13), das

[68] Dazu vgl. ThlL VIII 646, 8f. (Psalt. Cas. 5; Claud. Mam. anim. 1, 26 p. 95, 22; Optat. 2, 13 p. 48, 5 [var. l.]).

[69] LHS 167: „Entwertung des Komparativs". Hierher wohl auch 15, 17 *malo* „ich will".

[70] 4, 11f.: *quod facere omnino in nullo consentit*, „er war ganz und gar nicht einverstanden, dies zu tun", wohl nach Fügungen wie *in nullo dissentire/discordare*, "in keinem Punkt verschiedener Meinung sein" (Aug. cons. evang. 2, 49; civ. 18, 41); hier ist *in nullo* aber eine präzisierende Umstandsangabe „in keinem Punkt, in keiner Hinsicht", kein selbständiges Adverb. Zu weiteren sprachlichen Missverständnissen des Autors siehe S. 28.

[71] Zur Erklärung der Stelle siehe S. 65.

keine eindeutige Erklärung zulässt: hier ist eigentlich nur ein einfaches *quam grave* „wie schwerwiegend" sinnvoll.[72] Sollte *perquam* nicht verderbt sein, muss es sich wohl um einen Irrtum des Verfassers handeln, der aufgrund der klassisch belegten Fügung *perquam grave*[73] das nicht mehr seinem aktiven Sprachgebrauch angehörende Wort missverstanden hat. Typisch spätlateinische syntaktische Eigentümlichkeiten sind weiters eine gewisse Unschärfe in der Verwendung der Tempora (13, 6f.: *fio* neben *conclamabo*) sowie ein vereinzelter finaler Infinitiv (8, 2f.: *fidei praesidens agnoscere rationem*, „der du den Vorsitz führst, um die Begründung des Glaubens zu erkennen").

Das auffallendste stilistische Kennzeichen des Textes ist zweifellos seine sprachliche Redundanz. Der Verfasser neigt zum Nebeneinanderstellen von (gewöhnlich mit *vel* verbundenen) Synonymen (11, 10: *posita vel dicta*; vgl. auch 6, 8f.: *quid contineat quid habeat quidve maneat*; besonders auffallend 12, 7–9: *quid in intimis homousion verbum habeat, ad quam rem pertineat cuique rei recte hoc verbum adhibitum iudicetur*)[74] und zu redundanten Konjunktionenketten (2, 9: *potestatis, aetatis etiam simulque provocationis eius ordo*). Teilweise lässt sich die pleonastische Textform durch die Rücksichtnahme auf den Prosarhythmus erklären (siehe unten). Redundant ist gelegentlich auch der Gebrauch von Adverbien (7, 5: *penitus denegandum est integre*; sowie das häufige *prorsus* und *omnino*).

Der narrative Rahmen (capp. 1–14; 16–18) soll die Fiktion unterstützen, dass es sich um ein nach Stenogrammen erstelltes Geprächsprotokoll handelt, das den für derartige Transkriptionen zu erwartenden präzisen formalen Vorgaben folgt, eine Absicht, die sich freilich nicht ganz durchhielt (cap. 10). Am besten entspricht ihr noch die schematisierte Einleitungsformel der einzelnen Wortmeldungen mit Namen und Titel, gefolgt von *dixit* oder *respondit*: *Laurentius vir clarissimus dixit* (1, 1; 3, 1; 5, 1 u. ö.); *Augustinus episcopus dixit* (2, 1; 6, 1) bzw. *Augustinus episcopus respondit* (8, 1; 10, 1; 15, 1); *Pascentius vir spectabilis dixit* (4, 1; 13, 1) bzw. ... *respondit* (17, 1).

Wesentlich interessanter ist der Text des Wechselgesprächs selbst, der dem offensichtlichen stilistischen Bemühen des Autors zum Trotz nicht immer ganz gelungen erscheint. Die direkten Reden der drei Sprecher sind sorg-

---

[72] Ambr. in psalm. 118 serm. 20, 46, 2: *advertis quam grave certamen sit*; exc. Sat. 2, 102: *advertimus, quam grave sit ...*

[73] Cic. leg. agr. 2, 2; Planc. 16; danach Cypr. epist. 9, 2, 2.

[74] Vgl. weiters 12, 9: *inventum vel positum*; 13, 3: *dicit vel proponit*; 15, 85: *verba vel nomina.*

fältig (und ohne sprachliche Charakterisierung der Einzelpersonen) ausgestaltet. Zwischen den drei Gesprächsteilnehmern herrscht formelle Höflichkeit in der Wahl der Anreden[75] und im Einsatz von Höflichkeitsfloskeln, etwa dem häufigen *dignari*, „sich bereitfinden";[76] inhaltlich auffallend ist dabei die besondere Unterwürfigkeit des Richters Laurentius gegen Pascentius, die sich auch in einem besonders gewählten Sprachgebrauch niederschlägt (vgl. besonders cap. 3). Der Satzbau ist komplex und gelegentlich (spätlateinisch) manieriert. In diesem Abschnitt finden sich auch die gewagtesten, mitunter schwer zu parallelisierenden Metaphern, die in einer realen mündlichen Auseinandersetzung kaum zu erwarten sind; man vergleiche etwa die Wetter- und Lichtmetaphern in 1, 6–9 und 14, 4–6, die Rennbahnmetapher in 12, 1f. oder den nicht zu parallelisierenden metaphorischen Gebrauch von *naevus* (16, 4) analog zu *macula* (11, 6, nach Aug. c. serm. Arian. 34). Zwei stilistische Elemente sind es im Besonderen, die dem Verfasser zur adäquaten stilistischen Überhöhung seines Dialogs geeignet erschienen: einerseits der reichliche Einsatz juristischer Terminologie und andererseits die Rhythmisierung der Satzschlüsse. Beide Phänomene sind gleichermaßen verantwortlich für die abundant und manieriert anmutende Sprachform des Rahmengesprächs, und beide sind als Authentifizierungsstrategie für ein ‚reales' Gesprächsprotokoll durchaus problematisch.

Alle Dialogpartner des Rahmengesprächs (besonders aber der vorsitzende Richter) haben eine besondere Vorliebe für juristische Terminologie.[77] Diesem Bereich entstammen etwa absolut gebrauchtes *profiteri* (1, 6; vgl. aber 1, 9f.: *ex professione*), *prosequor* und die zugehörigen Substantive (7, 2f.; *prosecutio* 5, 3; 6, 2; 11, 2f.), *provocator* (2, 6) und *provocatio* (2, 9), *defendo* (11, 9; 13, 4; 17, 3 u. ö., dazu *defensio* 3, 9; 16, 2), *responsio* (6, 3), *negotium* (1, 2; 11, 2; 12, 2; 14, 6), *petitor* (9, 2), *postulatio* (3, 10), *cognitor* (3, 3; 11, 2) und *cognitio* (*fidei*) (3, 8), *usurpatio* (12, 5f.), vor allem aber Funktionsverbgefüge wie *effectui mancipare* (3, 11) oder *in dubium venire* (18, 2) und generell der deutlich nominale Stil.[78] Auffallende sprachliche Parallelen zu dem Rahmengespräch finden sich interessanterweise verhältnismäßig häufig in Texten

---

[75] Siehe dazu Vössing, unten S. 190f.

[76] 1, 6: *dignamini profiteri*; 3, 11; 8, 7; 9, 2; 14, 9; 16, 6.

[77] Zur möglichen argumentativen Relevanz dieser so auffälligen legistischen Untermauerung des Gesprächs siehe S. 37.

[78] Zu 3, 5 *reatum incurrere* (16, 10) vgl. z. B. Conc. Carth. a. 390 p. 17 l. 145; zu 1, 1 *partibus et personis* vgl. Cod. Theod. 1, 16, 1.

eines anderen, ungleich offizielleren Genus als dem eines Gesprächs in kleinem Rahmen,[79] nämlich den Protokollen afrikanischer Konzilsakten oder der Konferenz von Karthago (etwa die Formel 11, 2f.: *prosecutionis nostrae tenor[em]* wie Conc. Carth. a. 411, 3, 200; Reg. eccl. Carth. l. 959f.).[80] Der Verdacht drängt sich auf, dass sich das juristische Wissen des Verfassers eher aus der Lektüre eines einschlägigen Konvoluts speist als aus praktischer Kenntnis.[81]

Das Rahmengespräch weist durchlaufenden Prosarhythmus auf, wobei quantitierende und akzentuierende Klauseln in der Zeit entsprechender Weise nebeneinander auftreten. Auffallend ist der starke Einfluss, den der Klauselrhythmus auf die redundante Sprachgestalt des Textes genommen hat: man vergleiche etwa 6, 5f.: *applicans nominare* (statt zu erwartendem *dicere* o. Ä.), 8, 6f.: *ultor assurgit* (statt *ulciscitur*) oder – mit rein akzentuierendem Cursus – 3, 8f.: *videor praesidere* (statt *praesideo*), 12, 8f.: *adhibitum iudicetur* (statt *adhibeatur*, aus Aug. epist. 238, 5), 4, 15f.: *vacuum approbatur* (statt ... *est*). Die Resultate dieses stilistischen Elements sind vom Einfluss juristischer Formelsprache nicht immer zu trennen, man vergleiche etwa die dem Sprachgebrauch der Akten der Konferenz von Karthago entsprechende (und vielleicht auch daraus entnommene) Wendung *sat clarum est*, die zusätzlich eine korrekte quantitierende Klausel ergibt.[82] Fraglich ist allerdings, ob in einem tatsächlichen mitstenographierten Gespräch ein derart auffallender Einsatz des Prosarhythmus überhaupt zu erwarten wäre oder sich nicht eben dadurch die rein schriftliche Natur seines Textes verrät.

Trotz einzelner Zitate aus den augustinischen Zeugnissen der historischen Kontroverse ist die sprachliche Beeinflussung durch Augustinus in den Abschnitten des Rahmengespräches gering. Viel klarer und weitaus weniger manieriert formuliert ist die Rede Augustins. In diesem Abschnitt ist die sprachliche, wenn auch nicht die inhaltliche Abhängigkeit von Augustinus

---

[79] Interessanterweise reduziert der Autor die Zahl der handelnden Personen, was der Fiktion eines real stattfindenden Religionsgesprächs zuwiderläuft; zur Begründung siehe oben S. 14.

[80] 16, 1: *evidenter claruit* (vgl. Conc. Carth. a. 419 p. 90 l. 38); 3, 11: *ratione non caret* (vgl. Reg. eccl. Carth. l. 810); 3, 9: *partis e diverso sistentis* (vgl. Conc. Carth. a. 411, 3, 103, u. ö.).

[81] Zu 1, 1f. *in cominus positis* vgl. Weber oben S. 23.

[82] Conc. Carth. a. 411, 1, 3, 15; 3, 130, 3; 3, 156, 2f.; Edictum cognitoris l. 54.

so stark,[83] dass die dicht aufeinanderfolgenden Zitate notwendig auch den Stil des Textes insgesamt beeinflusst haben. Von einigen offensichtlich missratenen ungelenken Satzgefügen abgesehen,[84] ist die Syntax wesentlich durchsichtiger als in den Rahmenpassagen. Auch der Ornatus ist wesentlich unauffälliger; Prosarhythmus wird nur noch vereinzelt eingesetzt und prägt Wortwahl und Stellung nicht. Besonders gegen Ende der Schrift wird der Stil des Textes rhetorischer, Stellungs- und Reihungsfiguren verweisen gelegentlich auf den mündlichen Stil des realen Augustinus.[85] Das semantisch ungewöhnlichste Wort des lexikalisch ansonsten wenig auffälligen Textes,[86] das Verb *infitio(r)* in der Bedeutung „beschuldigen", findet sich im Kontext der Augustinusrede.[87]

Auffallend an der sprachlichen Gestalt unseres Textes ist eine eigenartige Tendenz zur leicht verschobenen Verwendung gängiger oder aus einer Vorlage übernommener Wendungen, die darauf hindeutet, dass im Falle unseres Autors die stilistische Sicherheit nicht immer mit der Intention Schritt hält. So scheint für ‚Augustins' ungewöhnliches *lingua exseri Graeca* (15, 193), „in griechischer Sprache ausgedrückt werden", ein triviales *linguam exserere*, „die Zunge herausstrecken" (z. B. Aug. doctr. christ. 4, 15), Pate gestanden zu sein; die erwähnte Klausel *applicans nominare* (6, 5) steht verdächtig nahe neben ganz unauffälligem *nomen/nomina applicare*, „Namen beilegen" (z. B. Mar. Victorin. in Eph. 1, 1), und der durchgängig eingesetzte ‚Terminus technicus' *fidei assertio*, „Glaubensbekenntnis", beruht auf einer zu Unrecht verallgemeinerten Augustinusstelle (Aug. epist. 238, 6).[88] Auf ein derartiges Missverständnis könnten auch die erwähnten ungewöhnlichen Adverbien *perquam* (4, 13) und *in nullo* (4, 11) zurückgehen.[89]

---

[83] Siehe dazu Weber oben S. 20.

[84] Vgl. etwa den komplizierten (und infolgedessen verderbten) Satz 15, 86–89 (dazu S. 66).

[85] Vgl. z. B. 15, 99–101: *Denique non Latino, non barbaro stilo venerandus ille Moyses, non prophetae, non apostoli, non ipsi evangelistae, sed aut Hebraeo aut Graeco scripturas eloquio dominicas firmaverunt.*

[86] Nicht parallelisierbar ist der durchlaufende Gebrauch von *lex* für die Bibel (13, 4; 14, 7; 15, 39. 83 und pass.), vgl. aber Conc. Carth. a. 411, 3, 258 u. ö.: *legalis* ‚biblisch'.

[87] Siehe S. 66.

[88] Vgl. Ambr. fid. 1, 1, 6: *Adsertio autem nostrae fidei haec est, ut unum deum esse dicamus neque ut gentes filium separemus* eqs.

[89] Die Frage drängt sich auf, ob derartige Unregelmäßigkeiten auf stilistisches Ungeschick verweisen oder (um eine gewagte These zu formulieren) darauf, dass der Autor,

Zur Stellung der Collatio cum Pascentio im Kontext der antiarianischen Literatur im Vandalenreich

Allgemeines

Die kulturelle und politische Situation der romanischen Bevölkerung, insbesondere aber der Anhänger des Katholizismus, unter den arianischen Vandalen scheint ambivalent gewesen zu sein. Unterdrückung der einflussreichen katholischen Kirche stand neben freundlicher Duldung und Förderung der römischen Oberschicht und ihrer (großteils wohl katholischen) Mitglieder, Phasen der radikalen Verfolgung wechselten mit solchen der Assimilation bzw. des gemeinsamen Vorgehens gegen Dritte, etwa die von Katholiken wie Homöern gleichermaßen abgelehnten Manichäer.[90] Durch die zwangsweise Arianisierung der Beamtenschicht komplizierte sich die Situation zusätzlich über die ethnischen Grenzen hinweg;[91] mindestens von der zweiten Generation der vandalischen Besetzung an war die Dichotomie ‚Vandale–Romane' nicht mehr zwingend mit derjenigen ‚Homöer–Katholik' gleichzusetzen.[92] Die historischen Zeugnisse der Zeitgenossen bieten trotz ihrer einseitig katholikenfreundlichen Ausrichtung und ihrer literarischen

---

wiewohl offensichtlich in lateinischer Rhetorik ausgebildet, nicht in seiner Muttersprache schreibt. Dies würde immerhin die (für einen katholischen Romanen) ungewöhnliche Wahrnehmung der vandalischen Sprache erklären, die sich in den Worten *froia arme* manifestiert.

[90] Vict. Vit. 2, 1. Victor interpretiert das Vorgehen Hunerichs gegen die Manichäer (die sich ihm zufolge ausschließlich versteckt in den Reihen der Arianer finden) als Heuchelei, wofür kein Anlass besteht; offensichtlich erachteten die Vandalenherrscher die religiöse Vereinheitlichung des Landes oder wenigstens der Führungsschicht tatsächlich als notwendige Voraussetzung zur Konsolidierung ihrer gefährdeten Herrschaft. – Zu Victor von Vita siehe Vössing, unten S. 182f. mit Anm. 39.

[91] Vict. Vit. 1, 43: *ipso ... Geisericus praeceperat tempore* (zwischen 455 und 475) *suadentibus episcopis suis, ut intra aulam suam filiorumque suorum nonnisi Arriani per diversa ministeria ponerentur*; im Folgenden wird die Verfolgung eines katholischen Hofbeamten am Hofe des Königssohns Theoderich erzählt, der den germanischen (!) Namen *Armogast* trägt (vgl. dazu Victor de Vita, Histoire de la persécution vandale en Afrique. La passion des sept martyrs. Registre des Provinces et des cités d'Afrique, textes établis, trad. et comm. S. Lancel, Paris 2002, ad loc.). – Vict. Vit. 2, 23 über Geiserichs Nachfolger Hunerich, der zu Beginn seiner Katholikenverfolgung dekretiert: (*censet primo tyrannus iussione terribili*) *ut nemo in eius palatio militaret neque publicas ageret actiones, nisi sese Arrianum fecisset.*

[92] Siehe allerdings Vössing, unten S. 178f. mit Anm. 24.

Überformung eindrückliche Bilder für die unterschiedlichen Paradigmen dieses spannungsreichen Nebeneinanders. Hingewiesen sei insbesondere auf die Vita des berühmtesten katholischen Gegners der Vandalen, des Mönchs und Bischofs Fulgentius von Ruspe,[93] dem innerhalb eines knappen Zeitraums und eng zusammengehörigen Personenkreises die Arianer als rabiate Gegner wie als Freunde und Angehörige derselben Gesellschaftsschicht begegnen, der sich in seiner Laufbahn sowohl ‚barbarischen' physischen Angriffen wie einer wesentlich zivilisierteren ‚romanischen' Auseinandersetzung auf intellektueller Ebene stellen muss.[94]

Zur dialogischen Form der Collatio cum Pascentio

Inwiefern beeinflusst die zuvor skizzierte Situation nun die hier präsentierte Collatio cum Pascentio? Von einem auffallenden Detail abgesehen, den ‚barbarischen', also wohl vandalischen Worten *Froia arme*, ist der multiethnische und -kulturelle Hintergrund in unserem Text nicht offen auszumachen, zumal er sich auf eine ostentativ nicht-zeitaktuelle Ebene zurückzieht: Der Dialog gibt sich als Protokoll eines Jahrzehnte zuvor in der relativen (wenigstens für die Katholiken geltenden) Religionsfreiheit des noch funktionierenden Imperium geführten Religionsgesprächs zwischen zwei hohen Würdenträgern, die nicht in einer klaren Hierarchie zueinander stehen. Die auffallende Ehrerbietigkeit des Richters Laurentius gegenüber dem arianischen Comes[95] Pascentius ist mit der gesellschaftlichen Situation der Vandalenzeit immerhin vereinbar, setzt sie aber nicht zwingend voraus.

---

[93] Ferrandus von Karthago (?), Vita S. Fulgentii, ed. G.-G. Lapeyre, Paris 1929. Zur Autorschaft siehe A. Isola, Sulla paternità della *Vita Fulgentii*, VetChr 23 (1986), 63–71.

[94] Vit. Fulg. Rusp. pp. 33–45 (= PL 65, 125B–128B): der vandalische Presbyter Felix (p. 35 [= PL 65, 125C]: *natione barbarus, moribus saevus*) nimmt Fulgentius und seinen Abt gefangen und misshandelt sie schwer; der Abt stirbt, Fulgentius kommt davon. Der arianische Bischof, in dessen Diözese der Überfall geschehen ist, reagiert mit Bestürzung, da er mit der Familie des Fulgentius persönlich bekannt und mit Fulgentius befreundet ist (p. 43 [= PL 65, 127D–128A]: *Fama inter alios vanos quoque Arianorum episcopos docet mactatum gravi caede beatum Fulgentium et, quia parentes eius cognitos habebat episcopus ipsumque beatum Fulgentium singulariter adhuc laicum dilexerat, adversus presbyterum suae religionis et parochiae, qui caedis auctor extiterat, graviter commovetur*). – Ibid. pp. 99–109 (= PL 65, 139C–142C): Fulgentius, aufgrund seiner Bischofswahl nach Sardinien verbannt, wird von Thrasamund zu Religionsdisputationen zurückgeholt, aber aufgrund der Opposition der arianischen Bischöfe abermals ins Exil geschickt.

[95] Siehe dazu oben S. 13.

Eine gewisse Bedeutung kommt im Kontext des vandalenzeitlichen Religionsdiskurses möglicherweise der dialogischen Form des Textes zu. Dialoge zwischen Vertretern unterschiedlicher Religionen stellen seit dem Anbeginn der christlichen Literatur einerseits eine literarische Konvention dar, die sich auf heidnische wie auf biblische Vorbilder berufen kann und in der antiarianischen Literatur des 5./6. Jhs. mehrfach vertreten ist. Im Regelfall sind die Dialogpartner derartiger literarischer Auseinandersetzungen klar als fiktiv oder repräsentativ zu erkennen. Einer der mit unserem Dialog am nächsten verwandten Texte, der Dialogus contra Arianos, Sabellianos, Photinianos des Vigilius von Thapsus,[96] gibt eine ausführliche, rein literarische Begründung für seine Entscheidung, die dogmatische Problematik des Verhältnisses der drei trinitarischen Personen in Gestalt eines fiktiven Dialogs zwischen den Hauptvertretern von vier christlichen Gruppen und vor einem sichtlich nur symbolisch-repräsentativ zu verstehenden Richter zu präsentieren.[97]

Die Adressaten dieser literarischen Taktik sind ersichtlich die Anhänger der eigenen, also katholischen Gruppierung; die Intention der literarischen Fiktion ist unterhaltender und damit mittelbar didaktischer Natur: Einerseits wird das berüchtigt spröde Thema durch die verschiedenen Sprecher sorgfältig analytisch aufbereitet und nachvollziehbar gemacht, andererseits enthält der Dialog auch Partien von reinem Unterhaltungswert, wenn etwa nach ihrem gemeinsamen Sieg über die Häretiker Photinus und Sabellius die beiden zuletzt verbliebenen Kontrahenten Arius und Athanasius sich in einer Weise in die Haare geraten, die der Vorsitzende Probus als „kindisch“ bezeichnet und ungehalten unterbricht,[98] oder wenn Arius, argumentativ in die Ecke gedrängt, seinem Gegner unterstellt, den Richter mit magischen

[96] CPL 807; PL 62, 179–238.

[97] Praef. (PL 62, 179f.): *utile hoc et valde commodum apparuit, ut uniuscuiusque haeretici personam cum sui dogmatis professionibus quasi praesentes cum praesentibus agerent introducerem; et ne singulorum prosecutiones in dubium nullo examinante venirent, arbitrum quendam nomine Probum auctoritate iudiciaria functum interesse feci, quo de singulis quibusque probabiliter discernente impiae pravitatis cassaretur intentio. Sabellium ergo, Photinum, Arium atque ad nostras partes Athanasium introduxi, ut veritas summo confligentium certamine eliquata ad omnium notitiam perveniret et diversitate personarum vel responsionum ac interlocutionum huius operis variata digestio fastidium legentibus amputaret.* – Der Name *Probus* soll sichtlich nur einen Schiedsrichter bezeichnen, der im Dialog durch seine Rechtschaffenheit (und Bemühung zur Unparteilichkeit) charakterisiert ist.

[98] 1, 26 (PL 62, 198): ... *unde ne puerili concertatione in superfluis rebus diutius immoremini ...*

Praktiken zu beeinflussen.[99] Darüber hinaus ermöglicht die Verlagerung der Diskussion vor einen neutralen Richter eine beruhigend klare Entscheidung.

Von derartigen literarischen Strategien ist in unserem Text nichts zu bemerken, wenn man davon absieht, dass auch hier zu der historischen Situation ein Richter hinzuerfunden wird, um die Auseinandersetzung nicht offen lassen zu müssen, und dass es auch dem Verfasser der Collatio verständlicherweise darauf ankommt, die Unparteilichkeit dieses Richters hervorzustreichen.[100] ‚Augustinus', ‚Pascentius' und der Richter unterhalten sich formalkorrekt, in offiziellem Ton, der die gehobene Stellung der Gesprächspartner berücksichtigt und die ursprünglich durchaus vorhandene Dramatik des Gesprächs zwischen den historisch belegten Kontrahenten in den Hintergrund treten lässt. Keiner der Gesprächspartner ist persönlich charakterisiert. Wenn überhaupt, so liegt der ‚Unterhaltungswert' der literarischen Fiktion nur in der dialogischen Form, die aber ihrerseits stark zurückgenommen erscheint. Die Collatio cum Pascentio ist eigentlich kein Religionsgespräch, sie hat nur einen Hauptredner: Augustinus, dessen großer dogmatischer Rede ein (allerdings langes und formalisiertes) Einleitungsgespräch vorangeht (also nicht, wie in der klassischen Form des ciceronianischen Dialogs, an die sich auch der Autor des Dialogus contra Arianos noch hält, die zu widerlegende Rede des Kontrahenten) und der vor allem nichts Wesentliches folgt. Ein solcher ‚Dialog' ist überhaupt nur als Teil einer längeren Kette von Texten sinnvoll, also im Zusammenhang mit und als Ergänzung zu den überlieferten historischen Dokumenten der Begegnung der realen Personen Pascentius und Augustinus, und es ist sehr fraglich, ob der Zweck der gewählten Form überhaupt in der Unterhaltung (und in weiterer Folge der Didaxe) besteht.

Die Collatio cum Pascentio gibt sich vielmehr als ‚reales Gespräch' und damit als Repräsentant eines anderen Traditionsstranges, der in der Vandalenzeit unerwartet eine neue, wenn auch gegenüber der Zeit Augustins veränderte Bedeutung gewann. Obgleich der Text sich an die vor allem mit dem Namen Augustins verknüpfte Tradition öffentlicher religiöser Disputationen zwischen den Vertretern verschiedener Glaubensrichtungen anschließt, ja so-

---

[99] 2, 49 (PL 62, 230): *nulli dubium est quod magicis artibus Athanasius non desinat iudicum pervertere sensum* ...

[100] Coll. Pasc. 3, 5–9. Der Richter Laurentius ist, wenn überhaupt, eher dem Pascentius verpflichtet als Augustinus, und es scheint die Gefahr zu bestehen, dass er zugunsten des mächtigen *comes* entscheidet: Umso höher ist – so die literarische Strategie – seine definitive Entscheidung zugunsten der katholischen Lehre zu werten.

gar an eine bestimmte, zeitlich festmachbare Diskussion, ist die Einkleidung des Arguments in dialogische Form wohl vor dem spezifischen Hintergrund der religiösen Auseinandersetzungen unter der Herrschaft der Vandalen in Nordafrika zu sehen. Seit den Anfängen des Christentums waren zur Lösung anfallender dogmatischer Probleme institutionalisierte Gesprächssituationen in kontrollierten, meist vom weltlichen Machthaber vorgegebenen Bedingungen vonnöten, eine Tradition, die von den vandalischen Herrschern gezielt – und, wenn man den Worten der katholischen Zeugen glauben darf, in böser Absicht als antikatholisches Druckmittel – wiederbelebt wurde und – wie sich aus den literarischen Zeugnissen direkt oder indirekt schließen lässt – eine erstaunliche Varietät und Omnipräsenz entfaltete. ‚Interkonfessionelle' Diskussionen auf allen Ebenen, zwischen Einzelpersonen und Gruppen, direkt vom Herrscher veranlasst, unter seinen Augen oder von ihm unabhängig, aber von homöischer Seite provoziert, werden in der Literatur der Vandalenzeit allenthalben erwähnt. Die berühmtesten – aber keineswegs die einzigen – sind die vom Vandalenherrscher Hunerich einberufenen ‚Religionsgespräche' des Jahres 484, die allerdings am Unwillen einer der beiden Parteien[101] oder auch an Verständnisproblemen scheitern (dazu siehe unten) und schließlich nur Anlass zur Überreichung eines vorbereiteten schriftlichen Dokuments der katholischen Lehre (des Libellus fidei catholicae) geben.[102] Von einem Religionsgespräch zwischen dem Führer der arianischen Partei, Bischof Cyrila, und seinem katholischen Widerpart Eugenius berichtet auch eine Notiz bei Gregor von Tours.[103]

Einen ähnlich unbefriedigenden Verlauf wie die Religionsgespräche von 484 nimmt die in mehrere Phasen zerfallende Diskussion zwischen Fulgentius von Ruspe und dem Vandalenkönig Thrasamund.[104] Auch hier geht die Initiative vom König aus, der Fulgentius auffordert, zu zehn *obiectiones* Stel-

---

[101] Die Berichte bei Victor von Vita differieren: in der direkten Erzählung in 2, 54 ist es der Arianerbischof Cyrila, der den Fortgang der Gespräche durch seine Behauptung behindert, nicht Latein zu können (dazu siehe unten), laut dem Text des darauf erlassenen antikatholischen Gesetzes Hunerichs liegt die Schuld ausschließlich bei den Katholiken.

[102] Vict. Vit. 2, 52–55; libellus fidei catholicae: 2, 56–101.

[103] Greg. Tur. Franc. 2, 3: *ductus itaque sanctus Eugenius ad regem, cum illo Arrianorum episcopum* (scil. *Cyrolam*) *pro fide catholica decertavit. Cumque eum de sanctae trinitatis mistirium potentissime devicissit ...*

[104] Zum Verlauf vgl. Vita Fulg. Rusp. pp. 99–105 (= PL 65, 139C–141C).

lung zu nehmen. Fulgentius antwortet schriftlich.[105] Darauf legt der König durch einen Boten einen wesentlich längeren Fragenkatalog vor und erwartet abermals eine Antwort, diesmal aber mündlich und unmittelbar: Fulgentius soll seine Religion auf der Stelle begründen und rechtfertigen. Dieser weigert sich mit dem Hinweis auf die Länge der Schrift, von der er kaum den Anfang behalten habe, und antwortet stattdessen mit den Büchern Ad Trasamundum.[106] Die Episode endet mit der Rücksendung des Fulgentius nach Sardinien auf Drängen der arianischen Bischöfe: Diskussionsangebot und Verbannung, biblische Argumentation und offene Repression bilden ein merkwürdiges Nebeneinander, das die oben skizzierte Ambivalenz des Umgangs der Vandalen mit ihren katholischen Untertanen zu untermauern scheint.

Die Omnipräsenz von den ‚Arianern' initiierter religiöser Streitgespräche, die von den Katholiken offenbar als dauernde Bedrohung empfunden wurde, manifestiert sich auch in der Entstehung von ‚Sekundärliteratur': Die zahlreichen Sammlungen biblischer Testimonien gegen den Arianismus geben sich als vorgefertigte Antwortenkataloge auf die zu erwartenden aggressiven Fragen der Arianer.[107] Am deutlichsten zeigt sich dies in der anonymen antiarianischen Sammelschrift Contra Marivadum Arrianum,[108] deren Verfasser, von einem der Vandalenkönige nach Italien verbannt, seine Schrift explizit zu dem Zweck verfasst, seinen Glaubensbrüdern Argumente zur Verteidigung der katholischen Lehre an die Hand zu geben: Jeder Paragraph seiner Schrift verweist in stereotyper Form auf ein religiöses Streitgespräch, das von der Gegenseite initiiert wird: *si tibi dixerint ..., ita respondes: ...*; die Form

---

[105] Dicta regis Trasamundi et contra ea responsionum liber unus (CPL 815), ed. J. Fraipont (CC 91), 67–94; vgl. Vita Fulg. Rusp. p. 103 (= PL 65, 140C–141A).

[106] Vita Fulg. Rusp. p. 105 (= PL 65, 141A–C).

[107] Neben den im Folgenden genannten Contra Marivadum und dem Libellus des Cerealis (s. Anm. 54) werden der Zeit der Vandalenherrschaft in Afrika gewöhnlich die folgenden anonymen Schriften zugerechnet, die hauptsächlich aus thematisch geordneten Listen von biblischen Argumenten gegen die Arianer bestehen: Solutiones diversarum quaestionum obiectarum (CPL 363, ed. B. Schwank [CC 90], 141–223; zu Datierung und Lokalisierung vgl. die dort genannte Literatur), Testimonia de patre et filio et spiritu sancto (CPL 386, ed. D. De Bruyne, Un florilège biblique inédit, ZNTW 29 [1930], 203–208, zu Datierung und Lokalisierung s. d.), De trinitate (CPL 843, ed. J. Fraipont, CC 90, 236–259, zu Datierung und Lokalisierung vgl. De Bruyne loc. cit.).

[108] CPL 364, ed. B. Schwank (CC 90), 9–134. – Zum Namen des Adressaten vgl. den bei Vict. Vit. 1, 48 und im Dialogus contra Arianos (2, 45, PL 62, 226D) erwähnten Diakon *Marivadus* (*-badus*). Vgl. Mandouze (wie Anm. 23), 705.

der Argumentation ausschließlich durch Bibelzitate[109] passt sich den Wünschen (und, so der Verfasser, dem geistigen Horizont) der Aggressoren an.[110]

In einem Fall erhält eine vergleichbare (und ähnlichen Zwecken dienende) Testimoniensammlung ihrerseits einen narrativen Rahmen, der von einem gescheiterten Religionsgespräch erzählt: Die Begegnung des Katholikenbischofs Cerealis und seines arianischen Widersachers scheitert diesmal nicht an der Gesprächsverweigerung des Katholiken, sondern jener des Arianers, der auf den Fragenkatalog des Katholiken nicht zu antworten weiß.[111] Mindestens was die auftretenden Personen und den zeitgeschichtlichen Hintergrund der Debatte betrifft, dürfte der „Dialog" wohl nicht-fiktive Elemente enthalten, wenn sich auch sein Hauptteil auf die übliche Aufzählung von biblischen Testimonien beschränkt. Dass tatsächlich eine Beziehung zwischen derartiger Gebrauchsliteratur und der konkreten interreligiösen Debatte bestand, beweisen die Berührungen zwischen der Schrift Contra Marivadum und dem Libellus fidei catholicae, der bei den gescheiterten Religionsgesprächen von 484 vorgelegten katholischen Verteidigungsschrift.[112]

---

[109] Dieselbe Form des argumentativ verwendbaren Bibelflorilegiums produzierte offenbar auch die Gegenseite, etwa der arianische Widersacher, der den Anlass zur Abfassung der anonymen Sammlung De trinitate bot (praef. 2, 23–26): *is namque qui ipsum condidit libellum saeva mente conceptum congeriem divinorum testimoniorum tam novi quam veteris testamenti contra homousion opponendam putavit.*

[110] C. Marivad. praef. 6–12: *sed quia nunc conperimus eos nihil velle sibi privatis verbis opponi, sed magis propositiones suas desiderent* (sic!) *testimoniorum virtutibus oppugnari, mediocribus et ingenii tardioribus consulentes, ita sancto nos spiritu adiuvante responsionem nostram universis eorum obiectionibus testimonialiter coaptavimus, ut is qui legerit, non nudis, ut solent obicere, verbis, sed legalibus valeat refellere documentis, ut omni ex parte convicti confundantur et ad nihilum redigantur, qui super fundamentum prophetarum apostolorumque doctorum talia figmenta construere moliuntur.* – Als Anlass für die Religionsgespräche Hunerichs genannt in Vict. Vit. 3, 5: *primo die a venerabilibus episcopis nostris eis videtur esse propositum, ut omousion, sicut ammoniti erant, ex divinis scripturis proprie adprobarent aut certe ... praedamnarent.* Siehe auch die folgende Fußnote.

[111] Zu Cerealis siehe Anm. 54 und Mandouze (wie Anm. 23), 207. Interessant ist die Aufforderung des Gegners Maximinus an Cerealis, jeden Punkt des Katalogs mit „zwei oder drei Testimonien" zu beantworten (14f.: *volo ut ad unam propositionem excludendam duo vel tria testimonia adducas*), was sich mit der Matth. 18, 16 u. ö. zitierten Rechtsregel aus Deut. 19, 15 deckt und in der Collatio cum Pascentio 15, 131–134 aufgegriffen wird. Zu der deutlichsten Übereinstimmung zwischen coll. Pasc. und Cerealis vgl. oben S. 22.

[112] B. Schwank, Zur Neuausgabe von Contra Varimadum nach dem Codex Paris B. N. Lat. 12 217 im Corpus Christianorum Series Latina XC, SE 12 (1961), 112–196.

Angesichts der gesicherten Datierung und Lokalisierung unseres Textes und der thematischen Übereinstimmungen scheint es legitim anzunehmen, dass die Wahl der dialogischen Form kein Zufall ist, vielmehr verhüllt eine allenthalben erlebte und gefürchtete Situation widerspiegelt, allerdings in idealisierter und entschärfter Form. Der Autor bezieht sich auf eine Spielart des Religionsdialogs, die er nicht nur – rückblickend – als zivilisiert empfindet (und gegenüber den historischen Zeugnissen noch weiter zivilisiert: die den Briefen Augustins zu entnehmende heftige Auseinandersetzung wird durch das bewusst formalisierte Einleitungsgespräch der Kontrahenten überspielt), sondern auch als ungefährlich: Augustinus, als der letzte große katholische Autor Nordafrikas vor dem vandalischen Überfall (und ihr erstes prominentes Opfer)[113] eine Leitfigur der verfolgten Katholiken,[114] blieb in Auseinandersetzungen mit religiösen Gegnern im Regelfall siegreich. Thematische Übereinstimmungen (die zentrale Bedeutung des Homousion-Themas!) und Übereinstimmungen in Einzelargumenten mit der polemischen Literatur der Vandalenzeit[115] machen deutlich, dass die Collatio cum Pascentio wenigstens auf einer Ebene zwar nicht als Sekundärliteratur, wohl aber als Muster zu lesen ist: so stellt man sich den Umgang mit den arianischen Gegnern vor und so das Resultat der eigenen Argumentation. Das offene Ende der Auseinandersetzung (anders als im Einleitungsgespräch angekündigt, bekehrt sich Pascentius nicht auf der Stelle zum Homousion; das Gespräch hat keine äußerlichen Konsequenzen) bewahrt dabei einen gewissen Realismus: Solange sich die Arianer auf ihre weltliche Macht stützen, ist ihre Bekehrung – so auch der Verfasser von Contra Marivadum – nicht zu erwarten.[116]

---

[113] Vict. Vit. 1, 11 zum Tod Augustins während der Belagerung von Hippo Regius: *tunc illud eloquentiae … ipso metu siccatum est flumen.*

[114] Augustinus bildet etwa bei Victor von Vita den krönenden Abschluss einer Liste von katholischen Autoren, die die Verfolgungszeit nicht adäquat beschreiben könnten, 3, 61: *si Caesariensis surgeret Eusebius ad hoc opus idoneus, aut eius translator Graecae facundiae Latinisque floribus Rufinus ornatus, – et quid multa? – non Ambrosius, non Hieronimus, nec ipse noster sufficeret Augustinus.*

[115] Siehe dazu oben S. 20–22.

[116] Ps. Vigil. Thaps. c. Marivad. praef. l. 19–25: *difficile enim possunt huiusmodi a pravi dogmatis cursu averti et meliora sectari, quoniam tantam sibi de spiritu erroris auxerunt* (besser wohl: *hauserunt*) *audaciam, ut ad veritatem fidei nunquam omnino perveniant. Possent enim caritatem fraternitatis adsequi et fidem cum catholicis tenere perfectam, si de solius dei potentia et non de infidelium regum sibi gloriarentur superbia.*

Literarische Fiktion oder ‚Fälschung'?

Vigilius von Thapsus, der Verfasser des der Collatio zunächst vergleichbaren Dialogtextes, des Dialogus contra Arianos, Sabellianos, Photinianos, erklärt und begründet die dialogische Einkleidung seiner Argumentation mit ihrem Unterhaltungswert, nicht mit ihrem autoritativen Anspruch; die Ahistorizität der Fiktion ist klar ersichtlich. Anders die Collatio cum Pascentio, die durch ihre bewusste Bezugnahme auf die brieflichen Zeugnisse eines historischen Disputs mindestens auf den ersten Blick nicht als ahistorisch erkennbar ist. Faktische Unterschiede zwischen Briefen und Dialog (Alypius vs. Augustinus) aufgrund von literarischer Ökonomie (die vorkommenden Personen werden auf die für den Dialog notwendige Zahl beschränkt) sind nur dann erkennbar, wenn man Vorbild und Imitation unmittelbar nebeneinanderlegt; das moderne Argument gegen die Authentizität, das sich aus den wörtlichen Zitaten aus Augustinus ergibt, wäre einem Leser des 5. Jhs. kaum begreiflich gewesen.

Allerdings beweist gerade der Vergleich mit dem Dialogus contra Arianos, dass die literarische Form der Collatio ihren historischen Anspruch desavouiert. Die hochformalisierte, juristisch korrekte Ausdrucksweise der beiden Teilnehmer gemahnt an vielerlei Orten an die erhaltenen afrikanischen Konzilsprotokolle,[117] aber für ein verhältnismäßig privates, in erster Linie argumentatives Gespräch ist sie ganz unangemessen; kein vergleichbarer fiktiver oder mitprotokollierter Religionsdialog bedient sich eines ähnlich juristisch formalisierten Tonfalls. Statt interessierter Zuhörer hat die Collatio einen Schiedsrichter, und das Interesse der Gesprächspartner am korrekten Procedere ist auffallend groß. Der Verfasser interpretiert Augustins primär in philosophischer, nicht in religionspolitischer Tradition stehenden Usus der öffentlichen Disputation zu einer institutionalisierten Begegnung um, wie sie ihm aus seiner eigenen Zeit wohl eher vertraut war. Dass es sich dabei nicht einfach um den persönlichen ‚Stil' des Verfassers oder seiner Zeit handelt, sondern um eine bewusste Stilisierung, beweist der signifikante sprachliche Unterschied zwischen den Kapiteln des Einleitungsgesprächs und der langen, auf Augustinus beruhenden und von ihm sprachlich inspirierten Rede in cap. 15.

Soll die Collatio cum Pascentio also als Fiktion erkennbar sein, die primär der Unterhaltung und Erbauung ihrer (katholischen) Leserschaft dient?

---

[117] Siehe S. 27.

Ebenso gut möglich ist, dass der Text in bewusster Täuschungsabsicht formuliert worden ist, dass es also dem Verfasser daran gelegen war, den erhaltenen Protokollen augustinischer Religionsdispute einen für seine Zwecke geeigneten hinzuzufügen. Dafür spricht das Fehlen jeglicher historischer Einleitung und fast aller narrativen Partien (die allerdings an einer Stelle unterbrochen ist: Das Glaubensbekenntnis des ‚Pascentius' in cap. 10 ist in indirekter Rede wiedergegeben, weil der Verfasser sie direkt aus Augustins Brief 238, 8 übernommen hat). Ein sicheres Indiz für das Vorliegen einer Fälschung mit Historizitätsanspruch (und nicht einer literarischen Fiktion) wären die dem Text vorangehende Überschrift und insbesondere die ihm folgende Subscriptio, die ihn als autorisierte Mitschrift kennzeichnen sollen. Spricht auch die Wahrscheinlichkeit stark gegen die sekundäre Hinzufügung dieses auffallendsten (und, soweit bekannt,[118] singulären) Verifizierungsmerkmals (das in der vorliegenden Edition folglich dem Text zugerechnet wird) und mithin für das Vorliegen einer Fälschung im eigentlichen Sinne, so ist letzte Sicherheit hierüber wohl nicht zu gewinnen; die Fiktion funktioniert auf mehreren Ebenen: als didaktisches Konstrukt in den eigenen Reihen (wofür die Autorität Augustins im Mittelpunkt stünde) ebenso wie als plausibles Testimonium im Gespräch mit den Arianern (auf die das juristisch korrekte Procedere Eindruck machen sollte).

Sprachbeherrschung oder Gesprächsverweigerung?

Zwei inhaltliche Elemente unseres Dialogs heben sich deutlich aus der literarischen Konvention heraus: die Zuspitzung der Homousiondebatte auf ein sprachliches Problem und die Anführung zweier vandalischer Wörter. Diese beiden Elemente stehen evident sowohl untereinander als auch mit der historischen Situation der Entstehung im Zusammenhang. Schon vor der großen Rede Augustins geben sowohl ‚Augustinus' selbst als auch der Richter Laurentius zu erkennen, dass es sich bei der Auseinandersetzung zwischen dem Katholiken und dem Arianer um ein Problem handelt, das mit Mehrsprachigkeit zu tun hat (2, 1–3: *sunt aliqua quae ... in verbis diver-*

[118] Die letztgültige Beurteilung der Subscriptio scheitert daran, dass wir nicht genau wissen, wie singulär sie tatsächlich war: Mit der Collatio cum Pascentio vergleichbare Texte sind vielfach nicht kritisch ediert, und paratextuelle Elemente gehen in der Überlieferung leicht verloren. Auch die Subscriptio der Collatio cum Pascentio (cap. 19), die nur in den beiden ältesten Handschriften erhalten ist, wurde erst durch die vorliegende Edition bekannt.

sarum linguarum aliter sonant, aliud intus continent in secreto; 14, 2–6: *quae occulta in variis linguis sunt evidentiori luce pandantur*), womit er einen großen Teil der folgenden Augustinusrede antizipiert.

Es ist wahrscheinlich kein Zufall, dass gerade die sprachliche Seite des Konflikts (biblische bzw. nicht-biblische Herkunft der wesentlichen Begriffe des katholischen und des arianischen Symbolum, das Problem griechischer Terminologie im Lateinischen, Verhältnis von Sprache und Inhalt, Übertragbarkeit christlicher Begriffe in weitere Sprachen) in coll. Pasc. aufgegriffen wird und beinahe das ganze theologische Argument des Dialogs ausmacht. Das Argument des unbiblischen (und zusätzlich wenig eindeutigen) Begriffes *homousion* hat in der Auseinandersetzung zwischen Arianern und Katholiken eine lange und problematische Tradition (zumal sich die Ablehnung nicht auf die arianische Seite beschränkte);[119] dazu gesellte sich bei der Verlagerung der Auseinandersetzung in den lateinischen Westen gelegentlich das zusätzliche Problem der Unübersetzbarkeit: Nicht nur ist *homousios* nicht biblisch, es ist auch nicht lateinisch.[120] Beide Konfliktpunkte lassen sich in der lateinischen antiarianischen Literatur vor der Vandalenzeit belegen, aber sie sind nicht zentral. Die großen lateinischen Väter vermeiden außerhalb der direkten Auseinandersetzung mit arianischen Gegnern den Begriff *homousion* weitgehend; Augustins Schrift De trinitate kommt beispielsweise gänzlich ohne ihn aus. Eine ausgesprochene Vorliebe für den griechischen philosophischen Terminus hat nur (begreiflicherweise) der Neuplatoniker Marius Victorinus. *Homousianus* erscheint generell nur als (zitiertes) Schimpfwort der Homöer, und der Verdacht liegt nahe, dass auch der Begriff *homousion* dort und nur dort diskutiert wird, wo er entweder von homöischen Gegnern in die Diskussion eingebracht wurde oder ein solches Argument mindestens dringend zu erwarten war.

Umso auffallender ist die massive Präsenz des *homousion*-Argumentes in der Arianerpolemik der Spätzeit, insbesondere im vandalischen Nordafrika. Zahlreiche hier anzusiedelnde Schriften thematisieren mit traditionellen Argumenten die Frage der Zulässigkeit des unbiblischen Wortes.[121] In der Collatio cum Pascentio geht die Argumentation ‚Augustins' fließend von der

---

[119] Siehe o. S. 8 und den Beitrag von Brennecke.

[120] Z. B. Mar. Victorin. adv. Arium 2, 9: *'non intellegitur' dicunt 'ergo nec Latine potest dici'*.

[121] Neben den oben S. 20 genannten Quellen ist auch der Liber contra Arianos ... des Vigilius (1, 19–25, PL 62, 193 A–198 A) anzuführen.

Frage der Zulässigkeit des nichtbiblischen Begriffes zum Sprachenproblem über: *quid est quod calumniantur de homousion verbo Graeco, quia scriptum in lege minime reperiatur?* (15, 82f.). Von 15, 92f. an ist die Argumentation ausschließlich auf die Sprache konzentriert, und schnell werden neben den zu erwarteten biblischen Sprachen auch die ‚barbarischen' eingeführt, zu deren Bereich ausdrücklich Afrika gehört (15, 96f.).[122]

Mit der Fortsetzung des Homousion-Diskurses in einem multiethnischen Kontext gewinnt die von den Katholiken in Anspruch genommene und von den Arianern traditionell in Frage gestellte Herrschaft über das Vokabular (wer darf neue Wörter in die Diskussion einbringen?) eine neue, mehrfach verschärfte Aggressivität. Trotz der traditionell lateinischen Form des theologischen Dialogs ist es nun erstmals die Sprache der Diskussion überhaupt, die zum Problem wird: Können überhaupt alle Beteiligten Latein? Wollen sie es auch sprechen? Die (vorgebliche) Unfähigkeit, Latein zu sprechen, scheint nach Auskunft Victors von Vita von den vandalischen Gegnern als Kampfmittel eingesetzt worden zu sein.[123] In den Religionsgesprächen von 484 weigert sich der Hauptvertreter der arianischen Seite, der germanische Bischof Cyrila, die Diskussion zu beginnen, da er behauptet, die katholischen Gegenredner nicht zu verstehen, was diese empört in Abrede stellen: *nostri Cyrilae dixerunt: „propone quod disponis". Cyrila dixit: „nescio Latine". Nostri episcopi dixerunt: „semper te Latine esse locutum manifesto novimus; modo excusare non debes, praesertim quia tu huius rei incendium suscitasti"* (Vict. Vit. 2, 55). Der Bericht ist zweifellos einseitig. Cyrilas „ich kann nicht Latein" stand sicherlich ein ebenso dezidiertes (wenn auch nicht notwendig stärker der Wahrheit entsprechendes) „wir können nicht Gotisch" von Seiten der katholischen Romanen gegenüber. Wie die ungebrochene Tradition der klassizistischen lateinischen Literatur Nordafrikas im Vandalenreich nahelegt, war die assimilierende Wirkung der vandalischen Herrschaft gering; es ist nicht anzunehmen, dass die Kenntnis der vandalischen Sprache sich bei den Romanen stärker verbreitete oder als besonders prestigeträchtiges Bildungsgut empfunden wurde. Das einzige Zeugnis vandalischer Sprache in einem säkularen lateinischen Text des 5./6. Jhs., der berühmte Vers *De con-*

[122] Vgl. 15, 110. 198. 201–206.

[123] Zu dieser Episode vgl. Lancel (wie Anm. 91), ad loc., vgl. A. Isola, A proposito dell'inscitia dei Vandali secondo Fulg., ad Tras. 1, 2, 2, RomBarb 13 (1994/1995), 57–74.

viviis barbaris,[124] zeichnet genau den zu erwartenden Hochmut der Eroberten gegenüber der Sprache und Kultur der Eroberer nach, die man zwar notgedrungen kennenlernt (der Verfasser des Spottverses versteht ja offensichtlich die germanische Sprache, gibt sie korrekt wieder und wählt einen bloßstellenden und demütigenden Satz zur Charakterisierung der ‚Goten'), aber bestenfalls als Hindernis bei der Beschäftigung mit der wahren Kultur empfindet.

Auch als Liturgiesprache dürfte das Vandalische (bzw., in der Tradition Wulfilas, das Gotische) in der romanisierten Umgebung nicht unangefochten geblieben sein. Ein um 480 erlassenes Edikt Hunerichs, das die Zulassung der katholischen Bischofswahlen an die Bedingung knüpft, dass daneben den Arianern ihrerseits die freie Ausübung ihrer Religion gewährt werde (und das deswegen von den Katholiken als gefährlich und hinterlistig abgelehnt wird), sieht ausdrücklich vor, dass die Sprache der arianischen Messen und Predigten von den Bischöfen frei gewählt werden darf;[125] der Passus impliziert, dass genau dieses Recht in katholischen Einflussbereichen eben nicht immer gesichert war. In der folgenden Erzählung verschiebt sich die Auseinandersetzung von der barbarischen Sprache auf weitere kulturelle Unterschiede zwischen Germanen und Romanen; der katholische Bischof muss sich vonseiten der Arianer den Vorwurf gefallen lassen, vandalisch gekleidete Gläubige vom Kirchgang auszuschließen, was er zurückweist, zumal – so Victor von Vita – der Schluss von der Kleidung auf die Herkunft nicht gültig sei: *maxime quia ingens fuerat multitudo nostrorum catholicorum in habitu illorum* (scil. *barbarorum*) *incedentium, ob hoc quod domui regiae serviebant* (2, 8).[126]

---

[124] Anth. lat. 279 Shackleton Bailey (= 285 Riese), zitiert bei Reichert und Vössing unten S. 154 bzw. 197 Anm. 113.

[125] Vict. Vit. 2, 4: *sub eo ut ... episcopi nostri liberum arbitrium habeant ... in ecclesiis suis quibus voluerint linguis populo tractare et legem Christianam colere ...*

[126] Reduktion der vandalischen Katholikenverfolgung auf einen ethnischen Konflikt bei Victor von Vita 3, 62: *illi* (scil. *barbari*) *aliud nesciunt nisi invidere Romanis. Et quantum ad eorum adtinet voluntatem, semper cupiunt splendorem et genus Romani nominis nebulare, nec ullum Romanorum omnino desiderant vivere; et ubi adhuc noscuntur parcere subiectis, ad utendum servitiis illorum parcunt; nam nullum dilexerunt aliquando Romanum* (gegen die historische Realität, in der nach Victors eigenem Bericht durchaus auch katholische Germanen sowie Konkurrenten innerhalb des vandalischen Adels und Klerus Opfer von Verfolgungen durch die Vandalenkönige werden konnten).

Dieser Hintergrund macht die Aussage unseres Textes *licet dicere non solum barbaris lingua sua, sed etiam Romanis 'Froia arme'* (15, 201f.) doppelt bemerkenswert. Die Verwendung der germanischen Liturgie ist zur Zeit der Abfassung offenbar gewährleistet, und sie hat nichts mit der ethnischen Herkunft der Gläubigen zu tun. Wenn der ‚Augustinus' unseres Dialogs nicht nur den ‚Barbaren' selbst, sondern auch seinen romanischen Landsleuten das Recht zugesteht, die Messe in vandalischer Sprache zu hören, so spiegelt das nicht nur eine nicht mehr zu leugnende Lebensrealität,[127] sondern auch das Bestreben, dem gegenseitigen Nicht-Verstehen die Spitze zu nehmen.[128]

[*Hildegund Müller*]

Die Überlieferung[129]

Die Handschriften

Der Text der Collatio cum Pascentio ist in mehr als 30 Handschriften enthalten. Die handschriftliche Überlieferung setzt im späten 6. Jh., also ungefähr 100 Jahre nach der Entstehung des Texts, mit einer unvollständigen Handschrift aus Turin ein (*T*). Die ältesten vollständigen Textzeugen stammen aus der Karolingerzeit (8./9. Jh.: *S C M*); die jüngste Handschrift (*I*) entstand zu einer Zeit, als coll. Pasc. bereits in gedruckter Fassung vorlag (*me*).

Für die Edition wurden alle bekannten Textzeugen kollationiert:[130]

---

[127] Tiefenbach (wie Anm. 16), 254–256.

[128] Diesem Bestreben wurde andererseits auch wieder gegengesteuert: Im Verlauf der zweiten großen Katholikenverfolgung unter dem Vandalenkönig Hunerich lautete einer der ständig wiederholten Vorwürfe von Seiten der Katholiken gegen ihren homöischen vandalischen Hauptwidersacher, Bischof Cyrila von Karthago, dass er sich eigenmächtig den Titel *patriarcha* angemaßt habe; dazu vgl. z. B. Vict. Vit. 2, 54.

[129] Die folgenden Ausführungen basieren auf den Ergebnissen einer Arbeitsgruppe. An der Erstellung des Stemmas beteiligten sich unter anderen K. Greschat, A. Grote, Chr. Prapa, T. Schindehütte und S. Zinsli.

[130] Mit Ausnahme der französischen Codices und *F* sind alle Handschriften in der Reihe Die handschriftliche Überlieferung der Werke des Heiligen Augustinus, Sitzungsberichte der Österreichischen Akademie der Wissenschaften. phil.-hist. Klasse, Wien, 1969– verzeichnet (erschienen sind Kataloge für Italien, Großbritannien und Irland, Polen und die skandinavischen Länder, Spanien und Portugal, Deutschland, Österreich, Tschechische und Slowakische Republik, Belgien, Luxemburg, Niederlande, Schweiz).

A	Angers, BM 180 (172), s. X/XI, ff. 154r–160r
As	Assisi, bibl. com. 87, s. XIII ex., ff. 244v1–246r1
F	Berlin, SBPK Ms. Phill. 1671 (Rose 78), s. IX in., ff. 85v2–89v1 capp. 4–18 (*abbrev.*)
Br	Bruxelles, bibl. Royale Cod. 365–79, s. XV, ff. 175r1–179r2
B	Bruxelles, bibl. Royale Cod. 9349–54, s. XI, ff. 203v2–207r1
S	Cassino, bibl. dell'abb. 19, s. VIII/IX, pp. 263(2)–270(2)
Ce	Cesena, bibl. Malat. D. X. II, s. XV, ff. 221r1–223v1
E	Erfurt, Univ. bibl. Dep. Erf. CA. 2°81, s. XV in., 135v2–139r1
Ff	Firenze, bibl. Laur. Med. Fesul. XV, s. XV, ff. 228v1–231r2
Fi	Firenze, bibl. Laur. XVII dext. VII, s. XII in., ff. 142v–147r
K	Klosterneuburg, Stiftsbibl. CCl 220, s. XII ex., ff. 102v–106v
Li	Liège, bibl. univ. Cod. 132, s. XIII, ff. 224v–228v
Le	London, BL Egerton 628, s. XIII/XIV, ff. 227v2–230v1
La	London, Lambeth Palace 88, s. XIII/XIV, ff. 36v1–39r2
I	München, Clm 7474 (Ind. 74), s. XV ex. (ann. 1486–1487), ff. 366r2–370r2
O	Oxford, Bodl. Libr. Laud. misc. 123, s. XII, ff. 61r1–65v1
Ox	Oxford, Bodl. Libr. Laud. misc. 175, s. XII in., ff. 6v–9v, *des.:* dicit. Scripta (17, 1)
D	Oxford, Bodl. Libr. Douce 198, s. XII, ff. 48r1–50v2, *inc.:* ⟨Pas⟩centii responsio (6, 3)
Co	Paris, BN lat. 1935, s. XIV, ff. 84v–86v
M	Paris, BN lat. 2077, s. IX ex., ff. 92v–96r
C	Paris, BN lat. 12218, s. IX, ff. 113r–118v
P	Paris, BN lat. 12219, s. X, ff. 147v–153v
G	Paris, BN lat. 13371, s. X, ff. 1r–22r
V	Paris, BN lat. 14301, s. XI, ff. 186v–188v, *des.:* cur non vident culpam suam (15, 84)
Cl	Paris, BN lat. nouv. acq. 1444, s. XII, ff. 180v1–182v2
So	Saint-Omer, BM 200, s. XV, ff. 82v–84v
Fl	St. Florian, Stiftsbibl. Ms. XI/76, s. XII med., ff. 137r–140v
T	Torino, bibl. naz. univ. G. V. 26, s. VI², ff. 15r–27r, *inc.:* est genitus sed hoc est (15, 6)
Va	Vaticano, Vat. lat. 7304, s. XV, ff. 6v–9r
Vm	Venezia, bibl. naz. Marc. Lat. II, 3 (2113), s. XV, ff. 315r2–317v2
Ve	Venezia, bibl. naz. Marc. Lat. II, 15 (2139), s. XIV, ff. 130v2–132v2
Vz	Venezia, bibl. naz. Marc. Lat. Z. 164 (1804), s. XV, ff. 6v2–9v1
Z	Zwettl, Stiftsbibl. Ms. 35, s. XII, ff. 112v1–115v1

Im Zweiten Weltkrieg zerstört wurden die beiden Handschriften

Ch Chartres, BM 104 (101), s. X, ff. 1–2 / 9–13
Me Metz, BM 139, s. XI[4]

Nicht identifiziert werden konnte der von den Maurinern verwendete Codex Laudunensis (Laon?).

Mit Ausnahme der zwei alten Codices *T* und *S* lassen sich alle Handschriften aufgrund deutlicher Bindefehler in ein zweigeteiltes Stemma einfügen (*α* und *ϕ*).

T Die Handschrift Torino, bibl. naz. univ. G. V. 26 umfasst 161 Folien zu je 21–22 Langzeilen. Sie wurde in der 2. Hälfte des 6. Jh. in Oberitalien in halbunzialer Schrift geschrieben (CLA IV 463). Im Inventar von Bobbio aus dem Jahr 1461 wird sie unter der Nummer 26 erwähnt. Der Einband wurde beim Brand der Bibliothek 1904 beschädigt. Die zuvor falsch geordneten Blätter wurden danach in der richtigen Reihenfolge zusammengestellt;[131] da aber schon früher einige Blätter und Quaternionen verloren gegangen waren,[132] sind die ersten zwei Werke, Quodv. haer. und coll. Pasc., nur unvollständig überliefert. Von coll. Pasc. ist nur der zweite Teil (ab 15, 6: *est genitus sed hoc est*) erhalten. Es folgt der Briefwechsel zwischen Augustinus und Pascentius (Aug. epist. 238–241); die Briefe des Augustinus sind mit den Zahlen 1–3 versehen. Die Handschrift enthält Randbemerkungen von späterer Hand: z. B. 15, 105: expositio homousion; 16, 1 und 18, 1: v. c.] vicarius *sl. T*. Abgesehen von Ähnlichkeiten mit *S* existieren keine klaren Bindefehler, die nähere Verwandtschaft mit einer anderen Handschrift erweisen würden. An einigen Stellen bewahrt nur *T* den richtigen Text (15, 55: se [sed *T pc. cett.*]; 15, 108. 119. 148sq. 202).

S Der Codex Monte Cassino, bibl. dell'abb. 19 wurde an der Wende vom 8. zum 9. Jh. in wisigotischer Schrift geschrieben. Einige arabisch geschriebene Randnotizen bezeugen spanische Provenienz (CLA III 373).[133] Die Handschrift enthält ausschließlich (pseudo-)augustinische antiarianische Texte: trin., c. Felician., coll. Pasc., sermo Mai 182. Beachtenswert sind zwei Glos-

---

[131] Die falsche Anordnung der Faszikel 1–8 (= ff. 62–161) und 9–14 (= ff. 1–61) wurde nicht berichtigt.

[132] A. Reifferscheid, Bibliotheca patrum Latinorum Italica II, Wien 1871, 110–112.

[133] A. Millares Carlo, Tratado de paleografía española, vol. I: Texto. Tercera edición, Madrid 1983, 87.

sen, eine schwer lesbare in mozarabischer Schrift am Beginn von Kapitel 3 (s. app. crit.) und eine (möglicherweise von erster Hand) am Ende von Kapitel 8: *et recitatum est sinbolum*.

S und *T* weisen gemeinsame Sonderlesarten auf, die teils als Bindefehler (15, 61: prorsus *om. T S*. 109: mea] omnia *add. T S*. 161: Graeco] Hebraeo *T S*), teils als originaler Text (15, 32: magis nihil *T S*] nihil magis *tr. cett., edd*; 67: sua *T S*] mea bzw. *om. cett., edd*; 168: si *T S*] *om. cett., edd*; 19, 1–2 *T S*] *om. cett., edd*) zu werten sind. Da sowohl alle anderen Handschriften als auch *T S* und α jeweils durch Bindefehler verbunden sind (15, 134: confitentem] confirmatum confitentem *T S* α_2; 4, 6: mirae] omni(s) [*T deest*] *S* α; 8, 2sq.: rationem] rationemque [*T deest*] *S* α), dürfte schon in einem sehr frühen Stadium eine Kontamination eingetreten sein; vgl. auch den Titel S. 62 und dessen Text S. 120f.

α = α_1 α_2

Die Gruppe **α**, die sich in Italien herausgebildet hat, hat nie gegen alle anderen Handschriften die richtige Lesart bewahrt. Sie ist durch eine große Zahl gemeinsamer Sonderfehler charakerisiert: 3, 6sq.: ratione] intentione α; ibid.: alio quod] aliquid α; 15, 198: ullatenus] (a)ut latinus(-is) α; 15, 202: arme] armen α; 15, 212: solum] dei/dici/diei/ei *add.* α; 15, 212: humillimus] humilissimus α; 16, 2: assertiones] assertionis α. Ein typischer Sonderfehler von α ist die Verwendung von *vir clarissimus* anstelle von *vir spectabilis* (2, 6; 4, 1; 11, 3) als Anredeform für Pascentius, besonders in α_1 und *Fi*: 5, 3; 9, 2; 13, 1; 14, 8; 16, 3; 17, 1. Weniger deutliche α-Fehler finden sich in 1, 7; 2, 10; 3, 4; 4, 4. 9; 6, 6; 8, 5. 9; 14, 7; 15, 200. 210; 16, 8. 10. Das Werk wird in den Handschriften als *liber* (*disceptationum*) (α_2) bzw. *altercatio* (α_1) betitelt.

α_1 = *Cl Co E I*

Durch die Beziehung zur echten Korrespondenz zwischen Augustinus und Pascentius (Aug. epist. 238–241; vgl. S. 10) geriet coll. Pasc. in α_1, einem seit dem 12. Jh. nur nördlich der Alpen bezeugten Zweig von α, in Sammlungen augustinischer Briefe.[134] Die Gruppe α_1 besteht aus vier Briefhandschriften (*Cl Co E I*) und unterscheidet sich durch deutliche Bindefehler von den übrigen α-Handschriften: 1, 1sq.: cominus] commune α_1; 3, 7:

[134] Zur Einreihung von Acta ecclesiastica unter die Briefe vgl. auch Aug. epist. 213, die in *Cl* auf coll. Pasc. folgt.

longius] longe est α_1; 3, 10sq.: postulatio qua(e)] postulationem qua α_1; 4, 12: perquam grave] quam pergrave α_1; 6, 2: prosecutione] professione α_1; 14, 3: dire(m)pta / directa] derelicta α_1; 15, 53: omnino *om.* α_1; 15, 112: quasi et] quod sit α_1; 15, 133: adiciamus] addamus α_1; 15, 174: corporis] corporeis α_1; 15, 198: dicimus] dicitur α_1; 16, 1: evidenter] evidentissime α_1.

Die aus Cluny stammende Briefhandschrift Paris, BN lat. nouv. acq. 1444 (*Cl*) gehört in ihrem Hauptteil dem 11. Jh. an. Anfang und Ende der Handschrift (darunter auch der Teil mit der Collatio cum Pascentio) waren aber verloren gegangen und wurden im 12. Jh. ergänzt.[135] Der Text von *Cl* stimmt öfter mit Erfurt, Univ. bibl. Dep. Erf. CA. 2°81, s. XV in. (*E*), überein; von diesen weichen die zwei α_1-Handschriften *Co* (Paris, BN lat. 1935, s. XIV) und *I* durch signifikante Bindefehler weiter ab, z. B. 7, 3: defendendae *Cl E cett.*; defendere *Co I*; 8, 2: vir fidei *Cl E cett.*] fidei vir *tr. Co I*; 8, 8: utrimque *Cl E*] utcumque *Co I*; 15, 93: sibi *Cl E*] ibi *Co I*. Als einzige α_1-Handschrift trennt *Cl* die Collatio von der echten Pascentius-Korrespondenz. Die Handschrift München, Clm 7474 (*I*) wurde 1486/1487 in Indersdorf geschrieben; ihr Text entspricht über weite Strecken dem ca. 15 Jahre zuvor erstellten Erstdruck, ist aber nicht von ihm abhängig.

Zahlreiche Übereinstimmungen von α_1 mit ϕ (vor allem β) legen die Vermutung nahe, dass α_1 mit einer β-Handschrift kontaminert wurde: 7, 5sq.: agnita iam] agnito iam $\alpha_1\ \beta\ \delta_1$; 11, 6: apponere] opponere $\alpha_1\ \beta$; 15, 24: cautius *T S Cl* ϕ; acutius *Co I*; cauti vim α_2; 15, 35: hoc verbo] hoc verbum *F* $\alpha_1\ \beta$; 15, 39sq.: aut / legitur *om. Vz* $\alpha_1\ \phi$; 15, 83: reperiatur] inveniatur $\alpha_1\ \phi$; 15, 168: trinitatis] trinitatem α_1 (*exc. Cl*) ϕ; 15, 197: una substantia] unam substantiam $\alpha_1\ \beta\ \delta_1$; 15, 211sqq. (*ter*): in quid] in quo $\alpha_1\ \beta_1$.

$\alpha_2 = F\ \alpha_{2a}$

Alle anderen α-Handschriften (*F Va Vz Fi Ce Ff Vm*) lassen sich zur Gruppe α_2 zusammenfassen: 1, 9: offer(e)t] sufferent α_2; 2, 8: nomen edicere] nostrum dicere α_2; 7, 4sq.: utroque α_2; 8, 6: ultor] ultra α_2; 11, 7: vetuit hinc] vetavit hunc α_2; 13, 7: fio] efficior α_2; 15, 21: verae trabea] veraciter ab ea α_2; 15, 24: cautius] cauti vim α_2; 15, 47: tota] sola α_2; 15, 115: inquit] iniqui α_2; 15, 193: exseri] exire α_2.

Der älteste Vertreter von α_2, die Handschrift Berlin, SBPK Ms. Phill. 1671 (*F*), wurde zu Beginn des 9. Jhs. (vor 809) vielleicht in Oberitalien geschrie-

[135] R. Maurer, Strukturelle Untersuchungen zu den augustinischen Briefkorpora, Diss. Wien 1991, 286f.

ben. Sie wurde von Theodulf von Orléans († 821) in Fleury zur Abfassung von De processione spiritus sancti (verfasst 809) exzerpiert.[136] Die in *F* überlieferten Texte (antiarianische Texte von Athanasius, Gregor von Nazianz, Hieronymus, Augustinus u. a.) stimmen über weite Strecken mit jenen im Codex Verona, bibl. cap. LIX (57), s. VI/VII exzerpierten überein, liegen aber meist in einer umfangreicheren Version als im Veroneser Exzerpt vor, das die Collatio übergeht. In *F* sind die das Verfahren betreffenden Kapitel ausgelassen (1–3. 5. 7 sowie Teile von 8 und 14); einige Anreden sind umgestaltet oder hinzugefügt (6, 3; 8, 8).

α_{2a} = *Va Vz Fi Ff Vm Ce*

Die Gruppe α_{2a} setzt sich aus den Handschriften *Va* und *Fi* sowie deren Abschriften *Vz* bzw. *Ff Vm Ce* zusammen; deren Lesarten wurden aus dem textkritischen Apparat eliminiert.

Die zwei eng verwandten Handschriften Vaticano, Vat. lat. 7304, s. XV (*Va*) und Venezia, bibl. naz. Marc. Lat. Z. 164 (1804), s. XV (*Vz*) enthalten – abgesehen von coll. Pasc. – keinen Augustinus zugeschriebenen Text. In beiden Handschriften folgt auf coll. Pasc. der Libellus fidei catholicae (= Vict. Vit. 2, 56–101). Beide Handschriften weisen singuläre Bindefehler auf: z. B. 2, 2: diversarum linguarum] diversorum signorum *Va Vz*; 6, 9: quidve] quidnam *Va Vz*; 8, 7: iam dignare] indignare *Va Vz*; 14, 2: animae congruum] congruum et ad animae *Va Vz*; 15, 54: male^1] sentientes *add.* *Va Vz*; 15, 107: vel sonat] vs. probat *Va Vz*; 15, 151: repugnetur] impugnetur *Va Vz*; 15, 202: froia] fidia *Va Vz*; 18, 4: iniuria] invisa *Va Vz*. Stufenfehler zeigen, dass *Va* den älteren Text bietet (5, 7: Eunomium > et unomium *Va* > et iunionium *Vz*; 11, 8sq.: dici debere > dicibere *Va* > dicebare *Vz*; 15, 189: immo > impio *Va* > impie *Vz*). Da Sonderfehler von *Va* gegen *Vz* sehr selten sind (der einzige wirklich signifikante, aber doch wieder leicht zu korrigierende Trennfehler ist 15, 92: latro *Va*; Latino *Vz cett.*), ist es sehr wahrscheinlich, dass *Va* die direkte Vorlage für *Vz* war.[137]

---

[136] G. Folliet, Théodulfe d'Orléans († 821), intéressant témoin du Ps-Augustin *De incarnatione* (Mai 174), RBen 108 (1998), 240–244; C. Lambot, Le florilège Augustinien de Vérone, RBen 79 (1969), 70–81. Siehe S. 58.

[137] Folgende Beobachtungen machen eine klare Einordnung von *Va* und *Vz* in ein Stemma schwierig: Innerhalb von α_2 stimmen *Va* und *Vz* manchmal nur mit *F* (4, 6: omni *F Va Vz*; 4, 9: Eunomium *F Va Vz*; 11, 6: suis *F Va Vz*; 15, 24: quod *F Va Vz*; 15, 30: dei *F Va Vz*; 15, 34: verbum *F Va Vz*; 15, 35: una *F Va Vz*; 15, 167: quod *F Va Vz*; 15, 185: ut *F*

Die Handschrift Firenze, bibl. Laur. XVII dext. VII, s. XII in. (*Fi*) hat unmittelbar als Vorlage für die zwei Abschriften Cesena, bibl. Malat. D. X. II, s. XV (*Ce*) und Firenze, bibl. Laur. Med. Fesul. XV, s. XV (*Ff*) gedient.[138] *Ff* wiederum ist – direkt oder indirekt – die Vorlage für Venezia, bibl. naz. Marc. Lat. II, 3 (2113), s. XV (*Vm*). Für direkte Abhängigkeit der Handschriften *Ce* und *Ff* von *Fi* spricht nicht allein die große Zahl von Bindefehlern,[139] sondern vor allem die Übereinstimmung in äußerlichen Details, wie die falsche Auflösung missverständlicher Kürzungen,[140] die unterschiedliche Wiedergabe in der Vorlage korrigierter Stellen,[141] Übernahme von Lacunae[142] und vor allem die besondere Absatzgestaltung: Die Handschrift *Fi* füllt den beim Absatzwechsel freibleibenden Raum der letzten Zeile eines Absatzes regelmäßig mit jenem Text, der auf die erste Zeile eines neuen Absatzes folgt, und fügt zur Trennung der beiden nicht zusammengehörigen Zeilenhälften jeweils ein kleines Häkchen ein. Der Schreiber von *Ce* missversteht dies und lässt dem Ende eines Absatzes jeweils den aus dem folgenden Absatz stammenden zweiten Teil der Zeile folgen (capp. 2/3; 4/5; 6/7; 11/12; 13/14). Der Schreiber von *Ff* vergisst an drei Stellen den zweiten

---

Va Vz; 18, 3: quae latet > qua latet *F* > qualitati *Va Vz*), manchmal nur mit *Fi* (15, 166: definivit] diffiniunt α_2 (*exc. F*); 15, 167: fideles unguntur] fidelis ungitur α_2 *exc. F*) überein, oder nehmen in Stufenfehlern eine Mittelposition zwischen α_1 *F* und *Fi* ein: 1, 11: liceat (*cett.; F deest*) > licet *Va Vz* > scilicet *Fi*; 8, 5sq.: spernendum (*cett.; F deest*) > sperandum *Vz Va* > desperandum *Fi*; 13, 1: decet > docet *Va Vz* > nocet *Fi*; 15, 196: rogatur ut > ut *Va Vz* > *om. Fi*. Daneben gibt es aber zumindest einen signifikanten Bindefehler mit α_1 (3, 11: mancipare *cett.*] anticipare α_1 *Va Vz*).

[138] Beobachtung von Till Schindehütte.

[139] 6, 3: spectabilis] specialis *Fi Ce Ff Vm*; 9, 2: vir spectabilis] vicarius *Fi Ce Ff Vm*; 13, 1: decet] nocet *Fi Ce Ff Vm*; 15, 73: quid] quale *Fi Ce Ff Vm*; 15, 79: spiritus] fratres *Fi Ce Ff Vm*; 15, 98: decuit] debuit *Fi Ce Ff Vm*; 15, 107: vel] vicarius *Fi Ce Ff Vm*; 15, 177: credo] corde *Fi Ce Ff Vm*; 15, 211: paret] par *Fi Ce Ff Vm*; 15, 215: dives] divus *Fi Ce Ff Vm*.

[140] 1, 6: Pascenti nobilissime] pasct. nobi *Fi*; pascunt nobi *Ce*; Pascenti nobis *Ff Vm*; 3, 4: secu^{s} *Fi*; secum *Ce Ff Vm*; 9, 1: v. c. d. *Fi*; vc. dix. *Ce*; *om. Ff Vm*; 15, 64: cognosce͂t *Fi*; cognosceret *Ff Vm*; cognoscet *Ce*; 15, 104: maturar. *Fi*; maturare *Ce*; maturarunt *Ff Vm*; 15, 124sq.: Gc͂s *Fi*; Grecus *Ce*; gens *Ff Vm*.

[141] 8, 1: laetitiam *Fi* (*ac.*) *Ce*; laetitiae *Fi* (*pc.*) *Ff Vm*; 11, 4: praeterquam *Fi* (postquam *vl.*) *Ff Vm*; praeter postquam *Ce*; 11, 7: potius *Fi* (etiam *ac.*) *Ff Vm*; potius etiam *Ce*; 15, 59: mane *Fi* (*ac.*); mora *Fi* (*pc.*) *Ff Vm*; *lac. 9 litt. Ce*.

[142] 15, 161sq.: identidem] id **** nomina *Fi Ce Ff Vm*; 16, 4: naevum] ne **** *Fi Ce Ff Vm*.

Teil der Zeile, der den Text des folgenden Absatzes enthält, zu kopieren (capp. 4/5; 6/7; 11/12); zweimal korrigiert er das Versehen durch einen Nachtrag in margine (capp. 4/5; 11/12). Der Schreiber von *Vm* übernimmt die zwei Marginalnotizen seiner Vorlage (*Ff*) wieder in den Text, lässt aber am Übergang der Kapitel 6/7 den Text aus. Einige leicht korrigierbare Fehler der Vorlage wurden in den Abschriften – wohl durch Konjektur oder Kontamination – verbessert: 5, 4: firme *Fi Ce* > firmet *Ff Vm*; 6, 4: praeterquam *Fi Ff Vm*; quod *add. Ce*; 15, 58: angustus *Fi*; angustiis *Ff Vm*; augustus *Ce*. Für *Vm* ist unmittelbare Abhängigkeit von *Ff* unsicher; es könnte eine (verlorene) Zwischenstufe anzusetzen sein, die Lesarten aus der ebenfalls in Venedig liegenden Handschrift *Vz* übernahm: 1, 1sq.: in communis *Va Vz Vm*; 2, 3: intus] inter *Va Vz Vm*; 15, 148: retinnit] retinet *Va Vz Vm*; einige Fehler der Vorlage (*Ff*) werden in *Vm* nach *Vz* korrigiert: 7, 6: ultius *Ff* > ulterius *Vm*; 15, 17: tribilis *Fi Ff*; terribilis *Vm*.

φ* = *M V β γ δ

Alle anderen Handschriften gehören der Familie *φ* an, die in drei deutlich voneinander geschiedene Untergruppen *β γ δ* und zwei nicht eindeutig zuzuordnende Handschriften (*M V*) zerfällt. Durch folgende Bindefehler ist *φ* eindeutig von *T S* und *α* geschieden: 1, 1: et personis] in personis *φ* (*exc.* β_1); 14, 3: dirempta] directa *φ*; 15, 31: uspiam] (u)si iam *φ*; 15, 54sq.: male ... per *om. φ* (*exc. Ox*); 15, 211: id est Mariae *om. φ*.

Spezifisches Merkmal dieser Handschriftenfamilie, die in Frankreich, Belgien, Großbritannien, Österreich und Italien überliefert ist, ist die Aufnahme der Collatio cum Pascentio in ein Corpus, das aus (pseudo-)augustinischen Texten gegen Manichäer und Arianer zusammengestellt ist: Am Beginn dieses Corpus steht gleichsam als Einleitung der ps.-augustinische Traktat (1) Adversus V haereses (Quodvultdeus), dessen 3. Teil gegen die Manichäer, der 4. Teil gegen die Arianer gerichtet ist. Den Hauptteil dieses Corpus bilden je drei Texte gegen eine der beiden Häresien, und zwar (2) gegen die Manichäer (a) die zwei Bücher De Genesi contra Manicheos, (b) De fide et symbolo, sowie (c) De fide contra Manicheos von Evodius, (3) gegen die Arianer (a) die Collatio cum Maximino, (b) die zwei Bücher Contra Maximinum und (c) die Collatio cum Pascentio. Beide Teile des Corpus, das im Folgenden mit *Adversus duas haereses* bezeichnet wird, bestehen also aus zwei echten Werken des Augustinus (je drei Bücher) und einem pseudo-augustinischen Werk. Diese Anordnung, die sich in Vertretern aller Untergruppen von *φ* (*A K M V*) findet, dürfte schon im Subarchetypus vorgelegen sein. In manchen Handschriften ist die Anordnung der Texte geändert, das Corpus gekürzt oder er-

weitert, oder die coll. Pasc. ist gänzlich aus ihrem Überlieferungskontext gelöst. Zur Entstehungszeit dieser Sammlung *Adversus duas haereses* lässt sich nur ein Terminus zwischen der Abfassung der Collatio und den ältesten Vertretern von ϕ (9. Jh.) angeben. Der in ϕ vorherrschende Titel Collatio cum Pascentio könnte vom Titel der unmittelbar zuvor überlieferten Collatio cum Maximino beeinflusst sein.

β = C β₁ (D Le B Li So Br)

Zur Gruppe β, die in Nordfrankreich, Belgien und England vertreten ist, gehören die Handschrift Paris, BN lat. 12218, s. IX (C) aus Corbie sowie sechs jüngere Handschriften, die oft durch gemeinsame Fehler von *C* und der übrigen Tradition abweichen und mit der Sigle β_1 bezeichnet werden. *C* enthält das gesamte Corpus *Adversus duas haereses* mit Ausnahme von gen. c. Manich. Die Handschrift wurde von den Maurinern zur Edition verwendet und weist die typischen Markierungen abweichender Lesarten auf.[143] Folgende Bindefehler bezeugen die Gruppe β: 6, 5: in defensione] defensioni β (defensione *C*; Stufenfehler!); 14, 4: obstinata] obstincta β; 15, 24: quid] id β; 15, 143: infirmum] in Graeco β; 15, 161: ex] eius β; 15, 191: qua deus] quod dominus β; s. auch 3, 3; 5, 3; 15, 9. 35. 74. 127. 143. 156. 158. 213. Für β_1 sind folgende Bindefehler anzuführen: 15, 7: non] num β_1; 15, 39: enim] est *add.* β_1; 15, 70: est] esse β_1; 15, 85: digesta] disposita β_1; 15, 86: alium nititur] alius eum nitatur β_1; 15, 98: dominica] dominicae β_1; 15, 108: unam] unius β_1; 15, 155: gaudemus] gaudeamus β_1 *C* (*pc.*); 15, 191: credi] credit β_1; 16, 5: magis *om.* β_1; 18, 3: vera] clara β_1. Einige unverständliche ϕ-Lesarten sind in β_1 möglicherweise nach α-naher Tradition berichtigt: 1, 1: in personis ϕ; et personis *S* α β_1; 3, 6: meminis ϕ; memini *S* α β_1.

Innerhalb von β_1 lassen sich jeweils zwei Handschriften als enger verwandt zusammenfassen:

(1) Den ältesten Text von β_1 überliefern die zwei Codices Oxford, Bodl. Libr. Douce 198, s. XII (*D*), der möglicherweise in Frankreich geschrieben wurde, und London, BL Egerton 628, s. XIII/XIV (*Le*). Sie enthalten nur den antiarianischen Teil des Corpus *Adversus duas haereses* (also coll. c. Maximin., c. Maximin., coll. Pasc.). Durch Verlust einiger Blätter weist *D* erhebliche Lücken auf; der Beginn von coll. Pasc. ging auf diese Weise verloren. Auch die meisten Sprecherangaben (*Augustinus ... dixit* u. Ä.) fehlen in

[143] D. Ganz, Corbie in the Carolingian Renaissance, Sigmaringen 1990, 139.

D. Beide Handschriften sind durch folgende Fehler verbunden: 8, 8: fides utrorumque constat] fidei *D Le*; 11, 7: et *om. D Le*; 15, 136: filius *om. D Le*; 15, 184: funderetur] diffunderetur *D Le*; 15, 205: propria *om. D Le*; 15, 210: ego[1] *om. D Le*; 15, 212: et *om. D Le*. Übereinstimmungen mit *Ox* sind wohl auf Spontanfehler oder Kontamination unter britischen Handschriften zurückzuführen: 15, 19: cum dicit] dicens *D Le Ox*; 15, 216: humillimus] humilis *D Le Ox*.

(2) Bruxelles, bibl. Royale Cod. 9349–54, s. XI (*B*) und Liège, bibl. univ. Cod. 132, s. XIII (*Li*) stellen dem Corpus *Adversus duas haereses* jeweils De trinitate und Contra Felicianum voran. Der Text von *B* weist mehrere Gemeinsamkeiten mit *D* und *Le* auf; sie wurden aber – wohl von erster Hand – korrigiert: 12, 5: si *om. B* (*ac.*) *D Le*; 15, 100: non prophetae *om. B* (*ac.*) *D Le*; 15, 119: genuit sed *om. B* (*ac.*) *D Le*. Durch folgende Sonderfehler sind *B* und *Li* von allen anderen Handschriften geschieden: 3, 2: vir *om. B Li*; 5, 3: sententiam *om. B Li*; 7, 7: nobis *om. B Li*; 15, 8: quia] qui *B Li*. Es ist so gut wie sicher, dass *B* die direkte Vorlage von *Li* war: Beide Handschriften stammen aus Liège (*B* aus dem Monasterium S. Laurentii Leodiensis, *Li* aus dem Conventus fratrum ordinis S. Crucis in Leodio), sie enthalten dieselben Texte[144] und stimmen (abgesehen von geringfügigen orthographischen Varianten und einer leichten Modifikation im Incipit) im Wortlaut der Collatio völlig überein; die Begriffe *omousion* und *fhroia armes* sind in beiden Handschriften durch Überstreichung hervorgehoben. Als Beweis für direkte Abhängigkeit lassen sich folgende Argumente bringen: Erstens wurden in *B* am Ende von c. Maximin. 2, 26, 14 (f. 203v1; PL 42, 814, 18) die Worte *erat cum* durch Unterstreichung und im folgenden *eo* das *o* durch Punktierung getilgt und durch über die Zeile geschriebenes *fuit in -is* korrigiert. In *Li* wurde der Text falsch abgeschrieben, ausradiert und durch in Rasur stehendes *non fuit in eis* ersetzt. Zweitens wurde in 2, 5 in *B* nach *tam˙* (= *tamen*) das ursprünglich fehlende *fidem* durch das sowohl im Text als auch am Rand stehende Korrekturzeichen /· am Rand nachgetragen. Der Schreiber von *Li* setzt nur *tam* (von späterer Hand zu *tamen* korrigiert) in den Text, weil er das Kürzungszeichen als Korrekturzeichen missverstand. Drittens: da in *B* die kurze Haste des Buchstaben *h* auf der Grundlinie oft mit der langen Haste zusam-

[144] In *Li* gehen auf einem kodikologisch von der Haupthandschrift zu unterscheidenden Teil (ff. 1–6) die Oratio in trin. (1v–2r; ed. PLS II 1543–1545), retract. und capp. zu trin. voraus.

mentrifft, erscheint in *Li* das vandalische Wort *fhroia* (15, 202) zunächst als *fbroia*, wird aber im Text und am Rand zu *fhroia* korrigiert. Viertens kopiert *Li* exakt die über der Zeile stehende Varia lectio von *B* (18, 3): vera.

(3) Die Handschriften Saint-Omer, BM 200, s. XV (*So*) und Bruxelles, bibl. Royale Cod. 365–79, s. XV (*Br*) überliefern den Text der coll. Pasc. nicht innerhalb des Corpus: In *Br* findet sich coll. Pasc. gemeinsam mit c. Felician. am Ende einer Briefhandschrift, die jedoch nicht die Pascentiuskorrespondenz enthält;[145] in *So* steht coll. Pasc. zwischen trin. und c. Felician. (vgl. *B* und *Li*). Bindefehler dieser Untergruppe sind: 3, 3: tantae rei] naturae dei *So Br*; 4, 7: frater] vir *So Br*; 15, 59: invenire] inveniri *So Br*; 15, 208: eum] enim *So Br*.

Die Aufnahme von coll. Pasc. in eine Epistelhandschrift (*Br*) wurde wohl durch eine α_1-Handschrift angeregt. Obwohl der Text in *Br* eindeutig dem Zweig β_1 angehört, sind doch vor allem am Beginn des Texts Kontaminationen mit α_1 zu erkennen: tit.: collatio] altercatio α_1 *Br*; 3, 10: postulatio] postulationem α_1 *Br*; 4, 1: spectabilis] clarissimus α *Br*; 4, 4: naturae] substantiae vel α *Br*; 15, 144: nemo ergo] ergo nemo *tr.* α_1 *Br* (*mg.*).

$\gamma = \gamma_1$ (*A G*) γ_2 (*P* γ_{2a} [*As Ve O La*])

Seit dem 10. Jh. bezeugt ist die Gruppe γ, die gegen andere Familien durch deutliche Bindefehler abgegrenzt ist: 1, 1: personis] persionis γ; 4, 6: Auxentium] Augentium γ; 15, 7: ingenitus *om.* γ; 15, 92: ipse] ipsi γ; 15, 139: Graecum ... Christus *om.* γ; 15, 153: unius] ut (et A) *praem.* γ; 15, 162sq.: et ... primae *om.* γ; 15, 202: froia] f(h)rota γ; 15, 211: in quid ... filius *om.* γ. Innerhalb von γ lässt sich eine deutliche Zweiteilung beobachten. Auf der einen Seite stehen die älteren französischen Handschriften Angers, BM 180 (172), s. X/XI (*A*), Paris, BN lat. 13371, s. X aus Saint-Germain (*G*) und Paris, BN lat. 12219, s. X (*P*), auf der anderen vier jüngere Handschriften, die unter der Sigle γ_{2a} zusammengefasst werden: Assisi, bibl. com. 87, s. XIII ex. (*As*), Venezia, bibl. naz. Marc. Lat. II, 15 (2139), s. XIV (*Ve*), Oxford, Bodl. Libr. Laud. misc. 123, s. XII (*O*) und London, Lambeth Palace 88, s. XIII/XIV (*La*).

Im Aufbau der Handschriften ist in *A* und *P* noch das alte antimanichäisch-antiarianische Corpus erkennbar (*A* hat die ursprüngliche Form, *P* lässt fid. et symb. und Evod. fid. aus); *G* enthält die Collatio als einzigen Text des

[145] Maurer (wie Anm. 135), 407.

Corpus; es folgt Marius Victorinus' De homousion recipiendo. Die jüngeren γ-Handschriften (γ_{2a}) enthalten wie die zwei britischen β-Handschriften nur den antiarianischen Teil des Corpus, also coll. c. Maximin., c. Maximin. und coll. Pasc. (in *O* wird den Texten gleichsam als historische Einführung das 17. Kapitel der Possidiusvita vorangestellt, in dem die Gespräche des Augustinus mit Pascentius und Maximinus behandelt werden; der Collatio cum Pascentio folgt in *O* auf einem neuen Blatt mit gen. c. Manich. ein Text des Corpus *Adversus duas haereses*). *Ve* stellt dem antiarianischen Block die 15 Bücher De trinitate voran; obwohl *As* (wie *Fi Ce Ff Vm*) den Typ der italienischen Sammelhandschriften repräsentiert, die ein möglichst großes Corpus von Augustinustexten zusammenzustellen versuchen, ist die ursprüngliche Abfolge des antiarianischen Teils beibehalten.

Die zwei Handschriften *A* und *G* dürften direkt oder indirekt auf dasselbe Exemplar (γ_1) zurückgehen: in 16, 7sq. wurde in beiden Handschriften Platz im Umfang von 10–15 Buchstaben freigelassen, um den in der Vorlage offensichlich nicht lesbaren Text aus anderer Quelle zu ergänzen (vgl. auch 12, 5: non *sl. A G*). *P* nimmt eine Zwischenstellung zwischen *A G* auf der einen und γ_{2a} auf der anderen Seite ein: Er weist Bindefehler mit *A G* auf (15, 33: inseri] insereri *A G P O* [*ac.*]; vgl. auch 15, 110: iam] in *add. A G P* [*pc.*]), von denen einige als erste Fehlerstufe zu einer weiteren Veränderung in γ_{2a} angesehen werden können: 1, 3: homines > omnes *A G P* > *om.* γ_{2a}; 2, 10: ipsi > si *A G P* > sibi γ_{2a}; 3, 2: paruisse sat > paruisses at *A G P* > paruisse γ_{2a} (Korrektur eines fehlerhaften Texts erfolgt auch in 3, 6: meminis ϕ; meministi γ_{2a}; ohne Vorstufe in *A G P* finden sich Bindefehler in 4, 13: perquam grave] per hoc quam grave γ_{2a}; 10, 2: ingenitum *om.* γ_{2a}). Andererseits beweisen Bindefehler von *P* und γ_{2a}, dass zwischen γ und γ_{2a} ein gemeinsamer Subarchetypus (γ_2) existiert haben muss: 15, 21: verae trabea] vera verba γ_2; 15, 153: substantiae] aut *add.* γ_2 (*exc. Ve*); 15, 203: cur] cum γ_2. Typisch für γ_2 ist, dass die Anrede *vir clarissimus* (*u. c.*) ausgelassen oder durch *iudex* ersetzt wird.[146] Insgesamt macht γ einen relativ inhomogenen Eindruck, da manche Fehler nicht von allen γ-Handschriften mitgemacht werden: 1, 10: agnoscere] cognoscere *G* (*ac.*) *P O* (*ac.*) *As La*; 14, 8: Pascentio] Pascenti *C* (*pc.*) *A P Ve O As*; 15, 35: substantiam] sub substantiam *A G P O*.

---

[146] 1, 1 (iudex); 3, 1 (*om.*); 5, 1 (iudex; *om. P*); 7, 1 (iudex; *om. P*); 9, 1 (iudex; *om. P Ve O*); 12, 1 (*om.*; iudex *La*); 14, 1 (*om.*; iudex *La*); 16, 1 (iudex); 18, 1 (iudex; *om. As*).

δ = *Ox Fl* δ_1 (*Z K*)

Die Familie δ wird aus Oxford, Bodl. Libr. Laud. misc. 175, s. XII in. (*Ox*) und den drei österreichischen Handschriften St. Florian, Stiftsbibl. Ms. XI/76, s. XII med. (*Fl*), Klosterneuburg, Stiftsbibl. CCl 220, s. XII ex. (*K*) und Zwettl, Stiftsbibl. Ms. 35, s. XII (*Z*) gebildet. Herkunft aus Zisterziensertradition scheint gut möglich. Alle Vertreter von δ haben (z. T. mit leichten Modifikationen) das antimanichäisch-antiarianische Corpus *Adversus duas haereses* bewahrt: *K* in der ursprünglichen Form; *Ox* und *Fl* jeweils mit Zusatz von Ambr. myst. (1, 1–4, 21, *des.:* mundo mortuus: CSEL 73, 89–97) zwischen Quodv. haer. (1) und gen. c. Manich. (2a), *Ox* verschiebt die zwei Werke fid. et symb. und coll. Pasc. an den Beginn der Sammlung, das Ende der Collatio fehlt jedoch wegen Blattverlusts; *Z* lässt die ersten beiden Werke (Quodv. haer. und gen. c. Manich.) aus und reiht den verbleibenden antimanichäischen Block (fid. et symb., Evod. fid.) hinter die drei antiarianischen Werke.

Von allen anderen Handschriften ist δ durch folgende Fehler getrennt: 15, 61: nihil habet *om.* δ (ibi *add.* *Ox*); 103: Graeco ... Latino] Graecum (Graeco *ac.* *Fl*) ... Latinum δ; 15, 105: exponitur] et ponitur δ (et *om.* *Z*); 15, 116: et *om.* δ; 15, 148: quod auribus *om.* δ; 15, 165sq.: anathema ... maranatha *om.* δ; 15, 172: lege] domini *add.* δ. Außerdem lassen alle δ-Handschriften den von ϕ überlieferten Titel aus und ersetzen ihn zum Teil (*Z Ox*) durch eine neue deskriptive Überschrift. Innerhalb von δ sind *K* und *Z* sehr eng miteinander verwandt und lassen sich aufgrund zahlreicher Bindefehler zu einer Untergruppe $\boldsymbol{\delta_1}$ zusammenfassen: 3, 2: paruisse] apparuisse δ_1; 4, 6: Auxentium] Laurentium δ_1 (Aurentium *ac.* *Z*); 4, 15: voluminum] eloquiorum δ_1; 6, 2: credentem] crescentem δ_1; 15, 68: evacuatur] evacuetur δ_1; 15, 148: retinnit/-iet] retinniat δ_1; 15, 173: utique] itaque δ_1; 15, 193: exseri] texeri δ_1; 15, 212: aut inferior *om.* δ_1; 15, 213: ostendit] ipse *add.* δ_1. Charakteristisch für δ_1 ist die Schreibung *omnimodo* anstelle von *omnino* (4, 11; 15, 80 [nur *K*; *om.* *Ox*]; 15, 95 [*om.* *Ox*]). *Z* gibt *v*(*ir*) *c*(*larissimus*) meist mit *vir cons*(*ularis*) wieder (1, 1; 12, 1; 14, 1; 16, 1; 18, 1). Der Text von δ_1 ist jünger als der von *Ox* und *Fl*, weil er deren Fehler zu verbessern versucht: 7, 8: episcopus *cett.* *cum Ox* > episcopi *C Fl V M* > episcopii δ_1; 15, 16sq.: verbo Graeci complecti *cett.* *cum Fl* > verbo Graeco complecti *Ox* > verbo Graeco complecti Graeci δ_1. Möglicherweise war eine Handschrift der Untergruppe δ_1 die Vorlage einiger Korrekturen in *C*: 15, 31: uspiam/usi iam]

iam δ_1 *C* (*pc.*); 15, 187: credi] creditur δ_1 *C* (*pc.*); editur *Ox*; 16, 3: multaque] multoque δ_1 *C* (*pc.*) *G*. Andere gemeinsame Fehler einzelner δ-Handschriften lassen sich nicht klar einordnen.[147]

Unter den δ-Handschriften sticht in mehrfacher Hinsicht *Ox* hervor: Die Schrift zeichnet sich durch überaus viele, z. T. ungewöhnliche, Ligaturen und Kürzungen aus; einige Stellen sind durch Überstreichungen markiert. In seinem Grundbestand gehört der Text zwar zu δ, weicht aber davon einerseits durch viele Sonderfehler, andererseits durch Kontamination mit anderen Traditionssträngen ab. Stilistische Glättungen, wie Textumstellungen oder Einfügungen synonymer Ausdrücke sind nicht durch paläographische Einflüsse bedingt, sondern sind Ergebnis einer ‚philologischen Betreuung' des Textes.[148] Hervorzuheben sind Vertauschungen von verbum simplex und verbum compositum: 4, 15sq.: approbatur] probatur *Ox*; 5, 4: firmet] adfirmet *Ox*; 15, 8: approbatur] probatur *Ox*. Einige Stellen verraten Kontamination mit α_1: 8, 9: in *om.* α *Ox*; 9, 3: cum reverentia *om.* α_1 *Ox* (*ac.*); 11, 3: tenorem *om.* α_1 *Ox*; 15, 94: praesciendum] sciendum α_1 *Ox*. Die allen ϕ-Handschriften gemeinsame Auslassung einer Zeile (15, 54sq.) wird von *Ox* – wohl ebenfalls wegen Benutzung einer α-nahen Tradition – nicht mitgemacht. Der in *Ox* gebotene Titel mit der Angabe *contra Pascentium* und *de omousion* lässt sich am ehesten mit *S* parallelisieren.

M V

Die zwei ϕ-Handschriften Paris, BN lat. 2077, s. IX ex. (*M*) und Paris, BN lat. 14301, s. XI (*V*) überliefern das antimanichäisch-antiarianische Corpus in seiner ursprünglichen Form; allerdings bricht *V* mitten im 15. Kapitel der Collatio ab (15, 84). Im Explicit von *M* werden das erste und die beiden letzten Werke des Corpus genannt: *Explicit Deo gratias amen. Expliciunt libri nu-*

---

[147] 3, 6: memini(s)] memineris Z *Ox*; 12, 6: docuerit] docueris *Fl Ox*; 13, 2: ponere *om.* Z (*ac.*); *tr.* *Ox*; 14, 5: occulta in linguis *tr.* Z; sunt in variis linguis *tr.* *Ox*; 15, 117sq.: genuit filium pater sibi δ_1; filium genuit *Ox*.

[148] 3, 10: postulatio] voluntas *praem.* *Ox*; 6, 8: maneat] moneat *Ox*; 7, 4sq.: utrisque penitus] utrique parti *Ox*; 15, 20: ipse] pater *Ox*; 15, 21: carnis verae] nostrae carnis *Ox*; 15, 23: filius per seipsum] ipse filius *Ox*; 15, 31: uspiam/usi iam *om.* *Ox*; 15, 35: excitare] facere *Ox*; 15, 77 (101. 130): aut] vel *Ox*; 15, 83: minime] non *Ox*; 15, 96: aut cuncta] vel omni *Ox*; 15, 103sq.: stilo ... maturarunt] transtulerunt *Ox*; 15, 126: cordibus] mentibus *Ox*; 15, 130: inquit] ait *Ox*; 15, 152: universo] omni orbe *Ox*; 15, 155: appellari] nominari *Ox*; 15, 161: nominat] determinat *Ox*; 15, 176: haec ... sapientibus] ista pauca sufficiant et *Ox*.

mero VIII quos beatus Augustinus scripsit contra V genera hostium nec non contra Maximianum episcopum seu contra Pascentium ut supra (zur falschen Auflösung der Kürzung *v. s.* s. u.) *ab Arrianis eruditum*. Die mit acht angegebene Zahl der Bücher lässt sich weder mit der tatsächlichen Zahl der Bücher des Corpus (9) noch mit der der Werke (7) in Einklang bringen. Einige gemeinsame Sonderlesarten dürften engere Verwandtschaft der zwei Handschriften beweisen: 15, 42: nam] non *M V*; 15, 53: aliqui] aliquid *M V*; 15, 80: ad peragenda] ad agenda *C*; agenda *M V*. Beiden Codices gemeinsam ist die Auflösung der Kürzung *v(ir) s(pectabilis)* mit *ut supra* (4, 1; 13, 1; 14, 8; explicit von *M* [s. o.]); in *V* wird *v(ir) c(larissimus)* mehrmals mit *vero* (5, 1; 7, 1; 14, 1) bzw. *unc* (9, 1) oder *hanc* (12, 1) wiedergegeben. Beide Handschriften sind wenig korrigiert, obwohl sie viele orthographische Besonderheiten aufweisen (abundantes *h* im Anlaut, fehlendes *m* im Auslaut). Fehler, die *M* mit älteren *φ*-Handschriften (z. B. *C A G P Fl*) teilt, wurden von den jüngeren Vertretern der Familie mitunter korrigiert. Da sich *M* innerhalb von *φ* keiner der drei Untergruppen *β γ δ* klar zuordnen lässt, ist die Entstehung seines Texts wohl vor der Aufspaltung von *φ* in Untergruppen anzusetzen. Aufgrund einiger – insgesamt freilich nicht sehr aussagekräftiger – Bindefehler dürfte *V* in die Nähe von *δ* zu stellen sein: 3, 2: paruisse] apparuisse(s) *V* δ_1; 11, 1sq.: amplitudinem] altitudinem *δ V*; 2, 6: spectabilis] expectabilis *Fl K Ox V*; 12, 6: iam] tam *Fl K Ox V*.

Über die genannten Handschriften hinaus haben wir Kenntnis von drei weiteren Handschriften: Einen interessanten Überlieferungskontext weist die im Zweiten Weltkrieg zerstörte Handschrift Chartres, BM 104 (101), s. X (*Ch*) auf: Der Text von coll. Pasc. war – offensichtlich durch Blattvertauschung – auf zwei Teile (ff. 1–2 /9–13; dazwischen befand sich der Beginn von de serm. dom.) aufgeteilt. Unmittelbar auf coll. Pasc. folgten das oft gemeinsam überlieferte Werk c. Felician. (*S F Fi B Li Le So Br*) und die äußerst selten überlieferte Schrift c. Secundin., von der heute keine Handschrift mehr existiert.[149]

[149] Dieselbe Abfolge (coll. Pasc., c. Felician., c. Secundin., c. mend.) findet sich bei Sedulius Scottus in der Liste exzerpierter Werke (Sedul. Scott. coll. misc. 77, 1–4) sowie in den Exzerpten aus diesen Schriften in coll. misc. 34 (coll. Pasc.). 35 (Secundin. epist.). 36 (c. Secundin.). 37 (c. mend.). Eine – heute ebenfalls verlorene – Handschrift mit c. Secundin. nennt der Katalog des Klosters Sankt Mauricius in Naumburg aus dem 12. Jh.; vgl. G. Becker, Catalogi bibliothecarum antiqui, Bonn 1885 (Ndr. Hildesheim 2003), n. 129, 154:

Ebenfalls im Zweiten Weltkrieg zerstört wurde die Handschrift Metz, BM 139, s. XI^4 (*Me*) aus Saint-Arnoul.[150] Sie wurde unter der Bezeichnung Arnulfensis von den Maurinern für ihre Edition verwendet (3, 6sq.; 15, 202). Sie enthielt nach den Angaben des Katalogs im Anschluss an lib. arb. mindestens fünf Werke des Corpus *Adversus duas haereses*, und zwar gen. c. Manich., fid. et symb., coll. c. Maximin., c. Maximin., coll. Pasc. (nicht genannt sind Quodv. haer. und Evod. fid.) und gehörte daher sicherlich der Familie *φ* an.

Von den Maurinern wurde ein ‚Codex Laudunensis' verwendet. Da keine der uns bekannten Handschriften aus Laon stammt und die Mauriner auch keine Variae Lectiones aus dieser Handschrift zitieren, muss die Identifizierung offen bleiben. Möglicherweise ist mit der Bezeichnung Laudunensis ein Codex Laudianus gemeint. Eventuell könnten die Überstreichungen im Codex *Ox*, der sich im Besitz des William Laud befand, auf Benutzung durch die Mauriner weisen. Die Verwendung eines britischen Codex Laudianus durch die Mauriner ist auch für die Confessiones bezeugt.

Die indirekte Überlieferung

Da die Collatio cum Pascentio im Mittelalter als echtes Werk des Augustinus angesehen wurde und fast immer gemeinsam mit anderen Augustinustexten überliefert ist, finden sich mehrere Stellen der Collatio in Augustinusexzerpten; meist handelt es sich dabei um Erklärungen einzelner Bibelstellen; ein Abschnitt des 15. Kapitels, in dem das Hervortrteten des Heiligen Geistes aus dem Sohn genannt wird (15, 73–82), wurde im 9. Jh. mehrmals als Argument für das ‚Filioque' zitiert. Da aber im Allgemeinen nur kurze Ausschnitte zitiert werden und diese im Wortlaut kaum von ihren Vorlagen abweichen – in zumindest zwei Fällen ist die direkte Vorlage erhalten –, tragen die Testimonien der indirekten Überlieferung wenig zur Textkonstitution bei.

Im Passus zu Rom. 8, 15 (15, 159–162) korrigiert Isidor (*Isid.*) im Text der Collatio *Graeco* zu *Syro* (etym. 7, 13, 5: s. v. *Abba*): *Abba autem Syrum nomen significat in Latino pater, quod Paulus Romanis scribens exposuit dicens: In quo clamamus Abba pater, in uno nomine duabus usus linguis. Dicit enim*

„Augustinus ad Secundinum Manicheum" (auch in dieser Handschrift geht dem Werk c. Felician. voran).

[150] Catalogue général des manuscrits des bibliothèques publiques des départements, T. 5: Metz, Verdun, Charleville, Paris 1879, 59f.

abba Syro nomine patrem et rursum Latine nominat itidem patrem. Ein Indiz für frühe Textverderbnis ist das Zitat aus 3, 6–8 (vgl. den textkritischen Apparat) in Isid. sent. 3, 53 (PL 83, 726, 13): *qui autem recte praesidere studet, nec partem palpare novit nec c o h i b e r e a iustitia didicit.*

Die Erklärung zu 1 Cor. 16, 22 (15, 164–166: *simul Graeco ... dominus redeat*) zitieren ohne nennenswerte Abweichung vom Text der vorliegenden Edition sowohl Beda (*Beda*; CPL 1360) als auch Florus (*Flor.*) in ihren aus Augustinusexzerpten erstellten, bis jetzt nicht gedruckten Kommentaren zu den Paulusbriefen;[151] einen Teil dieses Abschnitts (*inc.:* si quis non amat) übernahm auch Sedulius Scottus in sein Collectaneum in apostolum (*Sedul.*). Darüber hinaus exzerpiert Florus Teile aus 15, 27–80 zur Erklärung von Phil. 2, 6sq. Die (wenig signifikanten) Fehler, die Florus mit anderen Handschriften gemein hat, bieten keinen Anhaltspunkt dafür, welcher Handschriftenfamilie seine Vorlage angehörte.[152] Denselben Abschnitt wie Beda zitiert – ohne nennenswerte Abweichungen – auch Hrabanus in seinen Enarrationes in epistolas Pauli (PL 112, 160; zu 1 Cor. 16, 22).

In seiner Schrift De processione spiritus sancti, die er für das Konzil von Aachen (809) aus Kirchenväter-Exzerpten zusammenstellte, zitiert Theodulf von Orléans (*Theod.*) als 30. Text den zum Thema passenden Abschnitt aus der Collatio cum Pascentio (15, 73–80: *ecce quid est – omnino procedere*). Die unmittelbare Vorlage dieses und anderer von Theodulf verwendeter Texte ist die Handschrift *F*, die sich zu Beginn des 9. Jh. in Fleury befand, wo er bis zu seinem Tode (821) Abt war.[153] Beleg für direkte Abhängigkeit ist die singuläre Übereinstimmung 15, 76: homines credentes] hominibus credentibus *F* (*pc.*) *Theod.* sowie 15, 74: sed] sed et α_2 *Theod.*; der singuläre Fehler in 15, 76: est credendus est (*F*) wird von Theodulf korrigiert. Direkt von Theodulf

[151] Benutzt wurden für Beda die Handschriften Köln, Erzbischöfliche Dom- u. Diözesanbibl. 104, f. 118r und Rouen, BM 147, f. 62r, sowie für Florus Troyes, BM 96, ff. 161r und 224r–224v.

[152] 15, 59: quo] qua *α C γ δ M V Flor.*; 15, 59: quia] qui *T φ Flor. Vulg.*; 15, 61: est] enim *add.* α_2 *Flor.*; alle anderen Fehler betreffen nur das Endungs -m (15, 57: rapinam] rapina *γ Fl Flor.*; 15, 58: qualemcumque ... debilem.

[153] Vgl. H. Willjung, Das Konzil von Aachen 809, MGH Conc. 2 Suppl. 2, Hannover 1998, 193 und 204, der die Exzerpte 1–7. 9. 25–31 direkt auf *F* zurückführt. Theodulfs Text ist auf den Seiten 313–382 neu ediert.

hängt das gleichlautende Exzerpt bei Aeneas von Paris († 870), Liber adversus Graecos cap. 46 (PL 121, 709), ab.[154]

Ebenfalls für das Konzil von Aachen, aber von Theodulf unabhängig, exzerpiert Adalwin (791–816 Bischof von Regensburg; ***Adalw.***) fast denselben Abschnitt aus der Collatio cum Pascentio; sein Exzerpt beginnt wenige Zeilen nach dem des Theodulf, geht aber über dieses hinaus (15, 75–82: *si enim – dignata est visitare*).[155] Der Text weist keine signifikanten Fehler auf, kann aber aufgrund der von Adalwin exzerpierten Texte (n. 1: *adv. V haer.*; n. 2–11: c. Maximin.; n. 12: coll. Pasc.) als Vertreter des Corpus *Adversus duas haereses* angesprochen werden. Das Exzerpt Adalwins ist das früheste Zeugnis der Collatio im deutschen Sprachgebiet.

Wie Adalwin gehört auch das Exzerpt des Rathramnus von Corbie († 868; ***Rathr.***) dem Corpus *Adversus duas haereses* an, der in seiner Schrift Contra Graecorum opposita aus Quodv. haer., c. Maximin. und coll. Pasc. zitiert (PL 121, 294). Obwohl sich derselbe Textabschnitt sowohl bei Theodulf als auch bei Adalwin findet (der Anfang deckt sich mit Adalwin, das Ende mit Theodulf), ist aufgrund klarer Bindefehler als Quelle des Rathramnus der in seinem Kloster liegende Codex *C* zu erweisen: 15, 76: in se] ipse *C V Rathr.*; 15, 80: ad peragenda] ad agenda *C Rathr.*

Eine Reihe von Sentenzen zum Thema Trinität exzerpieren Sedulius Scottus (***Sedul.***) in seinem Collectaneum Miscellaneum und Hincmar von Reims († 882; ***Hincm.***) in seiner weitgehend aus Kirchenväterzitaten zusammengestellten, gegen Gottschalk gerichteten Collectio de una et non trina deitate:

Sedul. coll. misc. 34, 1 = coll. Pasc. 15, 12–15; *inc.:* est igitur ingenitus, *des.:* consubstantialis est et aeternus

Sedul. coll. misc. 34, 2 = coll. Pasc. 15, 26–31, *inc.:* quomodo est enim secundum haereticos incapabilis, *des.:* quia capitur totus a filio

Sedul. coll. misc. 34, 3 = coll. Pasc. 15, 41–42, *inc.:* pater itaque capit omnia, *des.:* totus capitur a filio

Sedul. coll. misc. 34, 4 (1) = coll. Pasc. 15, 120–125, *inc.:* si homo generat quod est hominem numquid deus non poterat, *des.:* sed optimum et dulce

Sedul. coll. misc. 34, 4 (2) = coll. Pasc. 15, 153–156, *inc.:* sed a nonnullis, *des.:* Christi nomine Christianos

---

[154] Willjung (wie Anm. 153), 211f.

[155] Ed. H. Willung (wie Anm. 153), 399–412 (402).

Hincm. coll. trin. 9 (PL 125, 551): *in libro contra Pascentium idem beatus Augustinus dicit: ecce homousion ... a Graecis patribus dictum* (= coll. Pasc. 15, 90–92); *et post pauca: homousion ergo exponitur ... et spiritus sanctus* (= coll. Pasc. 15, 105–106); *et item in eodem libro: absurdum igitur non est ... varietas funderetur* (= coll. Pasc. 15, 181–184); *et paulo post: sicut enim Graeca lingua ... unius dei natura* (= coll. Pasc. 15, 194–197).

Abgesehen von den in vielen Handschriften bezeugten Varianten *assertionem* und *trinitas* (15, 90 bzw. 91) weicht Hincmars Text nicht von unserer Edition ab. Aufgrund der gleichen Abfolge der verwendeten Texte dürfte die Vorlage des Sedulius mit dem verlorenen Codex aus Chartres (*Ch*) eng verwandt gewesen sein.[156]

Die Handschrift Barcelona, Archivo de la Corona de Aragon Ripoll 151, s. X–XI (***rip.***) enthält auf ff. 131r–131v ein Exzerpt vom Ende des 15. Kapitels (203–215), dessen Text einige Charakteristika von α_1 aufweist.

Bartholomaeus de Urbino († 1350; ***Barth.***) zitiert im Milleloquium veritatis zumindest zwei Stellen aus der Collatio: Unter dem Stichwort *arguere* reproduziert er ohne Abweichung vom Text der vorliegenden Edition 15, 85sq. (*qui ... accusare*); im Index librorum führt er das Incipit (*Laurentius ... negotium*) an. Der Wortlaut des Incipit (in comminus] in commune α_1 *Barth.*) und des Titels (*epistola quae intitulatur altercatio Augustini adversus Pascentium habita Hipponiae praesente Laurentio viro clarisssimo iudice ab utrisque partibus electo*) zeigen, dass Bartholomaeus einen Vertreter von α_1 benutzt hat.

Editionen

Die Editio princeps der Collatio cum Pascentio wurde von Mentelin in Strassburg – im Jahre 1471 oder früher – gedruckt (***me***).[157] Als Vorlage wurde eine (unbekannte) Epistel-Handschrift gewählt, die größte Ähnlichkeit mit dem ca. 15 Jahre später geschriebenen α_1-Codex *I* aufweist. Da die folgenden Drucke direkt oder indirekt von dieser Edition abhängen (***am***: Amerbach, Basel 1493; ***ba***: Badius, Paris 1515; ***er***: Erasmus, Basel 1528/29; ***lo***: Lovanienses, Antwerpen 1576; ***ma***: Maurini, Paris 1688; ***mi***: Migne, Paris 1841), findet sich die Collatio cum Pascentio immer im Rahmen der Augustinusbriefe – zunächst als Nummer 178 im Anschluss an die echte Pascentiuskorrespon-

[156] Siehe o. Anm. 149.

[157] G. Folliet, L'Édition princeps des lettres de saint Augustin parue à Strasbourg chez Mentelin vers 1471, SE 34 (1994), 33–58.

denz; von den Maurinern wurde die Collatio, an deren Echtheit schon Erasmus Zweifel geäußert hatte, unter die unechten Briefe gereiht (epist. app. 20). Auch bei den Lesarten setzt sich der Einfluss der α_1-nahen Editio princeps fort und wird nur allmählich durch andere Traditionen zurückgedrängt. Offensichtliche Fehler der Erstedition wurden von *am ba er* ohne Angabe einer Quelle korrigiert (z. B.: 4, 4: unus *I me*; unius *edd*; 15, 5: veritas *I me*; veteris *edd*; u. v. a.); an manchen Stellen wurden handschriftlich nicht bezeugte Konjekturen in den Text gesetzt (15, 37: cautione] contentione *I me*; contione *am ba er*; 15, 112: gestientes] gentes *I me*; genitum *am ba er*; 15, 113: segregare] segregari *lo*; 15, 114: internuntius] inferius *me*; interius *I D Le am ba*; interpres *er lo ma mi*). Für einige schwierige Stellen lässt sich schon in den frühen Editionen punktuelle Benutzung von Handschriften wahrscheinlich machen: z. B. 15, 86: inficiant *I me*; inficiunt *δ am ba*; inspiciunt β_1 *er* edd_2.

Systematische Benutzung von Handschriften ist erstmals für die Edition der Lovanienses nachzuweisen, die auf die belgische β_1-Tradition zurückgreifen und einzelne Lesarten dieser Familie in den Text aufnehmen oder als Varianten dokumentieren: 15, 70: est] esse β_1 *lo*; 15, 108: unam] unius β_1 *lo* (*vl.*). Mit der Maurineredition, die unverändert von Migne (*mi*) nachgedruckt wurde, liegt die bis heute maßgebliche Edition vor: Für sie wurden drei Handschriften verwendet, ein Corbeiensis (= *C*), ein Arnulfensis (= *Me*) und ein Laudunensis (= *Ox*?).[158] Von diesen werden im Apparat acht Lesarten des Corbeiensis, zwei des Arnulfensis, keine einzige des Laudunensis und fünf unbestimmte Lesarten (Mss.) angeführt. Obwohl zwei Angaben der Mauriner zu ihrem Corbeiensis (2, 7; 3, 6) nicht mit *C* übereinstimmen, besteht an der Identifikation kein Zweifel (8, 8: utriusque *pc. C*; 15, 170: humiliatur *C*). Angesischts derartiger Zitierfehler und Ungenauigkeiten der Mauriner muss der Widerspruch zwischen ihrer Angabe: *MSS. nostrae tenorem non dubito* (11, 3) und der Lesart des Codex *Ox* (tenorem *om.*) die oben erwogene Identifizierung mit dem Laudunensis nicht ausschließen; vielleicht liegt ein bloßer Kollationierungsfehler oder eine ungenaue Angabe vor. Auf jeden Fall geben die Mauriner nur ϕ-Varianten zu ihrem von α_1 geprägten Text an: 4, 1 (et saepius): vir spectabilis α_1] *At Mss. constanter habent vir spectabilis* (*ma*; cf. ϕ); 4, 11sq.: consensit] *MSS. concessit* (*ma*; cf. ϕ).

[158] S. oben. S. 55.

Zur vorliegenden Edition

Der Text der vorliegenden Edition beruht auf Kollation aller bekannten Handschriften, Testimonien und Drucke. Erstmals wurden die ältesten Handschriften *T* und *S* verwendet, die als einzige am Ende des Texts die Subscriptio des Laurentius bewahrt haben. Die meisten Textprobleme können durch Variantenwahl gelöst werden: Neben *T* und *S* erweist sich die Familie *φ* als sehr zuverlässig; der Überlieferungswert der in den Editionen bisher bevorzugten Gruppe α_1 ist relativ gering. Gegenüber den älteren Editionen ist der Text an ungefähr 100 Stellen verändert. Obwohl zwischen der Abfassung des Texts und der ältesten Handschrift (*T*) nur ungefähr 100 Jahre liegen, muss bereits der Archetypus einige Korruptelen enthalten haben. Diese wurden teils von mittelalterlichen Schreibern der Handschriften, teils von modernen Editoren korrigiert: Die Koinzidenz von gegen die traditionelle Grammatik verstoßenden Formen lässt sich nur durch Annahme eines fehlerhaften Archetypus (oder eines Fehlers des Verfassers?) erklären: 16, 5: aequalitatem] aequalitas *T S C γ Fl (ac.) M*. In der vorliegenden Edition werden eine ältere (15, 113: segregare *codd.*] segregari *lo*) und sechs neue Konjekturen in den Text gesetzt:[159]

3, 7: co(n)hibere(m) *codd.*] conivere *Uhle*
7, 4sq.: utriusque/utraeque/utrumque (sim.) *codd.*] utrisque *coniecimus*
14, 7: patratum/patratam/paratum] patrata *coniecimus*
15, 108: unam divinitatis substantiam *codd.*] una divinitatis substantia *coniecimus*
15, 114: internus *pler. codd.*] interpres *er*; internuntius *Weidmann*
15, 186: *lacunam statuimus*
15, 189: ut *codd.*] uti *Weidmann*

In den textkritischen Apparat wurden die Lesarten aller Handschriften mit Ausnahme jener aufgenommen, deren unmittelbare Vorlage erhalten ist (*Vz Ce Ff Vm Li*); geringfügige Varianten, die vom Schreiber selbst korrigiert wurden, wurden eliminiert.

Zum Titel

Mehr als jeder andere Teil eines handschriftlich überlieferten Texts unterliegen Titel vielfältigen Einflüssen. Viele Schreiber der Handschriften sahen

[159] Zur Argumentation s. S. 64.

sich berechtigt, in den Wortlaut des Titels einzugreifen, indem sie ihn zum Teil oder zur Gänze auslassen, umgestalten oder sogar aus dem Inhalt des Texts einen neuen Titel erstellen. Das trifft in besonderer Weise auch auf die Collatio cum Pascentio zu. Sogar bei direkt voneinander abhängigen Abschriften, deren Wortlaut im Text kaum differiert, liegen im Titel beträchtliche Unterschiede vor (*B / Li*; *Fi / Ce / Ff Vm*). Daher muss fraglich bleiben, ob überhaupt aus den zahlreichen, stark voneinander abweichenden Überschriften, die die Handschriften bieten, ein originaler Titel rekonstruiert werden kann. Andererseits wissen wir aus einem anderen Fall, dass ein staatliches Dokument, das von den Katholiken für eine Auseinandersetzung mit theologischen Gegnern verwendet wurde, einen deskriptiven Titel trug: Zu einem auf der Konferenz von Karthago vorgelegten Dokument wurde folgender Titel verlesen: *Incipit relatio Anulini proconsulis, ubi ostendit Donatistas Caeciliani causam ad imperatorem Constantinum detulisse.*[160] Dass eine solche Überschrift nicht authentisch sein kann, versteht sich von selbst (und der Widerspruch der Gegenpartei ließ nicht lange auf sich warten). Wäre die Collatio ein authentisches Protokoll, müsste man – wie im genannten Beispiel – Titel als sekundär ansehen; da aber das gesamte Werk ein offizielles Protokoll nur nachbildet, besteht die Möglichkeit, dass der Text von seinem Verfasser mit einem bestimmten Titel in Umlauf gebracht wurde.

Wegen des fragmentarischen Zustands des ältesten Codex (*T*) ist darin der Titel nicht erhalten. Im Subarchetypus δ trug der Text keinen Titel: das geht daraus hervor, dass zwei δ-Handschriften *Fl K* titellos sind und die beiden anderen eine völlig neue, mit dem übrigen Material nicht parallelisierbare Überschrift bieten, die bloß den Inhalt des Texts beschreibt: *Contra Pascentium* (Z) / *De omousion* (*Ox*). Für die Rekonstruktion des Titels in ϕ stehen also nur β γ *M V* zur Verfügung.

Das in fast allen Handschriften überlieferte Wort *incipit* entspricht der Konvention, mit der im 5. Jh. Texte veröffentlicht werden (s. o.) In der Bezeichnung der Textsorte schwanken die Handschriften zwischen *Altercatio sancti/beati Augustini adversus* (*inter S*) *comitem Pascentium Arrianum* (*S* α_1), *Liber disceptationum sancti Augustini adversus comitem Pascentium Arrianum* (α_2) und *Collatio beati Augustini cum Pascentio Arriano* (ϕ).[161] Die folgende

---

160 Conc. Carth. a. 411, 3, 215.

161 Kleinere Unterschiede bleiben im Folgenden unberücksichtigt; zu den Details s. S. 120f.

Ortsangabe *habita in domo Anicia Hippone Regio* findet sich in so gut wie allen Handschriften außer α_2 und dürfte original sein (vgl. die Subscriptio, cap. 19). In der abschließenden Nennung des Richters Laurentius (*praesidente Laurentio iudice delecto a Pascentio viro spectabili*) liegen einige Varianten vor: Die Lesart *praesidente* ist durch die gemeinsame Überlieferung in den sonst nie durch Bindefehler verbundenen Handschriften *S* γ *M V* gesichert, während die banale Vereinfachung *praesente* in α und β leicht durch einen Spontanfehler oder Kontamination (wofür es in α und β mehrere Beispiele gibt) zu erklären ist. Die Frage, ob nach *Laurentio* mit *S* α die Anredeform *viro clarissimo* hinzuzufügen ist, kann kaum entschieden werden. Die Wahl zwischen den Varianten *delecto a Pascentio viro spectabili* (*S* ϕ) und *ab utrisque partibus electo* (α) ist aus inhaltlichen Gründen (3, 7sq.) und wegen der Übereinstimmung von *S* und ϕ zugunsten der ersten Variante zu entscheiden. Der von *S* gebotene Titel *altercatio* (das folgende *inter* (!) *Pascentium Arrianum* ist unsinnig) und die Dopplung *praesidente ... praesente* könnten Ergebnis einer Kontamination mit α (α_1) sein. Daher scheint es angebracht, am ehesten dem Text von ϕ (insbesondere γ *M V*) zu folgen und *collatio* statt *altercatio*[162] als Titel anzunehmen und auf den Zusatz *viro clarissimo* (*S* α) zu verzichten.

Ob sich nach der abschließenden Subscriptio ein eigenes Desinit befand, muss offen bleiben; die überlieferten Varianten bieten meist eine Kurzfassung des Incipit. Nur in γ_2 ist das Explicit in demselben Umfang wie das Incipit erhalten. Die meisten Handschriften bieten einen kürzeren Text.

Da der Titel offensichtlich spätantik ist, aber nicht notwendigerweise vom Autor stammt, werden das rekonstruierte Incipit und Explicit in einer Appendix gedruckt (s. S. 120f.).

[Clemens Weidmann]

Zu einzelnen Textentscheidungen

Die den Namen der Dialogpartner beigegebenen **Titel und Anreden** waren, wie in der Spätantike üblich, im Archetypus abgekürzt; dies hatte zur Folge, dass *vir clarissimus* (*u. c.*), womit Laurentius als Angehöriger des senatorischen Ranges charakterisiert wird,[163] in Codices der Familie γ zu *iudex* (1, 1; 16, 1: γ_2; 5, 1; 7, 1; 9, 1: γ_{2a}), vereinzelt zu *vir consularis* (5, 1: *C*; 12, 1;

[162] Da auch das vorangehende Contra Felicianum in *S* mit *Altercatio Feliciani* betitelt ist, kann *S* nicht gut als Zeuge dafür herangezogen werden, dass *altercatio* auf den Verfasser zurückgeht.

[163] Siehe Anm. 31.

14, 1; 18, 1: *Z*), *vicarius* (16, 1: *T*; 18, 1: *TK*), *vero* (5, 1; 7, 1; 14, 1: *V*) bzw. *unc* (1, 1; 9, 1: *V*) und *hanc* (12, 1: *V*) aufgelöst wurde. Für Pascentius findet sich in ϕ durchwegs die Bezeichnung *vir spectabilis* (bzw. in *M V* unter falscher Auflösung der Abbreviatur *ut supra*: 4, 1; 13, 1; 14, 8), in α (2, 6; 4, 1; 11, 3) bzw. α_1 hingegen *vir clarissimus* (5, 3; 13, 1; 17, 1). Da gemäß dem Titulaturschema des 5. Jhs. *vir spectabilis* einem *comes* zukommt, als welcher Pascentius durch Possidius (Vita Aug. 17, 1) bezeichnet wurde, andererseits die Schreiber der Collatio den Text allem Anschein nach nicht mit Possidius abglichen – evidente Widersprüche zu dessen Darstellung der Debatte wurden in den Handschriften nicht geglättet (s. Einleitung S. 13) –, verdient das historisch korrekte *vir spectabilis* den Vorzug. Letztlich nur mit stemmatischen Argumenten kann zwischen *honorabilis* und *venerabilis* als Anrede für Augustinus entschieden werden.

3, 7 Laurentius ist offenbar bemüht, von vornherein den Verdacht der Parteilichkeit zu Gunsten des ranghohen Amtsträgers Pascentius zu zerstreuen. Dieser Verdacht drängt sich auf, da, wie aus dem folgenden Satz hervorgeht, Pascentius es war, der Laurentius zum Schiedsrichter ernannte. Laurentius erinnert deshalb daran, dass er sich in einem heiligen Eid verpflichtet habe, nicht jenem zuliebe seine Funktion zu missbrauchen, fügt allerdings hinzu, dass er auch nicht zu einem anderen Zweck (*alio*) in die Diskussion eingreifen wird (womit er andeutet, auch Augustinus nicht bevorzugen zu wollen). Das überlieferte *nec alio ... co(n)hibere(m)* ist unbefriedigend, da *cohibere* bereits einen Bedeutungsgegensatz zu *palpare* enthält, zu dem *alio* nicht passt. Die paläographisch leichte Änderung zu dem ungewöhnlichen und daher für Verschreibung anfälligen Verb *conivere* gibt dem Satz eine klare Aussage (zur Juxtaposition von *palpare* und *conivere* cf. Aug. civ. 2, 1).[164]

7, 4f. Laurentius wiederholt die von Augustinus formulierte Alternative. Der Zusammenhang verlangt neben *denegare* (wie in 6, 6) einen Dativ, *uterque* wird in coll. Pasc. stets im Plural verwendet: daher kann nur *utrisque* die richtige Form sein.

14, 7 *Victoria patrata* ist eine häufig belegte Junktur (z. B. Tac. ann. 14, 41, 4; Oros. hist. 7, 29, 6) und fügt sich besser in den Kontext als das *patratum* der Editionen (zu *negotium*), neben dem *victoria* isoliert und gram-

---

[164] Die für mittelalterliche Handschriften auffällige Orthographie *conhibere* in zahlreichen Handschriften weist ebenfalls auf Herkunft aus *conivere*.

matikalisch uneindeutig stünde. Am nächsten kommt diesem Text noch die Lesart *patratam* des alten Codex *S*; alle weiteren, jüngeren Lesarten (*pacatum*, *paratum*) sind sichtlich Verschreibungen oder aber Korrekturversuche des Fehlers *patratum*. Die katholische Tendenz des Textes tritt freilich durch die Textänderung um einiges deutlicher hervor: Laurentius gibt vor der langen Rede des Augustinus indirekt zu, dass er eigentlich schon überzeugt ist (der „errungene Sieg" kann ja wohl nur jener der katholischen Sache sein).

15, 86 Die vom Kontext geforderte Bedeutung „vorwerfen, beschuldigen" vermag das *inspiciunt* der Editionen nicht zu tragen, das sicher irrig aus dem Gleichnis vom Splitter und Balken heraus erschlossen ist, aber keinen Sinn ergibt. Nicht ganz auszuschließen, aber letztlich ebenfalls nicht befriedigend ist die Lesart *insidiant* des Codex *T*, die anstelle des klassischen Deponens möglich wäre, aber sich inhaltlich nicht ganz in den Kontext fügt: der Angriff der Arianer ist kein hinterlistiger durch Auflauern, sondern offen. Aus einem ursprünglich korrekten *insidiant(ur)* ließe sich auch schwerlich eine Variantenentwicklung zu *infic-/infit-* ableiten, die in allen anderen Handschriften (mit Ausnahme des späten Korrekturversuchs *infaciant*) noch manifest ist. Damit ergibt sich als weitaus größte, aber ihrerseits problematische Wahrscheinlichkeit die eines ursprünglich korrekten *infitiant(ur)* in einer von der üblichen abweichenden Bedeutung. *Infitior* „leugnen, ableugnen" heißt offenbar in ganz seltenen Fällen „verleumden, zu Unrecht beschuldigen", wofür ThlL VII 1452, 11–16. nur Lucif. Athan. 1, 27 nennt („abusive" Szantyr): *meministi scriptum: ‚testis falsus non inpunitus erit, et qui accusat inique non effugiet', et tamen fuisti ausus* i n f i t i a r i *Athanasium?* Das Nomen agens *infitiator* ist in der Bedeutung „Verleumder" bei Greg. Tur. Franc. 5, 49 („abusive" Szantyr) und bei Non. p. 130, 19 („perperam" Szantyr) belegt. Für *infitiatrix* „Denunziantin, die nicht die Wahrheit sagt" gibt es einen Beleg bei Hermann von St. Gallen, Vita Wiboradae 2, 11 (Du Cange s. v., Niermeyer s. v.). Szantyr nimmt an, dass es sich jeweils um eine Verwechslung mit *inficere* handelt, aber *inficere* heißt (spätantik) offenbar auch nur an einer einzigen Tertullianstelle „anklagen, beschuldigen": pudic. 14, 27 *ne ... Paulum ... tantae levitatis inficeres*; das ist kein ausreichender Ausgangspunkt für eine Verwechslung und seinerseits ein unsicherer Beleg. Eine Nachfrage am Mittellateinsichen Wörterbuch (dem an dieser Stelle herzlich für seine Auskunft gedankt sei) ergab keine weiteren Belege für die seltene Bedeutungsentwicklung.

15, 108 Die geringfügige Textänderung ergibt sich aus der Übernahme des nur in der ältesten Handschrift *T* bezeugten *seipsam*, das als Verschreibung schwerlich erklärbar ist; durch den Ausfall des Wortes in der jüngeren

Tradition hätte sich dann die Notwendigkeit ergeben, den ursprünglichen Nominativ zu dem neben *per* geforderten Akkusativ umzugestalten. *Seipsam* braucht aber ein feminines Subjekt neben sich. Der durch den Rückgriff auf die *T*-Variante rekonstruierte Text ist inhaltlich deutlich sinnvoller als die mehrheitliche Überlieferung (*verbum*) ... *ostendit* ... *per unam divinitatis substantiam*, ein Satz, für dessen Verständnis vorauszusetzen wäre, dass mit *verbum* hier die zweite göttliche Person gemeint ist und nicht einfach (wie aus dem Kontext naheliegend) das Wort *homousion*. Die Lösung ist nicht ganz befriedigend: Es ergibt sich ein abstraktes Subjekt *una divinitatis substantia*, das neben *ostendit* wohl nur in dem seinerseits abstrakten und intrikaten Kontext der Trinitätsdebatte tragbar erscheint.

15, 114 Das Substantiv *internuntius* ist paläographisch näher am überlieferten, aber sprachlich kaum möglichen Adjektiv *internus* als die Konjektur des Erasmus, *interpres*.

15, 186 Der in der überlieferten Form nicht konstruierbare Satz dürfte, abgesehen von und nach der trinitätstheologischen Auswertung von Act. 2, 11 (*magnalia utique sunt non deorum, sed dei*), eine weitere, nunmehr verstümmelte Aussage umfassen, die dieses Zitat als Argument dafür verwendet, dass selbst biblisches Sprechen nicht an eine bestimmte Sprache gebunden war; in Analogie zu ll. 198–201 können die verlorenen Worte sinngemäß etwa gelautet haben: *sicut autem magnalia variis linguis dicere licuit, licet....*

15, 189 *Si licuit ut Graeca lingua, vel immo permisit ipse dominus, ut causa mortis eius esset scripta, cur abhorret ...* . Das erste *ut* ist in zweifacher Hinsicht störend: Einerseits ist *licet ut* ungewöhnlich (vgl. aber ThlL VII 2, 1361, 71–1362, 4), andererseits vermisst man ein Verbum. Mit der geringfügigen Änderung *uti* ergibt sich ein glatter, leicht verständlicher Text, der dem folgenden Satz syntaktisch ähnlich ist (15, 192sq.): *si minime licet ... lingua exseri Graeca, ...*; das Verb *uti* war zuvor mehrmals im selben Sinn verwendet worden: 15, 157. 160: *duabus utitur linguis*; 164: *simul Graeco et Syro utitur verbo*.

[*Hildegund Müller, Tobias Uhle, Dorothea Weber, Clemens Weidmann*]

Stemma codicum

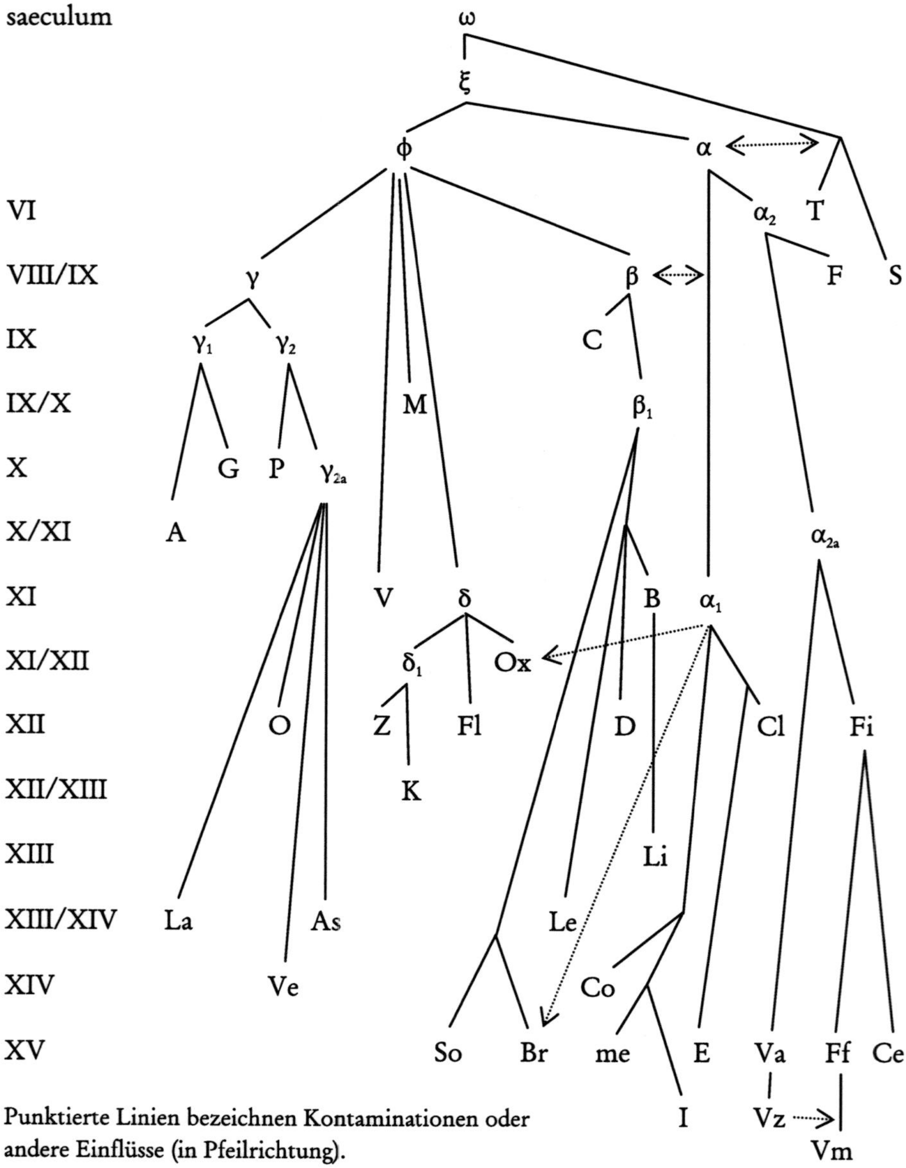

Punktierte Linien bezeichnen Kontaminationen oder andere Einflüsse (in Pfeilrichtung).

[*Clemens Weidmann*]

Sigla

ω = consensus omnium codicum

T Torino, bibl. naz. univ. G. V. 26, s. VI², ff. 15r–27r, *inc.:* est genitus sed hoc est (15, 6), Norditalien

S Cassino, bibl. dell'abb. 19, s. VIII/IX, pp. 263(2) -270(2), Spanien

$\xi = \alpha\ \phi$

$\alpha = \alpha_1\ \alpha_2$

α_1 = *Cl Co E I*

Cl Paris, BN lat. nouv. acq. 1444, s. XI, ff. 180v1–182v2

Co Paris, BN lat. 1935, s. XIV, ff. 84v–86v

E Erfurt, Univ. bibl. Dep. Erf. CA. 2°81, s. XV in., 135v2–139r1

I München, Clm 7474 (Ind. 74), s. XV ex. (ann. 1486–1487), ff. 366r2–370r2, Indersdorf

α_2 = *F* α_{2a}

F Berlin, SBPK Ms. Phill. 1671 (Rose 78), s. IX in., ff. 85v2–89v1, capp. 4–18 (*abbrev.*), Norditalien (?), Fleury (?)

α_{2a} = *Va Vz Fi Ff Vm Ce*

Va Vaticano, Vat. lat. 7304, s. XV, ff. 6v–9r

Vz Venezia, bibl. naz. Marc. Lat. Z. 164 (1804), s. XV, ff. 6v2–9v1 (descriptus ex cod. *Va ?*)

Fi Firenze, bibl. Laur. XVII dext. VII, s. XII in., ff. 142v–147r

Ff Firenze, bibl. Laur. Med. Fesul. XV, s. XV, ff. 228v1–231r2 (descriptus ex cod. *Fi*)

Vm Venezia, bibl. naz. Marc. Lat. II, 3 (2113), s. XV, ff. 315r2–317v2 (descriptus ex cod. *Ff ?*)

Ce Cesena, bibl. Malat. D. X. II, s. XV, ff. 221r1–223v1 (descriptus ex cod. *Fi*)

$\phi = \beta\ \gamma\ \delta$ *M*

β = *C* β_1

C Paris, BN lat. 12218, s. IX, ff. 113r–118v, Corbie

β_1 = *D Le B Li So Br*

D Oxford, Bodl. Libr. Douce 198, s. XII, ff. 48r1–50v2, *inc.:* ⟨Pas⟩centii responsio (6, 3), Frankreich (?)

Le London, BL Egerton 628, s. XIII/XIV, ff. 227v2–230v1

B Bruxelles, bibl. Royale Cod. 9349–54, s. XI, ff. 203v2–207r1, Liège

Li Liège, bibl. univ. Cod. 132, s. XIII, ff. 224v–228v (descriptus ex cod. *B*), Liège
So Saint-Omer, BM 200, s. XV, ff. 82v–84v, Saint-Bertin
Br Bruxelles, bibl. Royale Cod. 365–79, s. XV, ff. 175r1–179r2, Oudergem bij Brussel

$\gamma = \gamma_1 \gamma_2$
$\gamma_1 = A\ G$
A Angers, BM 180 (172), s. X/XI, ff. 154r–160r, Angers, Saint-Serge
G Paris, BN lat. 13371, s. X, ff. 1r–22r, Saint-Germain

$\gamma_2 = P\ \gamma_{2a}$
P Paris, BN lat. 12219, s. X, ff. 147v–153v

$\gamma_{2a} = Ve\ O\ As\ La$
Ve Venezia, bibl. naz. Marc. Lat. II, 15 (2139), s. XIV, ff. 130v2–132v2
O Oxford, Bodl. Libr. Laud. misc. 123, s. XII, ff. 61r1–65v1
As Assisi, bibl. com. 87, s. XIII ex., ff. 244v1–246r1
La London, Lambeth Palace 88, s. XIII/XIV, ff. 36v1–39r2

$\delta = Ox\ Fl\ \delta_1$
Ox Oxford, Bodl. Libr. Laud. misc. 175, s. XII in., ff. 6v–9v, *des.:* dicit scripta (17, 1)
Fl St. Florian, Stiftsbibl. Ms. XI/76, s. XII med., ff. 137r–140v, St. Florian

$\delta_1 = Z\ K$
Z Zwettl, Stiftsbibl. Ms. 35, s. XII, ff. 112v1–115v1
K Klosterneuburg, Stiftsbibl. CCl 220, s. XII ex., ff. 102v–106v, Klosterneuburg

M Paris, BN lat. 2077, s. IX ex., ff. 92v–96r, Moissac
V Paris, BN lat. 14301, s. XI, ff. 186v–188v, *des.:* cur non vident culpam suam (15, 84), Saint-Vaast

Codices deperditi vel non reperti
Ch Chartres, BM 104 (101), s. X, ff. 1–2 / 9–13 (deperd. anno 1944)
L Laon (Maurinorum codex Laudunensis) = *Ox* (Laudianus)?
Me Metz, BM 139 (Maurinorum codex Arnulfensis), s. XI^{4} (deperd. anno 1944)

Testimonia
Beda Bedae coll. in apost. (1 Cor. 16, 22), secundum codd. Köln, Dom. u. Diözesanbibl. 104, s. IX^{1}, f. 118r et Rouen, BM 147, s. XI, f. 62r

Isid.	Isidori etym. 7, 13, 5
Flor.	Flori coll. in apost. (1 Cor. 16, 22; Phil. 2, 6sq.) secundum cod. Troyes, BM 96, s. IX, f. 161r et ff. 224r–224v
Theod.	Theodulfi spir. sanct. 30 (ed. H. Willjung, MGH Leges 4 Conc. 2 suppl. 2, Hannover 1998, 354) (descriptum ex cod. *F*)
Adalw.	Adalwini testim. aequ. spir. (ed. H. Willjung, MGH Leges 4 Conc. 2 suppl. 2, Hannover 1998, 402)
Rathr.	Rathramni Corb. c. Graec. oppos. 3, 4 (PL 121, 294) (descriptum ex cod. *C*)
Sedul.	Sedulii Scotti coll. in apost. 22 (ed. H. J. Frede, Vetus Latina 31/32, Freiburg Br. 1997, 789) / coll. misc. 34. 77, 2 (ed. D. Simpson, CC cm 67)
Hincm.	Hincmari coll. trin. (PL 125, 551)
rip.	Barcelona, Arch. Cor. Aragon, Ripoll 151, s. X–XI, 131r–131v

Editiones

***edd* = *edd*$_1$ *edd*$_2$**

edd*$_1$ = *me ba am er

me	Aurelius Augustinus, Epistolae, Mentelin, Strassburg nicht nach 1471
ba	Aurelius Augustinus, Liber epistolarum, ed. Jodocus Badius (= Parvus?) Ascensius, Parisiis 1515
am	Aurelius Augustinus, Epistolae, ed. Johann Amerbach, Basel 1493
er	Aurelius Augustinus, Opera ... repurgata a mendis per Des. Erasmum Roterodamum ... Addito indice, Vol. 2, Basileae, Froben (1528–)1529.

edd*$_2$ = *lo ma mi

lo	Aurelius Augustinus, Opera ex vetustissimis manuscriptis codicibus per theologos Lovaniensis ab erroribus repurgat(a). Antverpiae, Christophorus Plantinus 1576. Vol. 2

mm* = *ma mi

ma	Aurelius Augustinus, Opera – Maurini, t. 2, Parisiis 1688
mi	Migne, Patrologiae Latinae Cursus Completus 33, 1156–1162, Paris 1841 (^{2}1861)

ac.	ante correctionem
add.	addidit / addiderunt
del.	delevit / deleverunt
des.	desinit / desinunt
inc.	incipit / incipiunt
iter.	iteravit / iteraverunt
lnp.	legi non potest
mg.	in margine
mp.	manu posteriore
om.	omisit / omiserunt
pc.	post correctionem
sl.	supra lineam
tr.	transposuit / transposuerunt
vl.	varia lectio
*	Asterisco in textu coniecturam, in apparatu lectionem fortasse rectam signamus.

Text und Übersetzung

Collatio Augustini cum Pascentio

Augustins Debatte mit Pascentius

1. Laurentius vir clarissimus partibus et personis in co- *mi 1156*
minus positis dixit: “Dei discutiendum est negotium naturaeque eius, in qua plerique labuntur homines, examinanda perfectio. Si post illud totum quod pars parti, persona personae convicii intulit pridem iam in utrisque manet serenitas animorum, venerande Augustine et Pascenti nobilissime, dignamini profiteri. De deo enim disputans animus debet serenior inveniri, quia repulsis animositatis caliginibus menti sese purae ad intelligendam naturae suae magnitudinem facilius offert. Fidem igitur vestram ex professione opinionum primitus agnoscere volo, tunc demum requirere, utrum liceat praeter scripturarum divinarum eloquia usurpative defensionis merito aliquid affirmare.”

2. Augustinus episcopus dixit: “Sunt aliqua quae fidei necessaria a patribus posita in verbis diversarum linguarum aliter sonant, aliud intus continent in secreto, sicut ipsa caro Christi, dei et hominis, *hominis pleni infirmitatem ostendebat exterius, divinitatis virtutem gerebat interius. Tamen fidem rei publicae
debens vir spectabilis Pascentius, quia ipse exstitit provocator, *mi 1157*

1, 1 partibus ... personis] *cf.* Cod. Theod. 1, 16, 1 **2, 5–7** tamen ... debet] *cf.* Aug. epist. 238, 9 (p. 539, 11–13)

1, 1 *ω* (*exc. T F D*) *Barth.* **2** negotium] *des. Barth.*

1, 1 vir clarissimus] unc *V*; nunc *Va*; iudex γ_2 (*cf. p. 53*) | clarissimus] consularis *Z* | et personis] in personis *C* (utriusque personis *pc.*) *δ M V*; inpersionis *γ* (in psionis *ante* partibus *tr. Ve*) | in cominus *om. V*; in commune α_1 *Barth.* edd_1; in communis *Va* **2** possitis *I*; positus *C* (*ac.*) *So P* (*ac.*) *As Fl K M V* | dei *om. M* | naturaque *M* **3** homines] omnes γ_1 *P*; *om.* γ_{2a} **4** post *om. Ox*; potest *C* (*ac.*) *M*; possit α_2 | illum *V* | totum illud *tr. Ox* | convicio *S*; convitium *Le* **5** in *om. Ox* | utriusque α_2 *V*; utrosque *S* | maneat α_1 edd_1 | venerande ... nobilissime *om. S* **7** deo] domino *α* edd_1 | enim *om. M* | senior α_2 *A V* inveniri *om. Fi* | quia] qua *Va* | repulsus α_2 **8** mentis *ϕ* (*exc. Le La Ox*; *ac. C G Z*); mentes α_2 | se α_1 edd_1 | intelligendum *Ox* **9** offeret α_1 (offerret *Co*; et *add. I*) *V* edd_1; sufferent α_2 | nostram *I me* | et professionem *Va* **10** opiniorum *K M* (*ac.*); optimorum *Z* | cognoscere *G* (*ac.*) *P* γ_{2a} (*exc. Ve*; *ac. O*) | nolo *So* | tum α_1 *G* (*ac.*) *edd* **11** require *S As* | licet *Va*; scilicet *Fi* | divinarum scripturarum *tr. C* γ_{2a} δ_1 **12** usurpativae *er* edd_2; usurpativa *Fi* | merito *om. Ve* | aliquid *om. A*

2, 1 episcopus *om. Le As* | aliqua] aliquae *Fi* | quae *om. Va*; *post* posita *tr.* α_1 *edd*; *post* linguarum *tr. Fi* **2** diversorum signorum *Va* **3** aliud] aliter *Le γ* intus] inter *Va* **4** hominis[2] *om. ω me am ba* | infirmitate *V* | exterius] et *add. mm* **5** divinitas *So* | tamen] tantum *Fi* **6** expectabilis *Ox Fl K V*; clarissimus *α* edd_1 *lo* (*cf. p. 45. 64sq.*) | qua *I* edd_1 | existit *Le* | provocatur *M*

1. Der *vir clarissimus*[1] Laurentius sagte, als die Parteien und Sprecher einander gegenüber Aufstellung genommen hatten: „Es gilt, eine Rechtssache, die Gott betrifft, zu erörtern, und zwar die Vollkommenheit seiner Natur zu untersuchen, worin sehr viele Menschen fehlgehen. Wenn nach all den Streitigkeiten von zuletzt zwischen den Parteien und Sprechern nun auf beiden Seiten eine ruhige Gemütsstimmung herrscht, ehrwürdiger Augustinus und vornehmster Pascentius, so findet euch bereit, euer Bekenntnis abzulegen. Denn wenn man über Gott diskutiert, bedarf es einer besonders ruhigen Haltung, da er sich erst, wenn die Wolken des Streits vertrieben sind, einem reinen Sinn zur Erkenntnis der Größe seiner Natur leichter darbietet. Zunächst also will ich euren Glauben aus dem Bekenntnis eurer Ansichten kennenlernen, dann fragen, ob es erlaubt ist, irgendetwas, das nicht dem Wortlaut der göttlichen Schriften entspricht, eigenmächtig um der Verteidigung willen zu behaupten."

2. Der Bischof Augustinus sagte: „Es gibt einige Dinge, die von den Vätern als für den Glauben notwendig behauptet worden sind, die zwar in den Wörtern der verschiedenen Sprachen nach dem einen klingen, etwas anderes aber im Inneren verborgen enthalten. So zeigte auch die fleischliche Gestalt Christi, des Gottes und des Menschen, nach außen die Hinfälligkeit des ganzen Menschen, im Inneren hatte sie die Kraft der Göttlichkeit. Doch möge der *vir spectabilis* Pascentius, der dem Staat seine Loyalität schuldet, sich bereit finden, weil er selbst als Ankläger aufgetreten ist, auch die Bezeichnung seines Glaubens, den er Christus schuldet und von dem er meint, durch ihn werde auch

[1] Die Titel *vir clarissimus* und *vir spectabilis* werden nicht übersetzt. Die politische Bedeutung der Ämter wird von Vössing, unten S. 190f., besprochen, jene von kirchlichen Amtsträgern von E. Jerg, Vir Venerabilis. Untersuchungen zur Titulatur der Bischöfe in außerkirchlichen Texten der Spätantike als Beitrag zur Deutung ihrer öffentlichen Stellung, Wien 1970. – Ehrenbekundungen, die keine offiziellen Titel sind, wie *vir nobilissime*, werden hingegen übersetzt.

fidei quoque suae quam Christo debet, qua etiam suam credit animam gubernari, dignetur nomen edicere, quia potestatis, aetatis etiam simulque provocationis eius ordo id fieri iustissime flagitat. Mihi enim placet te iudicio iudicem praesidere, quod etiam ipsi placuisse manifestissime comprobatur."

3. Laurentius vir clarissimus dixit: "Tuae excellentiae merito, Pascenti vir nobilissime, nos admodum paruisse sat clarum est. Tremens enim in tantae rei negotio parvus praesideo cognitor, formidans ne de tantae omnipotentiae natura secus aliquid credens reatum incurram. Sacramento enim me meum animum animamque meminis constrinxisse nec tuas intentiones ulla ratione palpare nec alio, quod a iustitia longe est, *conivere. Tua enim delectione iudex in cognitione fidei inter utrosque videor praesidere. Partis ergo e diverso sistentis, cui defensionis verba

---

8–9 potestatis ... etiam] *cf.* Aug. epist. 238, 1 (p. 533, 3)

ω (*exc. T F D*)

---

7 quam] de *add. C* | debeat α_1 *me am ba*; id est circa Christi personam *add. mm* (*iuxta cod. Corbeiensem*) | qua] quae *A M*; qui *Fi* | suum credidit *V* animam credit *tr.* α_2 δ_1 | animam *om. So* **8** gubernare *Va C* (*ac.*) | nomen edicere] nostrum dicere α_2 | edissere *As*; adicere *V* | potestati α_2; potestas *As Z* | aetatisque *So* **9** etiam *om. V* | eius *om. C* | id] it *S*; si *I* edd_1 (sic *ba*) | flagitas *M* **10** enim] autem *C mm* | te] et *S* | iudicio *om.* α edd_1 | praesidere iudicem *tr. Br* | quia *So Br* | etiam *om. V* | ipse *Le*; si γ_1 *P*; sibi γ_{2a} **11** manifessime *am*; manifeste *Ox*
3, 1 Laurentius] //tius ipse erat // istarum aliarum //rantium *add. mg. S* vir clarissimus *om.* γ_2; voc. *K* | tuae] tu *S* **2** vir Pascenti *tr. M* | vir *om. B* admodo *Ve* | paruisses at γ_1 (*ac.*) *P*; apparuisse sat δ_1 (*ac. Z*); apparuisses ad *V* | sat *om.* α_1 γ_{2a} edd_1 *lo*; satis *S Le* (*ac.*); set *M*; at α_2 **3** tanto rei *V*; naturae dei *So Br* | parvus *om.* β *mm* | praesidio *Va M V* | cognitur *S* **4** de *sl. C M*; te *add. M* | det ante *Fi* | tantae] rei *add. Ox* | omnipotentia *Va* | aliquid] aliter quid α *me am ba*; quid *er* edd_2 **5** reatu *I me*; reatus *As* | incurramus *M* | sacramentum α_2 *As V* | me *om. S* α_2 *V* **6** meministi γ_{2a} (*exc. As*); hominis *V*; memineris *Ox Z*; meminens α_2; *memini *S* α_1 (nemini *I*) β (*pc. C*) *edd* constrixisse *S Z M*; constinxisse *Fi*; construisse *Co*; conscivisse *I* edd_1 | nec (*vl. lo*; *Corbeiensis iuxta Maurinos*)] ne α_{2a} *I C B So Br* γ (*exc. A*) *edd* | ratione] intentione α edd_1 **7** palpare (*vl. lo*)] palparem *C* (*pc.*) *So Br* γ_{2a} edd_2 | nec] ne *As* | alio quod (*vl. lo*)] aliquod *S P* (*ac.*); aliquid α *edd* | longe est (*vl. lo*)] longum est *M*; longius α_1 *edd* | conivere *coniecit Uhle* (*cf. p. 65*); conibere α_{2a} *V*; conhibere *Cl E B* γ_1 *P* δ (*pc. Fl*) *M me am*; cohibere *S Co I C* (*ac.*) *Le Fl* (*ac.*) *Me ba*; cohiberem *C* (*pc.*) *So Br* γ_{2a} *er* edd_2; *cf. Isid. sent. 3, 53* (*PL 83, 726, 13*) enim tua *tr. Fi* **8** enim *om.* γ_{2a} | *dilectione *ω* (*exc. B*; dilectio est *La*) *lo* cognitionem γ_{2a} (*exc. La*) | video *V* **9** residere *Va* | partes ... sistentes α_2 ergo] vero *Le* | e *om. V* | subsistentis *S* | sibi (cui *om.*) verba defensionis *As*

seine eigene Seele gelenkt, öffentlich kundzutun;[2] denn die Rangordnung der Amtsgewalt, auch des Alters und zugleich der Anklage verlangt dies mit vollster Berechtigung. Ich nämlich bin damit einverstanden, dass du der Rechtssache als Richter vorsitzt, und auch er hat sich damit einverstanden erklärt, wie man ganz offensichtlich bestätigt findet."

3. Der *vir clarissimus* Laurentius sagte: „Dass wir deiner verdienstvollen Erhabenheit voll und ganz gehorcht haben, vornehmster Pascentius, ist hinreichend klar. Denn zitternd sitze ich als unbedeutender Untersuchungsrichter der Rechtssache einer so bedeutenden Angelegenheit vor und habe Angst, mir etwa mit einer falschen Ansicht über das Wesen der so großen Allmacht Schuld auf mich zu laden: Du erinnerst dich ja, dass ich meinen Geist und meine Seele durch einen Eid verpflichtet habe, weder dein Ansinnen auf irgendeine Weise zu begünstigen noch nach einer anderen Seite hin – was von der Gerechtigkeit entfernt wäre – nachsichtig zu sein. Denn es ist offenbar so, dass ich bei einem Verfahren über den Glauben auf deine Wahl hin zwischen beiden Parteien den Vorsitz als Richter führe. Finde dich also bereit, der Forderung der Gegenpartei nachzukommen, für welche

[2] Das Wortspiel – *fidem rei publicae debens ... fidei quoque suae quam Christo debet* – ist aufgrund der vielen Aspekte des Begriffes *fides* im Deutschen schwer wiederzugeben: Die der *res publica* geschuldete *fides* bezeichnet die politisch-sozialen Verpflichtungen des hochrangigen Verwaltungsbeamten Pascentius. Die Christus geschuldete *fides* bezeichnet den (christlichen) Glauben und die darin begründete Verpflichtung des Pascentius gegenüber Gott.

Augustinus vir gravissimus se impensurum ostendit, postulatio quae petit, quia et ratione non caret, dignare effectui mancipare nomenque simul propriae religionis edicere."

4. Pascentius vir spectabilis dixit: "Nec praesens prudentissimus Augustinus suae fidei episcopus me negare potest Christianum: in patrem ingenitum et in filium genitum et in spiritum sanctum me credere profiteor, sed non unius aequalisque naturae. Et quoniam hesterna die, cum laudabiliter sanctum virum et mirae scientiae Auxentium nominarem et, quem idem vir e duobus fuisset secutus, utrum Arium an Eunomium, idem frater Augustinus scrupulosius inquireret, ego anathema continuo memoratis Ario et Eunomio dicere non dubitavi, flagitans ut ipse quoque homousion anathemaret, eo quod scriptum in libris dominicis minime reperiatur. Quod facere omnino in nullo consensit, unde se procul dubio homousianum evidenter ostendit; et perquam grave sit, ipse prorsus advertis, scripturarum auctoritate calcata illud ponere quod eadem scriptura non dixit. Si quid enim

---

4, 5–11 cum ... reperiatur] *cf.* Aug. epist. 238, 4 (p. 535, 7–15)

ω (*exc. T F D*) **4, 1** Pascentius] *inc. F*

---

10 gratissimus *G* δ_1 | sempensurum *V* | ostendit] voluntas *add. Ox* | postulatio qua α_2 *C* (*ac.*); postulationem qua α_1 *edd*$_1$; postulationem quam *C* (*pc.*) *Br* (*vl.*) *edd*$_2$; postulationem *As*; postulatio *Ve O* (*pc.*) **11** petiit ϕ (*exc. Fl*; *pc. P*; *ac. C O*; periti *As*; petiti *pc. Ve*) | et quia *tr. Fi*; et qua et *Va* | rationem *C* (*ac.*) γ_1 *P La* (*ac.*) *Fl*; ratio *Le* | carens *K* | effectu α_1 *edd*$_1$; affectui γ_{2a} | anticipare *Va* α_1 *edd*$_1$; mantipari *V* **12** simul *om. Cl*
4, 1 vir clarissimus α *edd*$_1$ *lo*; ut supra *M V* | dixit *om. Fi* **2** Augustinus *post* praesens *tr. S*; *post* episcopus *tr.* α_1 *edd* | suae *om.* δ_1; sui *V* | negare me γ_2 (me *om. Ve*) | potest *om.* α_2 **3** in² *om. S* | in³ *om. S* **4** sanctum *om.* γ_{2a} (*exc. As*) | unus *I me* | aequalis uniusque *tr. M* | aequalis *F* (*ac.*) *Le* | naturae] substantiae vel *praem.* α *Br* (*pc.*) *edd* **5** externa *F Fi V*; sterna *M* **6** mirae] omnis *S Fi* α_1 *me am ba*; omni *F Va* | Ausentium *S*; Augentium γ (Augendum *Ve*); Laurentium δ_1 (L- *sl. Z*) | nominarim *F* | quem] quae *I* | vir e] e *S*; vir et *V*; vere *F*; vere e *Fi*; vere ex *Va* **7** et unomium *Va* | item α_2 | frater] vir *So Br* **8** inquirere *V* | anethema *S*; anathemam α_2 (*pc. F*) *C* (*ac.*) γ_1 *P O La Fl M*; anathematizatis β_1 (anathematiza *Le*); anathematizans *Ve* | memoratis continuo *tr.* α (memoratum continuo *I*); memoratum continue *edd*$_1$ **9** Eunomium *F Va* | diceret *V* **10** anathematizaret α (*exc. E*; anathemizaret *F*) β_1 γ (*exc. G*; *pc. P*) *Ox K* (*pc.*) *edd*$_1$ *lo*; anathemare *V* | inscriptum *I*; scriptum est *V* **11** omnimodo δ_1 | *concessit ϕ *lo* (*vl.*) **12** procul dubio se *tr. Ox* | homousion *O As* | ostendit *om. F* | et *ex* vel *Cl*; ut *proposuit Cyron* **13** quam pergrave α_1 *edd*; per hoc quam grave γ_{2a}; per quem grave *F M* | sit *om. Fi*
14 scriptura] sacra *praem. Ox*

der höchst würdevolle Augustinus in Aussicht gestellt hat, Worte der Verteidigung aufzuwenden, zumal diese Forderung auch nicht der Vernunft entbehrt, und zugleich die Bezeichnung deines eigenen Glaubens öffentlich kundzutun."

4. Der *vir spectabilis* Pascentius sagte: „Auch der hier anwesende hochgelehrte Augustinus, Bischof seines Glaubens, kann nicht bestreiten, dass ich Christ bin: Ich bekenne, an den ungezeugten Vater, an den gezeugten Sohn und an den Heiligen Geist zu glauben, die aber nicht von ein und der gleichen Natur sind. Und da am gestrigen Tage, als ich Auxentius[3] lobend erwähnte, einen heiligen Mann von bewundernswertem Wissen, eben dieser Bruder Augustinus genauer nachforschte, wessen Anhänger der Genannte gewesen sei, des Arius oder des Eunomius[4], da zögerte ich nicht, die genannten Arius und Eunomius sogleich mit einem Fluch zu belegen, und ich forderte, dass auch er das Homousion mit einem Fluch belegen solle, weil es sich keineswegs in den Büchern des Herrn geschrieben findet. Er war überhaupt nicht einverstanden, dies zu tun, wodurch er sich ohne Zweifel ganz offen als Homousianer zeigte. Und du bemerkst durchaus, wie schwerwiegend es ist, die Autorität der Schriften mit Füßen zu treten und etwas zu behaupten, was eben diese Schrift gar nicht

[3] Es handelt sich vermutlich um den Gotenbischof Auxentius von Durostorum, Schüler und Biograph Wulfilas (s. Brennecke, unten S. 138f.).

[4] Eunomios (4. Jh.) war entschiedener Gegner des nizänischen Bekenntnisses und geriet deswegen nicht nur mit den Katholiken, sondern auch mit den gemäßigten Arianern in Konflikt; er selbst wurde wiederholt verbannt, seine Anhängerschaft (Eunomianer) 383 verboten und im 5. Jh. zerschlagen. Siehe auch Brennecke, unten S. 129f.

praeter auctoritatem divinorum voluminum ponitur, vacuum approbatur."

5. Laurentius vir clarissimus dixit: "Advertisne, honorabilis Augustine, quid sua prosecutione designet vel quam integrae prosecutionis modo sententiam suam vir spectabilis Pascentius firmet?"

6. Augustinus episcopus dixit: "Catholicum me homousion in sancta trinitate credentem hac prosecutione respondeo; firmetur tantummodo eiusdem viri spectabilis Pascentii responsio, si nihil praeterquam quod scriptum est quisquam nostrum debeat vel audeat in defensione fidei applicans nominare. Aut enim licebit, et nulli, maxime Graecis ubi fides exorta est, denegabitur, aut non licebit, et calumnia iustissime repelletur. Postea tamen homousion verbum Graecum unitatem ostendens quid contineat quid habeat quidve maneat exponetur."

7. Laurentius vir clarissimus dixit: "Etiam ab Augustino honorabili viro rectissime respondetur. Aut enim, ut ipse prosecutus est, licebit aliquid quod scriptum non est defendendae fidei

---

ω (*exc. T D*) **15** approbatur] *des. F* **6, 1** Augustinus] *inc. F* **3** Pascentii] -centii *inc. D* **9** exponetur] *des. F*

---

15 voluminum] eloquiorum δ_1 | ponit *As* | probatur *Ox*
5, 1 vir clarissimus *om. P*; vero *V*; iudex γ_{2a}; nunc *Va* | clarissimus] Laurentius vir consularis (clarissimus *pc.*) *add. mg. C* | avertisne *Va* | *venerabilis *S* α *Z M* edd_1 *lo* **2** quid] quod *Fi*; quae *As*; pro *add.* α *C* edd_1 | suae *Ve* | pro sua secutione *tr. M* | prosecumtione *S*; secutione *am* | quam (*vl.*) *Br*; qui *Br*; qua *As* | integro *I Br* (*vl.*) *edd* **3** sententiam *om. B*; sentiam *Va* | suam *om.* β | vir spectabilis *om.* α_2; vir exspectabilis *Fl*; vir clarissimus α_1 *edd* **4** firme *Fi*; adfirmet *Ox*; sumet *As*
6, 1 episcopus *om. As* | catholicon *lo* **2** sancta] sancte *Va* | crescentem δ_1 hac] ac *S Va Le ba* | professione α_1 edd_1 *lo*; persecutione *ma* | firmiter *I* **3** eiusdem … Pascentii] tua vir expectabilis Pascenti *F* | viris *Va* | expectabilis *M*; specialis *Fi* | Pascentis *M* **4** nil *M* | praeter *So Br M* | quod *om. Fi* quisque *Ox* **5** gaudeat *V* | in defensionem *F Co*; in defensio *Va*; defensioni β (defensione *C*) **6** nulli *om. Br*; nullis *D* | Graecis *om. M* | orta est α (orticem *Va*) *edd* **7** licebat *K* | et *om. V* | calumniam *I me* | iustissime] iustis *add. A* | repellitur α_2; refelletur *M* **8** offendens *I* | quid] quod *Fi* **9** qui habeant quidnam *Va* | moneat *Ox* | exponitur *S* α_2
7, 1 Laurentius … dixit *om. D* | vir clarissimus *om. P*; vero *V*; iudex γ_{2a}; non *Va* | dixit] nihil … atque (*14, 1–5*) *hic iter. Ve* | ab *om. M* **2** honorabile *Va*; honorarabili Z; venerabili *M* | viro honorabili *tr. La Ox* | ut *om.* α_2 *G* (*ac.*) *V*; aut *P* **3** non *om. D* (*ac.*) *As* | defende *P O La*; defendere *Co I me am ba*

gesagt hat. Wenn man nämlich etwas ohne die Autorität der göttlichen Bücher behauptet, so erkennt man Nichtiges an."

5. Der *vir clarissimus* Laurentius sagte: „Bemerkst du, ehrenwerter Augustinus, was der *vir spectabilis* Pascentius mit seiner Wortmeldung andeutet und wie überzeugend die Wortmeldung ist, mit der er seine Meinung bekräftigt?"

6. Der Bischof Augustinus sagte: „Dass ich als Katholik an das Homousion in der heiligen Trinität glaube, gebe ich mit dieser meiner Wortmeldung zur Antwort. Die Erwiderung des eben erwähnten *vir spectabilis* Pascentius soll nur dann Anerkennung finden, wenn keiner von uns beiden etwas außer dem, was geschrieben steht, zur Verteidigung des Glaubens verwenden und anführen darf oder es zu tun wagt. Denn entweder wird es erlaubt sein und niemandem, besonders nicht den Griechen, wo der Glaube entstanden ist, verweigert werden, oder es wird nicht erlaubt sein, und die böswillige Anschuldigung wird mit vollster Berechtigung zurückgewiesen werden. Danach soll dennoch dargelegt werden, was das griechische Wort Homousion, das Einheit bezeichnet, enthält, was es bedeutet und was es ist."

7. Der *vir clarissimus* Laurentius sagte: „Auch die Entgegnung des ehrenwerten Augustinus ist vollends berechtigt. Denn entweder wird es, wie er selbst dargelegt hat, erlaubt sein, irgendetwas, was nicht geschrieben steht, um der Verteidigung des Glaubens willen zu behaupten – und dann darf man es behaup-

merito ponere, et ponendum est licite, aut non licebit, et *utrisque penitus denegandum est integre. Unde opus non est agnita iam vocabulo sonante professione ulterius quidquam inquirere, nisi ut ipsum homousion nobis venerabilis Augustinus suae religionis episcopus scriptum ostendat in lege."

8. Augustinus episcopus respondit: "Rectissimam iustitiae lineam tenens, o nobilissime vir, fidei praesidens agnoscere rationem, perpende quia de tuo non solum alii sapientissimi viri iudicio iudicabunt, verum etiam deus verissimus, qui est omnium iudicum iudex, plenius iudicabit. Non enim differentis dei spernendum est iudicium: nonnumquam et in praesenti iudex ultor *mi 1158*
assurgit. Fidei ergo nostrae iam dignare rationem inquirere symbolumque, quo fides utrorumque constat, singulos praecipe tuis in auribus coram omnibus recitare."

ω (*exc. T F*) **8, 7** fidei] *inc. F*

---

4 meritum α_2 | et[1]] ex *V* | utrisque *coniecimus* (*cf. p. 65*)*;* utriusque *S*; utraeque γ_1 *P Fl M V*; utroque α_2; utrique *Ox*; utraque *C* (*ac.*); utrimque *D La*; utrumque *cett.*, *edd.* **5** penitus] parti *Ox* | integre denegandum (denegando *Ve*) est *tr.* γ_{2a} (*exc. La*) | est non *tr. As* | agnito iam *Co* (*pc.*) *I* β_1 δ_1; agritriciam *Va* **6** sanante *C* (*ac.*) *Le B V* | professione sonante *tr. As* | professionem *Co I edd* | inquire *As* **7** ut] te *add. Va* | homousion ipsum *tr. Ox* nobis *om. B* | suae] suc *S* | suae ... episcopus *om. Cl* **8** episcopi *C Fl M* (sancti *add.*) *V*; episcopii δ_1 | ostendet *V*; ostendit *Va As*
8, 1 Augustinus episcopus respondit *om. D* | episcopus *om.* ϕ (*exc. Le B*; *del. G*) | respondit] dixit *Fi Le As* | rectissima *So* | iustitiae *om. Ox*; laetitiae *Fi* (laetitiam *ac.*) **2** nobilissimus *Va*; nobilissimae *er* | fidei vir *tr. Co I edd* fidei *om. So* | agnoscere (*cf. LHS 344*[3–4])] agnosce *S* α *C* (*pc.*) *As K edd* | rationemque *S* α *edd* **3** propende *Le*; et *add.* α_2 | tua *M* | aliis *Fi* | sapientissumus *I me* **4** iudicii *Ve* | est] etiam *add. M* **5** iudicum *om.* α *edd*$_1$ *lo*; iudicium *So A P Ve O* (*ac.*) *V* | plenus *I V me*; plenissime *S* | differentes *V*; id est exspectantis *add. E* (*mg.*) | sperandum *Va*; desperandum *Fi* **6** iudicium *om. I me am ba* | nonnusquam *I me* | ultra α_2 **7** ergo] igitur *K*; quoque *So* | iam dignare] indignare *Va* | symbolumque quo] symbolum (que *add. M*) quoque *F* β *M* **8** qua *Z* | fides utrorumque constat] fidei *D Le* | utrarumque *V*; utrimque *Cl E*; utrumque *F Va Co* (*ac.*) *C* (utriusque *pc.*) *B So Br*; utcumque *Co* (*pc.*) *I edd* | constet *F* | singulos] o vir clarissime Laurenti *add. F* | praecipue *M*; prece *S* | in tuis *tr. Ve* **9** in *om.* α *Ox edd* | coram] te *add. V* | hominibus γ_{2a} (*exc. As*) *M* | recitare] et recitatum est sinbolum *add. mg. S*

ten –, oder es wird nicht erlaubt sein – und dann muss es vernünftigerweise beiden ganz und gar verweigert werden. Deshalb erübrigt es sich, da durch das Erklingen des Wortes[5] bereits das Bekenntnis klar geworden ist, irgendetwas noch weiter zu untersuchen, außer dass Augustinus, der ehrwürdige Bischof seiner Glaubensrichtung, uns zeige, dass eben dieses Homousion in der Schrift geschrieben steht."

8. Der Bischof Augustinus antwortete: „Halte die Richtschnur der Gerechtigkeit ganz gerade, edelster Herr, der du den Vorsitz führst, um die Begründung des Glaubens zu erkennen, und bedenke, dass über dein Urteil nicht nur andere äußerst weise Männer urteilen werden, sondern auch der wahrhaftigste Gott, der Richter über alle Richter ist, noch vollkommener richten wird. Das Urteil Gottes darf ja nicht, nur weil er es noch aufschiebt, gering geachtet werden. Manchmal erhebt er sich auch in der Gegenwart als rächender Richter. Finde dich daher bereit, die Begründung unseres Glaubens zu untersuchen, und weise uns einzeln an, das Bekenntnis, auf dem unser beider Glaube beruht, dir in Anwesenheit aller zu Gehör zu bringen!"

[5] Gemeint ist das griechische Wort *homousion*, das Augustinus als Anhänger des Symbolums von Nicaea ausweist.

9. Laurentius vir clarissimus dixit: "A iustitia nulla ratione discordat, ut ipse digneris qui petitor es, Pascenti vir spectabilis, tuae fidei cum reverentia symbolum recitare."

10. Tunc Pascentius sono clariore symbolum recitans credere se in deum patrem omnipotentem, invisibilem, ingenitum et incapabilem dixit et in Iesum Christum filium eius, deum natum ante saecula per quem facta sunt omnia, et in spiritum sanctum.

11. Augustinus episcopus respondit: "Memorem esse amplitudinem vestram, in dei negotio praesidens cognitor, prosecutionis nostrae tenorem non dubito, quia vir spectabilis Pascentius nihil ponendum esse in fidei ratione praeterquam quod scripturae continent asseruit. Qui licet fidei catholicae homousion verbum pro macula nominis secundum suos auctores nitatur apponere, ex eo quod posuit vel potius vetuit, hinc magis et homousion a Graecis sacerdotibus positum verbum in assertione fidei dici debere recte defendimus et aliqua quae scripta non sunt ab ipsis potius temere posita vel dicta modo probamus."

10, 1 sono clariore] *cf.* Aug. epist. 238, 8 (p. 538, 3) **1–4** credere ... sanctum] Aug. epist. 238, 3 (p. 534, 13–16) **11, 6** pro macula nominis] *cf.* Aug. c. serm. Arian. 34 (p. 111, 25sq.) **7** quod ... vetuit] *cf.* cap. 4 **8–9** in ... defendimus] *cf.* Aug. epist. 238, 6 (p. 537, 7–8)

ω (*exc. T*)

9, 1 Laurenrus *O* | Laurentius ... dixit *om. D* | Laurentius ... 3 recitare *om. A* | vir clarissimus] iudex γ_2 (*om. P Ve O*); unc *V* **2** ut ipse digneris *om. As* ipsi *D B* | digneris *om. Ox* | petitor es] peritores *Va* | es] est *D B Ox V* Pascentius *S Va C* (*ac.*) | vir spectabilis *om. Va*; vicarius *Fi*; vir clarissime α_1 *edd* **3** cum reverentia *om.* α_1 *Ox* (*ac.*) *edd*$_1$ | referentia *S*
10, 1 clariori *I edd* | recitans] crecitans *add. Ve* **2** deum *om. Br* | ingenitum *om.* γ_{2a} **3** deum] dominum β *lo* **4** ante] omnia *add. F* | spiritu sancto α_2
11, 1 Augustinus episcopus respondit *om. D Ve* | episcopus *om.* ϕ (*exc. Le B La*) | respondit] dixit *Fi Le* γ_{2a} (*exc. Ve*) | minorem γ_{2a} (*exc. Ve*) | altitudinem δ *V* **2** vestram *om. Ve*; nostram *Le* | cognitus *F* | persecutionis *Va* **3** tenorem *om.* α_1 *Ox edd*; tenore *F* | vir clarissimus α (*exc. F*; *iter. Va*) *edd*$_1$ *lo* **4** esse *om. Va;* est *M* | in fidei *om. Ox* | rationem *F* γ (*exc. Ve*) *M V* | quod *om. S E So Br* **5** verbum] Graecum *add. Ox* **6** suos] suis *F Va* | actores *Fi* | opponere α_1 *C edd* **7** eo] quo *C* | possit *I* | metuit *As* | vetavit hunc α_2 | et *om. D Le* **8** verbum *om. V*; versum *S* | *assertionem *S* α (asserationem *I*) *V edd* dicibere *Va* **9** non *om. F* | sint γ_1 **10** vel] et *Va* | comprobamus *Fi*

9. Der *vir clarissimus* Laurentius sagte: „Es widerspricht in keiner Weise der Gerechtigkeit, dass du, der du der Kläger bist, erhabener Pascentius, dich selbst bereit findest, das Bekenntnis deines Glaubens in Ehrfurcht vorzutragen.“

10. Da trug Pascentius mit lauter Stimme sein Glaubensbekenntnis vor, indem er sagte, er glaube an den allmächtigen Gott den Vater, den unsichtbaren, ungezeugten und unfassbaren, und an Jesus Christus, seinen Sohn, Gott, geboren vor den Zeiten, durch den alles geschaffen wurde, und an den Heiligen Geist.

11. Der Bischof Augustinus antwortete: „Ich zweifle nicht daran, dass eure Hoheit, vorsitzender Schiedsrichter in der Rechtssache, die Gott betrifft, den Inhalt meiner Wortmeldung noch gegenwärtig hat. Denn der *vir spectabilis* Pascentius erklärte, es dürfe bei der Begründung des Glaubens nur das behauptet werden, was die Schriften enthalten. Mag er auch bestrebt sein, seinen Gewährsleuten folgend, dem katholischen Glauben das Wort Homousion als einen begrifflichen Makel anzuheften, so führen wir gemäß dem, was er festgesetzt oder vielmehr verboten hat, mit um so größerer Berechtigung zu unserer Verteidigung an, dass auch das Wort Homousion, das von den griechischen Bischöfen festgesetzt wurde, im Glaubensbekenntnis ausgesprochen werden dürfe, und führen jetzt den Beweis, dass vielmehr von ihnen einiges, was nicht geschrieben steht, unbedacht behauptet oder gesagt worden ist.“

12. Laurentius vir clarissimus dixit: "Cursim, ut video, honorabilis Augustinus negotii praesentis calcem se obtinuisse declarat seseque dociturum astruens aliqua quae scripta non sunt tuae, Pascenti vir spectabilis, auctores fidei posuisse quae sequeris. Quae si in lege non posita et a vobis propria usurpatione fidei merito posita esse docuerit, iam quaerendum erit, quia iam licere manifestum erit, quid in intimis homousion verbum habeat, ad quam rem pertineat cuique rei recte hoc verbum adhibitum iudicetur, iusteque inventum vel positum ipsa fidei perfectio roborabit."

13. Pascentius vir spectabilis dixit: "Non decet nos aliquid sine auctoritate scripturarum ponere divinarum. Quid est tamen, seposito calumniae artificio quod dicit vel proponit e diverso defendens frater Augustinus absque legis auctoritate nos alicubi posuisse vel dicere? Publicet palam, et si convicerit, nec homo-

---

12, 8–9 cuique ... iudicetur] *cf.* Aug. epist. 238, 5 (p. 536, 29)

ω (*exc. T*)

12, 1 Laurentius ... dixit *om. D* | vir clarissimus *om.* γ_2 (iudex *La*); vir cons. *Z*; hanc *V* | cursum *Va I So Br me am er*; rursum *Le*; sursum *As* | ut video *iter. So* **2** venerabilis *So Br* | Augustine *F* | praesentis negotii *tr. Z* | praesentiis *M* | calicem *V* | sese *edd$_2$* **3** seseque] sese *As*; se *Ox* | *docturum α_{2a} *I* *C* (dicturum *ac.*) *Ox Fl* (*pc.*) *edd*; doctruens *K*; docens et *Z* | aliqua *om. M* **4** vir clarissime *Fi* α_1 (vir *om. Co I*) *edd* | auctores] qui auctor es *G* | sequeris] suae queris *M* **5** quia si *Va*; quasi *F Fi* | si *om. D Le B* (*ac.*) | non *sl.* γ_1 et **om.* ϕ; sed *proposuit Rücker* | nobis *Va Br* **6** docuerint *As La*; docueris *Ox Fl*; docuerunt *Ve O* | iam[2]] tam *Ox Fl K V* **7** erit] est *Ox* | quid] quod *A* (*pc.*) *P* (*ac.*) *Ve As*; qui *V* | in *om.* α_2 *M* | abeat *M*; habebat *Ve*; contineat *Ox* **8** quam] quem *C* (*ac.*) *V* (*ac.*) | pertineat] habeat pertinet *As* | cui *La*; cuiquam *So* | rectum *V* | hoc verbum recte *tr.* β *Ox* | adhibitur *Le*; adhabitum *I*; adtributum *S* | iudicetur] videatur et *praem. Z* **9** ipsae *M*; ipsam *So* | perfectione *Fi*; persecutio *V*; profectio *Le* | roboravit α_2 (-verit *Fi*) *G As V*
13, 1 Pascentius ... dixit *om. D*; *iter. O* | vir clarissimus *Fi* α_1 *edd$_1$* *lo*; ut supra *M V* | respondit *S*; diximus *M* | docet *Va C* (*ac.*) *A P Fl Z* (*ac.*) *M V*; nocet *Fi* | nos] vos γ_{2a} (*exc. La*) **2** divinarum ponere scripturarum *tr. Cl*; scripturarum divinarum ponere *tr. Ox* | ponere *om. Z* (*ac.*) | quid est] quidem *Ox* **3** sepositum α_2 | calumine *Co* | quod] que *Ve* | e] et *Va* **4** defendens *om. La* | frater Augustinus] super Augusti nos *Le* | alicui *I me am ba* **5** publice et α_2 | convincerit *Co Le*; convinceret *E*

12. Der *vir clarissimus* Laurentius sagte: „Der ehrenwerte Augustinus erklärt, wie ich sehe, er habe das Ziel der gegenwärtigen Rechtssache im Laufschritt erreicht, indem er versichert, er werde erweisen, dass die Gewährsmänner deines Glaubens, *vir spectabilis* Pascentius, einiges behauptet hätten, was nicht geschrieben steht, dem du aber folgst. Wenn er nun erweisen kann, dass dieses nicht in der Schrift geschrieben steht, sondern von euch eigenmächtig um des Glaubens willen behauptet worden ist, dann wird nur noch zu untersuchen sein – denn es ist ja dann bereits offenkundig, dass es erlaubt ist –, was das Wort Homousion in seinem Innersten bedeutet, worauf es sich bezieht und für welchen Sachverhalt dieses Wort nach unserem Urteil zu Recht gebraucht worden ist, und die Vollkommenheit des Glaubens selbst wird bekräftigen, dass es zu Recht gefunden oder behauptet wurde."

13. Der *vir spectabilis* Pascentius sagte: „Es kommt uns nicht zu, irgendetwas ohne die Autorität der göttlichen Schriften zu behaupten. Doch was ist es denn – wenn man die Kunstgriffe böswilliger Anschuldigung einmal beiseite lässt –, von dem der Bruder Augustinus, der die Gegenseite verteidigt, sagt und angibt, dass wir es ohne die Autorität der Schrift irgendwo behauptet hätten oder im Munde führten? Das soll er offen bekanntmachen, und wenn er Recht behält, werde auch ich öffentlich ausrufen, dass das Homousion nicht zu Unrecht von ihnen behaup-

usion iniuste ab ipsis positum etiam ego iam publice conclamabo statimque eorum communioni socius fio."

14. Laurentius vir clarissimus dixit: "Nihil tam optimum tamque libertati fideique et animae congruum, quam longa tergiversatione, quam potuit stoliditas enutrire, ocius dirempta animositatis, qua deo fit iniuria, obstinata aliquamdiu nebula repellatur atque quae occulta in linguis variis sunt evidentiori luce pandantur. Sed ne in longum negotium iam prope victoria *patrata oratio protrahat diuturna, quod absque legis auctoritate a Pascentio viro spectabili vel ab eius auctoribus reclamas positum, dignare iam, Augustine vir sanctissime, publicare."

15. Augustinus episcopus respondit: "In assertione fidei patrem ingenitum et incapabilem dixit, cum nec ingenitum nec incapabilem scriptura patrem alicubi testetur: qui licet ingenitus pater sit, quia hoc ipsum utrique pariter confitemur, tamen hoc nullius scripturae seu veteris seu novae continet textus. Est enim ingenitus, quia a nullo est genitus; sed hoc est quod ingenitus

---

7 statimque ... fio] *cf.* Aug. epist. 238, 4 (p. 535, 15) **15, 1–2** in ... dixit] *cf.* cap. 10, 2–3 **3–5** qui ... textus] *cf.* Aug. epist. 238, 5sq. (p. 536, 10–23)

ω (*exc. T*) **14, 1** dixit] *des. F* **7** quod] *inc. F* **15, 6** est[1]] *inc. T*

---

6 ab ipsis iniuste *tr. S Cl* | publico *S* | clamabo *As* **7** statimque ... fio *om. Cl* | communioni eorum *tr. Ox* | communionis *M* | communionis otius *Fi* | fio] efficior α_2

14, 1 Laurentius ... dixit *om. D* | vir clarissimus *om.* γ_2 (iudex *La*); vir con. *Z*; vir spectabilis *Va*; vero *V* | nihil ... 5 atque *post* dixit (7, 1) *iter. Ve* **2** tamquam *I M* | liberati *I C* (*ac.*) *V* | congruum et ad animae *Va* **3** soliditas *Fi* dirempta *S Va*; direpta *Fi*; directa ϕ; derelicta α_1 *edd* **4** obtinata *A M*; obstincta β_1 **5** quae] qua *ma* | in linguis occulta *tr. Z* | sunt in variis linguis *tr. Ox* | evidentiore *Va I edd* **6** sed] se *A* | victoriam *S Va* **7** patrata *coniecimus* (*cf. p. 65sq.*); patratam *S*; patratum ϕ *er* edd_2; paratum α (pattatum *I*); paccatum *me*; pacatum *am ba* | diurna γ **8** Pascenti *C* (*pc.*) *A P* γ_{2a} (*exc. La*) | viro spectabili] ut supra *M V* | spectabile *S*; clarissimo *Fi* α_1 *edd* | auctoritatibus *As* | reclamans *V*; reclama *So* | positum reclamas *tr. S*

15, 1 Augustinus episcopus respondit *om. D Ve* | episcopus *om. As* | dixit *Fi* (*ac.*) *Le As Ox* | in *om. M* | *assertionem α_2; asseratione *I me* **2** capabilem *F* | dixit ... incapabilem *om. As* **3** patrem scriptura *tr. S M* | patrem *om. A* alicui *C* (*ac.*) | testetur alicubi *tr. F* | qui] quia *Fi* **4** pater *om. Ox* | ipsud *F Va C* (*ac.*) γ_1 *P Fl* (*ac.*) *V* | utrisque *Fi* | pariter *om. I A Ox* (*ac.*) edd_1 *lo* | confitemur pariter *tr. Va* | tamen] tum *As* **5** nullus *Va* β_1 *Ox* δ_1 | seu[1]] suae *K* veteris] veritas *I me* | novae seu veteris *tr. Z* | continens *As* | textos *Fl* (*ac.*) *Z* (*ac.*) *V* | enim] autem α_2 **6** quia a] qui a *Cl* (*ac.*) γ *am ba er lo*; quia α_1 (*exc. Cl*) *me* | est[2] *om. Fi* | ingenitus quod *tr. er lo*

tet worden ist, und werde ihrer Glaubensgemeinschaft sogleich beitreten."

14. Der *vir clarissimus* Laurentius sagte: „Nichts ist so vollkommen und nichts steht so sehr im Einklang mit der Freiheit des Glaubens und der Seele, als dass, wenn man seine lange Verweigerungshaltung rasch aufgibt, die nur die Dummheit nähren konnte, der schon lange Zeit hartnäckig anhaltende Nebel der Erbitterung, durch die Gott Unrecht geschieht, vertrieben und das, was in den verschiedenen Sprachen verborgen ist, in strahlenderem Licht offenbart wird. Doch damit nicht, nachdem der Sieg schon beinahe errungen ist, eine lange Rede die Rechtssache in die Länge ziehe, finde dich nun bereit, hochheiliger Augustinus, kundzutun, was – wie du laut einwendest – ohne die Autorität der Schrift von dem *vir spectabilis* Pascentius oder von seinen Gewährsmännern behauptet wurde!"

15. Der Bischof Augustinus antwortete: „Im Glaubensbekenntnis nannte er den Vater ungezeugt und unfassbar, obwohl die Schrift den Vater weder als ungezeugt noch als unfassbar an irgendeiner Stelle belegt: Mag der Vater auch ungezeugt sein – ebendies bekennen wir ja beide gleichermaßen –, so enthält dies dennoch weder der Text des Alten noch des Neuen Testaments. Er ist nämlich ungezeugt, weil er von niemandem gezeugt wur-

genitus, utpote de deo deus. Non enim, quia Adam ingenitus approbatur, idcirco est homo, et Abel, quia de ipso est genitus, non est homo. Hominem genuit, quod est, ingenitus homo; deus quod est genuit, eiusdem substantiae, eiusdem essentiae, sine tempore, sibi coaeternum genuit. Ante quem nihil est, temporis non accipit modum. Est igitur ingenitus pater, quia – ut dictum est – a nullo est genitus, sed est genito coaeternus, quomodo ignis in substantia sua, in qua est a creatore creatus, est quidem ingenitus, *mi 1159* sed genito a se splendori consubstantialis est et coaeternus. Hanc dei trinitatis substantiam unam homousion verbo Graeci complecti breviter maluerunt. Non enim nomen est, sed terribilis res in verbo huiuscemodi sonans. Quod verbum aperte ipse filius declarat cum dicit: *Ego et pater unum sumus*. In isto uno consistit substantia una; nam ex eo quod est una, et ipse filius manet in ea, unde etiam iam circumamictus carnis verae trabea dicit: *Nemo novit filium nisi pater, neque patrem quis novit nisi filius et cui voluerit filius revelare*. Ecce et filius per seipsum invisibilis ap-

---

7 de deo deus] *cf. e.g.* symb. Nicaen. **12–15** est[1] ... coaeternus] *cf.* Aug. c. serm. Arian. 34 (p. 107, 37–108, 41) **19** Ioh. 10, 30 **21–23** Matth. 11, 27

ω **12** est[1]] *inc. Sedul.* (coll. misc. 34, 1) **15** coaeternus] *des. Sedul.*

---

7 genitus *om. M* | non] num β_1 | ingenitus *om.* γ **8** approbatus *Fl*; probatur *Ox* | quia] qui *B* **9** homo[1] *iter. S* | hominem] homo β | hominem ... homo *om. Cl* | quod] quid *Va Z* | homo[2] *om. M* **10** est *om. Cl As* | hoc genuit *T* eiusdem substantiae *om. La* | eiusdem essentiae *om.* α_2 **11** coaeternum sibi *tr.* δ_1 | quem] quam *S* (*ac.*) *A* (*ac.*) γ_{2a} (*exc. La*) *M* | est] esset *As* **12** accepit α_2 γ_{2a} (*exc. La*) *M* | modum *om. Va As* | ingenus γ_1 (*ac. G*) | quoniam *Ox* | ut *om. Ve* **13** ignis *om. M*; genitus *V* | in] qua *add. C B So* **14** sua *om. C* | qua est a creatore] quam creatorem *M* | est[2]] erit *Sedul.* | ignitus *T*; ignis ingenitus *Br* | sed] se *Le* **15** genitus *I V me am ba* | se] re *T* (*ac.*) | splendore *F* | est *om. Ox M* (*ac.*) | et *om.* α_2 | et coaeternus *om. S* | aeternus *T* (*ac.*) *F C A P* γ_{2a} (*exc. Ve*) *Fl K M V Sedul.* **16** trinitatis dei *tr. Br* | trinitas *As* | Graeco *Ox* | Graeco complecti Graeci δ_1 **17** breviter *om. M* | terribilis res] terribilis est *I me am ba*; res terribilis *tr. er edd*$_2$ **18** huiusmodi *Z* | sonant *M* (-t *sl.*) verbum *om. As* | apte *Cl* | ipse filius aperte *tr. Ox*; aperte filius ipse *tr. Br* **19** cum] dum *T* | cum dicit] dicens *D Le Ox* | unus *Ve* | insto *S* | uno *om. La* **20** una[2] *om. Fi* | ipse] pater *Ox*; et *add. C* δ *me er mm* **21** etiam *om. D* iam **om. T* β *er edd*$_2$ | amictus *Cl* | carnis *om. T*; carni *F*; carne *Ve* | carnis verae] nostrae carnis *Ox* | verae trabea *vl. P*; vera travea *T* (*ac.*); vera verba γ_2; veraciter ab ea α_2 (ab ea veraciter *tr. Va*) | trabeam *S* | novit nemo patrem nisi filius neque filium quis novit nisi pater *tr. Br* **23** filius[1] *om.* β et *om.* α_2 *Br* (*ac.*) | filius per seipsum] ipse filius *Ox* | ipsum *M*

de; aber das, was der Ungezeugte ist, ist der Gezeugte, nämlich Gott von Gott. Adam ist nämlich nicht deshalb, weil er als ungezeugt gilt, ein Mensch, und nicht ist Abel, weil er von diesem gezeugt wurde, kein Mensch. Als ungezeugter Mensch zeugte er das, was er selbst ist: einen Menschen. Gott zeugte das, was er selbst ist; er zeugte es als etwas von derselben Substanz, demselben Wesen, ohne Zeitlichkeit, sich selbst gleichewig. Der, vor dem es nichts gibt, nimmt keine zeitliche Beschränkung an. Der Vater ist also ungezeugt, weil er, wie gesagt, von niemandem gezeugt wurde, aber er ist mit dem Gezeugten gleichewig, wie das Feuer in seiner Substanz, in der es vom Schöpfer erschaffen wurde, zwar unerzeugt ist, aber dem von ihm erzeugten Glanz gleichsubstantiell und gleichewig. Diese *eine* Substanz der göttlichen Trinität wollten die Griechen prägnant mit dem Begriff Homousion bezeichnen. Es ist nämlich nicht ein Name, sondern eine Ehrfurcht gebietende Sache, die in einem derartigen Wort erklingt. Dieses Wort legt der Sohn selbst offen dar, wenn er sagt: *Ich und der Vater sind eins*. In diesem Einen besteht die eine Substanz. Denn deshalb, weil es eine ist, ist auch der Sohn in ihr. Daher sagt er auch, bereits mit dem Gewand des wahren Fleisches umhüllt: *Niemand kennt den Sohn, nur der Vater, und niemand kennt den Vater, nur der Sohn und der, dem es der Sohn offenbaren wollte*. Es wird also auch der Sohn durch sich selbst als unsichtbar bezeugt: Was ist nun der Grund dafür, dass sie sich

probatur: quid est quod quasi cautius in fidei ponere assertione nituntur? Incapabilem autem nec legunt nec iuste defendunt. Quomodo est enim incapabilis pater, quem capit filius totum ipso dicente: *Ego in patre, et pater in me*? De quo etiam Paulus apostolus dicit: *Quoniam cum in forma dei esset, non rapinam arbitratus est esse aequalis deo*. Qui formam implet dei, nihil habet minus deo. Quomodo ergo incapabilis pater dicitur, qui capitur totus a filio? Ecce enim quae scripta non sunt in lege uspiam, a vobis temere ponuntur in symbolo, ubi magis nihil aliter oportet inseri praeterquam scripturae veridicae continet modus. Cur vobis de homousion verbo visum est fidei catholicae invidiam excitare, quae substantiam dei hoc verbo unam simpliciter credens a Graecis patribus in assertione fidei defendendam accepit? In cautione enim, hoc est in symbolo, quod est inter animas nos-

---

25 incapabilem ... legunt] *cf.* Aug. c. Maximin. 2 (PL 42, 813, 8) **27** Ioh. 14, 10 **28–29** Phil. 2, 6

ω **26** quomodo] *inc. Sedul.* (coll. misc. 34, 2) **27** de] *inc. Flor.* (Troyes BM 96, 224r–v; *tit.:* ex ser⟨mone⟩ contra Pascentium (*in Phil. 2, 6sq.*) **30** deo] *des. Flor.* **31** filio] *des. Sedul.*

---

24 quid] id *β lo*; quod *F Va* | est] autem *add. er mm* | cautius] acutius *Co I* edd_1; cauti vim α_2 | ponerem *V* | *assertionem *ϕ* (*exc. So Ox*); adserciorem *M*; asseratione *I me*; assertore *Va* **25** autem *sl. C*; eum *Cl*; hoc *me er mm* neglegunt *T* (*ac.*) *Fi*; necglegunt *V* **26** est *om.* α_1 edd_1 | enim *om. As*; secundum haereticos *Sedul.* | capi *I* (*ac.*) *me* **27** me] est *add. Ox* **28** apostolus dicit] ait *Ox* | quoniam (*Flor. ba*)] quam *I me am*; quia *S*; quo *C*; qui (*cf. Vulg.*) *Va So Br Ox er* edd_2 **29** esse se aequalem *S Fi Sedul.*; se esse aequalem *Z*; esse se aequalis *T* | forma dei implet *Va* | dei *om. Ox* | minus habet *tr. S* α_2 **30** deo minus *tr. T* | deo] dei *F Va* | incapabili *V* | pater dicitur] deus pater *As* | qui] quia *Sedul.* | captus *As* **31** totus *om. S* | enim *om. Ox* | quo *Va* sint γ_1 (*ac. A*) | uspiam in lege *tr. Cl* | uspiam *om. Ox*; usi iam *C* (*ac.*) *γ* (*exc. Ve*) *Fl* (usiam *pc.*) *V*; si iam β_1 *Ve*; ubi iam *M*; iam *C* (*pc.*) δ_1 **32** nobis *Le* | tenere *I* | ponuntur temere *tr.* γ_{2a} | in *om. Ox* | symbolum *M* | ubi] nisi *As* magis nihil *T S*; nihil magis *cett.*, *edd* | aliter *om. Cl* | oportet] obtat *V*; debet *As* **33** inseri] insereri γ_1 *P O* (*ac.*) | praeterquam] -m *lnp. T*; praeterqua *V* | veredici *F So* **34** a vobis *T*; nobis *Va* | verbum *F Va* **35** excitare] facere *Ox* | substantia α_2; sub substantiam γ_1 *P O* | hoc verbum *F* α_1 *C edd*; *post* credens *tr.* α_1 *edd* | unum *S* (*uv.*) *β*; una *F Va*; uno *Fi* **36** partibus γ_{2a} (*exc. Ve*) | *assertionem *S F* α_1 (asserationem *I*) *γ Fl* δ_1 *M V* | defendenda *So Br*; defendende α_1 (*exc. I*); defendendo *I* edd_1 *lo*; defendendum *mm* | accipit *T* **37** cautionem α_2; contentione *I me*; contione *am ba er* | in symbolo] symbolum *T*

bemühen, im Glaubensbekenntnis ihrer eigenen Meinung nach besonders vorsichtig zu formulieren? ‚Unfassbar' aber lesen sie weder, noch verteidigen sie es zu Recht. Wie kann nämlich der Vater unfassbar sein, den der Sohn ganz fasst, wie er selbst sagt: *Ich im Vater und der Vater in mir*? Über ihn sagt auch der Apostel Paulus: *Denn er hielt es, obwohl er in Gottes Gestalt war, nicht für einen Raub, Gott gleich zu sein.* Wer die Gestalt Gottes ausfüllt, hat nichts weniger als Gott. Wie kann nun der Vater unfassbar genannt werden, der doch ganz vom Sohn gefasst wird? Es wird also tatsächlich etwas, was nirgends in der Schrift geschrieben steht, von euch unbedacht im Glaubensbekenntnis festgesetzt, wo doch nichts anderes eingefügt werden darf als das, was der Wortlaut der wahrhaftigen Schrift enthält. Warum erschien es euch richtig, wegen des Wortes Homousion Missgunst gegenüber dem katholischen Glauben zu entfachen, der in diesem Wort einfach an die eine Substanz Gottes glaubt und ihre Verteidigung im Glaubensbekenntnis von den griechischen Vätern übernahm? Warum erschien es nun einigen Menschen richtig, in dem Bürgschaftsvertrag, das heißt im Glaubensbekenntnis, das zwischen unseren Seelen und Gott besteht, etwas

tras et deum, quid visum est hominibus aliquibus ponere quae scripta non reperiuntur in lege? Neque enim alicubi aut ingenitus aut incapabilis pater legitur. Laudantes enim deum dicere solemus in precibus eius magnitudinem admirantes: *Qui capit omnia, quem capit nemo* – sed hominum. Nam totus capitur a filio, cuius formam implet filius unius incommutabilis naturae secreto. Ergo neque solus invisibilis pater, sed et filius invisibilis: sicut hominibus invisibilis pater, ita invisibilis hominibus filius secundum illud secretum quo manet in patre. Non ergo iuste positus est invisibilis solus pater in symbolo, sed invisibilis tota trinitas deus – excepta carne suscepta a filio – de qua dicit apostolus: *Invisibili soli deo honor et gloria in saecula saeculorum*. Totus ergo habitat pater in filio, cuius patris formam idem filius non ex parte, sed implet in pleno.

Hanc apostoli Pauli sententiam qua dicit intimatque dei mortalibus omnino secreta, *Qui cum in forma dei esset*, aliqui male pronuntiantes, male sentiendo bene digesta, non esse ausum

---

41–42 Past. Herm. 26, 1 (mand. 1, 1; GCS 48, 23) **44–45** sicut ... filius] *cf.* Ps. Vigil. Thaps. contra Varimad. 1, 20 (CC 90, 34, 31) **48–49** 1 Tim. 1, 17 **53** Phil. 2, 6

ω **41** capit] *inc. Sedul.* (coll. misc. 34, 3) **42** filio] *des. Sedul.* **49** totus] *inc. Flor.* **51** pleno] *des. Flor.*

---

38 deum] et *add.* α_2 | quid] qui *V* | est visum *tr. K* | aliquid ponere quod scriptum non reperitur *Ox* **39** inveniuntur *Va* | enim *om. A*; est *add.* β_1 aut *om.* α_1 ϕ *edd* 40 aut] autem *V* | legitur pater *tr. Va* | legitur *om.* α_1 ϕ *edd* | deum *om.* δ_1 | solemus in precibus dicere *tr. Cl* **41** magnitudinem *om. As* | qui *om. Z* | capit] pater itaque *praem. Sedul.* **42** nemo capit *tr. D* sed *om. Ve*; scilicet *I* edd_1 | nam] non *M V* **43** unus *Va I me* **44** sed ... pater *om. S* | invisibilis filius *tr. Fi* | hominibus] omnibus *V* | invisibilis hominibus *tr. Br* **45** ita] ut *add. S* | hominibus invisibilis *tr. Le As* δ_1 | filius hominibus *tr. S* **46** quo *T* (qua *ac.*) *Fi* β_1 *Ox* edd_2; *quod *S* α (*exc. Fi*) *C* γ *Fl* δ_1 *M V* edd_1 | *positum *T* α_2 ϕ (posita *Ve*) *er mm* | est *om. La* **47** solus] hominibus *S* | symbolum α_2 | tota] sola α_2 **48** accepta *I* | carne *om. So* | a] ad *V* accepta *I* | de quo *Va D*; quomodo *T* | accepta *I* **49** in saecula saeculorum *om. Ox* | saeculorum] amen *add.* γ_2 *Fl* δ_1 *M* **50** habita *Br* | cuius] eius α_2 forma β_1 | idem] id est *Le So Br* **51** parte] patre *S Fi E* (*ac.*) *C* (*ac.*)
52 sententia *Fi V* | quam γ_{2a}; qui *mm* | dixit *La* | intimaque *F Fi*; intimque *Va* | dei *om. So* | mortalibus dei *tr. Ox*; de inmortalibus *T Z* (de mortalibus *ac.*) **53** omnino *om.* α_1 *edd* | omnino secreta *om. As* | esset dei *tr. Ve* | aliquid *M V*; aliquo *Fi* **54** male^1] sentientes *add. Va*; mali β *V* | male^2 ... per^1 *om.* ϕ (*exc. Ox*) | bene *om. S*

festzusetzen, was sich nicht in der Schrift geschrieben findet? Denn nirgends liest man, dass der Vater ungezeugt oder unfassbar sei. Wenn wir Gott nämlich loben, pflegen wir im Gebet in Bewunderung seiner Größe zu sagen: *Er, der alles fasst, den aber niemand fasst* – niemand allerdings von den Menschen. Denn vom Sohn wird er ganz erfasst, dessen Gestalt der Sohn durch das Geheimnis seiner einen unwandelbaren Natur ausfüllt. Also ist nicht allein der Vater unsichtbar, sondern auch der Sohn unsichtbar: Wie der Vater für die Menschen unsichtbar ist, so ist auch der Sohn für die Menschen unsichtbar gemäß jenem Geheimnis, durch welches er im Vater ist. Nicht zu Recht steht also allein vom Vater im Glaubensbekenntnis, dass er unsichtbar ist, sondern unsichtbar ist die ganze göttliche Trinität – ausgenommen das Fleisch, das vom Sohn angenommen wurde –, über die der Apostel sagt: *Dem unsichtbaren, einzigen Gott sei Ehre und Herrlichkeit in alle Ewigkeit!* Ganz wohnt also der Vater im Sohn, wobei eben dieser Sohn die Gestalt seines Vaters nicht nur zum Teil, sondern zur Gänze ausfüllt.

Diesen Satz des Apostels Paulus, mit dem er die den Sterblichen völlig verborgenen Geheimnisse Gottes sagt und offenbart, *Da er in der Gestalt Gottes war*, verkünden einige schlecht, weil sie gut Erklärtes schlecht verstehen, und behaupten geradezu, der

filium dei per imparilitatem aequalem se per rapinam fieri deo patri prorsus affirmant, quod inique sentitur. Si enim diceret: 'Qui cum deus esset, non rapinam arbitratus est esse se aequalem deo', posset angustiis fidei suae quilibet qualecumque etsi debile, de quo sine mora excluderetur, spatium invenire; nunc vero quia *Cum in forma dei esset* dixit, omnem machinationis iniustae aditum interclusit. Ubi est forma, nihil habet prorsus minus omnino natura. *Deus enim* ait idem apostolus *erat in Christo mundum reconcilians sibi*. Quomodo enim susciperet minor maiorem, nisi se una natura cognosceret parem? Neque enim lineamentis spatiisque membrorum haec dei forma distenditur, ut pater filium in se suscipiat habitantem aut in se filius patrem ostendat manentem – sicut ipse ait: *Pater in me manens facit opera sua* –, aut evacuatur, cum spiritum sanctum suum pater et filius omnem creaturam suam profert illustrantem. Quomodo cogitari non

---

62–63 2 Cor. 5, 19 **67** Ioh. 14, 10

ω **56** si] *inc. Flor.*

---

55 imparilitate *Va*; immortalitatem *S* | aequalem] aequale *Fl*; deo *add. Fi* | se *T* (*ac.*); sed *ω* (*pc. T*) *edd* | per² *om.* α_2 *M* | fieri ... 57 rapinam *om. So* **56** affirmat *C* (*ac.*) γ; affirmavit *I me*; affirmam *Br* | quod inique sentitur *om. La* sentur *M* | dicerit *F* **57** rapinam *om. Ox*; rapina γ (*pc. G Ve*) *Fl Flor.* | arbritatus est *So*; arbitratur *As* | se esse *tr. T* | se *om. Ox* (*ac.*) *Flor.* | aequalis *M* **58** *possit α_2 *C* (*ac.*) γ (*exc. G*) δ *V*; possis *M*; posse *I* | angustus α_2; augustiis *O*; angustitiis *E* | quilibet *om. Ox*; quodlibet β_1; qualibet α_2; quaelibet *S C* (perfidia *add. sl.*) *Fl K V* | qualemcumque *S F Va* φ (*exc.* β_1; *ac. Z*) *Flor.*; qualiscumque *I me am ba* | etsi] et is *A* | debilem *T* (*ac.*) *S F Fi C* γ *Ox Fl K M V Flor.* **59** quo] qua α φ (*exc.* β_1) *Flor. edd*$_1$ | excludentur *As* | spatium] speciem *C* (*pc.*) | inveniri *So Br* | nunc] num *V* | quia] qui *T* φ *Flor.* (*cf. Vulg.*) **60** cum] eum *M* | dei *om. Fi* | macherationis *Le* | iniustae *om. M* aditum iniustae *tr. Va* **61** intercludit *Le*, intercludens *M* | est] enim *add.* α_2 *Flor.* | in forma *M* | nihil habet *om.* δ (ibi *Ox*) | prorsus *om. T S* | minus *om. Ox* | omnino minus *tr. S* **62** naturae α_2 | enim *om. I*; autem *As* | idem ait *tr. Va* **63** enim] ergo *Flor.* | susceperit *C* γ *Fl M*; suscepit α_2 *V*; suscipet *Ox* | minor] minorem *M* | maiorem] formam *praem. S* **64** una] in una *Flor.*; ut *M* | unam naturam α_2 | patrem *S* α_2 *C D* (*ac.*) γ_1 *P* (*ac.*) *M V* | innanientis *I me* **65** sputisque *Va*; spatiis *Ox* | hoc *Ve* | dei forma *om. A* formam *S* | ut *om. V* | patri *C* **66** habitantem] absentem *S* | patrem *om. M*; pater *Fi* | ostendit *C As* **67** manente *Ve* | manens] ipse *add. S Br Ox K* | sua *T S* (*graec.* αὐτοῦ); *om.* (*cf. Vulg.*) *Fi Br Ox*; *mea α (*exc. Fi*) φ (*exc. Br Ox*) *edd* **68** evacuetur δ_1 | suum *om. T Ox* **69** creatura *Ve*; craturam *ba* | suam *om. Fi Ox* | proferet *C* (*ac.*) *G* (*pc.*) *P O La*; proferret *T G* (*ac.*) *As Fl* δ_1 *M V*; proferit *F*; *proferat α_1 *edd* | cogitari *om. M*; cogitare *F C*

Sohn Gottes habe es wegen seiner Ungleichheit nicht gewagt, durch einen Raub Gott, dem Vater, gleich zu werden; diese Meinung ist falsch. Wenn er nämlich sagte: ‚Der, als er Gott war, es nicht für einen Raub hielt, Gott Vater gleich zu sein', könnte irgendwer für die Beschränktheit seines Glaubens irgendeinen Raum finden, wenngleich einen unhaltbaren, von dem er unverzüglich verwiesen würde. Da er nun aber sagte: *Da er in der Gestalt Gottes war*, schnitt er jeden Zugang zu einem unrechtmäßigen Kunstgriff ab. Wo Gestalt ist, hat die Natur überhaupt nichts Geringeres. *Denn Gott*, sagt derselbe Apostel, *war in Christus und hat die Welt mit sich versöhnt*. Wie hätte nämlich der Geringere den Größeren aufnehmen können, wenn er sich nicht als gleich in der einen Natur erkannt hätte? Denn diese Gestalt Gottes erstreckt sich nicht in den Konturen oder im Volumen eines Körpers, so dass der Vater den Sohn als in ihm Wohnenden aufnimmt, oder der Sohn aufzeigt, dass der Vater in ihm ist, wie er selbst sagt: *Der Vater, der in mir ist, vollbringt seine Werke*. Sie wird auch nicht entleert, wenn der Vater und der Sohn ihren Heiligen Geist aus sich hervorbringen, der jedes ihrer Geschöpfe erleuchtet. Wie es nicht gedacht, wie es nicht erklärt werden

potest, quomodo explicari non potest, simul secum unum est, quod secundum incommutabilem omnino substantiam in trinitate deus est.

Ecce quid est homousion, quod exprobratur iniuste. Non enim verbum solum, sed res in verbo est; nec solus sermo sonans auribus, sed substantia una est dei credenda in mentibus. Si enim *mi 1160*
in homine credente in se totus deus credendus est habitare, quomodo filium totum in se pater aut filius patrem non credatur excipere? Ac per hoc ipse in patre et pater in eo manet, et ex patre vel filio sanctus credendus est spiritus non solum processisse, sed semper ad peragenda opera trinitatis omnino procedere, sicut eadem trinitas Abraham amicum suum in unitate nominis dignata est visitare. Quid est quod calumniantur de homousion verbo Graeco, quia scriptum in lege minime reperiatur? Cur non vident culpam suam? Cur sibi non displicent, cum ponunt in symbolo verba vel nomina quae non sunt ulla scriptura digesta? Qui dispo-

---

71 secundum ... substantiam] *cf.* Aug. epist. 238, 11 (p. 541, 2) **76** in[1] ... habitare] *cf.* Eph. 3, 17 **80–82** eadem ... visitare] *cf.* Gen. 18, 1 **81** Abraham amicum suum] *cf.* Iac. 2, 23

ω Flor. **72** est] *des. Flor.* **73** ecce] *inc. Theod.* (de processione spiritus sancti cap. 30, *tit.*: item idem in disceptatione quam habuit contra Pascentium comitem Arianorum praesente Laurentio iudice ab utrisque partibus electo) **75** si] *inc. Flor. Adalw. Rathr.* **80** procedere] *des. Flor. Theod. Rathr.* **82** visitare] *des. Adalw.* **84** suam] *des. V* **85** qui] *inc. Barth.*

---

70 explicare *C V*(*ac.*) | secum] secundum *Va C* | est] esse β_1 *lo* **71** quod *om. V* | secum *M* | omnino incommutabilem *tr. S* | trinitatem *F Va* **72** est *om. Va*

73 quidem *Va M*; quod est *T Le*; quale est *Fi* | exprobatur *S F Va So Ve M V Theod.*; et probatur *Fi*; exprobat *C*(*ac.*) | non] homo *As* **74** sed] et *add.* α_2 *Theod.* | est *om. Co I edd* | non β **76** homine credente (*Rathr.*)] homines credentes *T S* α_2(*ac. F*) ϕ(*exc.* γ_2) *Adalw.*; hominibus credentibus *F*(*pc.*) *Theod.* | in se] ipse *C V Rathr.* | deus] est *add. F* | est] deus *K* **77** in se filium totum *tr. S* | in *om. Cl* | aut] et *Fi*; vel *Ox* | patrem] totum *add. Rathr.* creditur *Va* | accipere *I A* (*ac.*) *M me* **78** in patre ipse *tr. Ox* | patre[1]] patrem *M* | eo] eum *S* α_2 (*ac. F*) *C* (*ac.*) *D Le B* γ_1 *P* (*ac.*) *M* **79** vel (*Flor. me*)] et *Rathr. am ba er edd*$_2$ | vel filio] filioque *Ox* | filio] spiritus *add. S* | spiritus *om. Ox*; fratres *Fi* | solum] semel *proposuit Weidmann* **80** semper ad *om. ba* | ad agenda *C Rathr.*; agenda *M V* | omnino *om. Ox*; omnimodo *K* | eandem *T*(*ac.*) **81** unitatem α_{2a} *C* γ_1 *P* (*ac.*) *M Adalw.* | dignatus *S*; digna *Fi* **82** quid] quod *F* | calumniatur *T As M* **83** quia] quod *As M* | minime] manne (*sic!*) *I me*; non *Ox* | *inveniatur α_1 ϕ *edd* | cur] cum *Fi* | vidit *F* **84** non sibi *tr. M* | symbolum *F* **85** qua *S* | ulla] illa *Fi* | disposita β_1

kann, ist das zugleich mit sich selbst Eines, was gemäß seiner vollends unveränderlichen Substanz Gott in der Trinität ist.

Das also ist das Homousion, das zu Unrecht kritisiert wird. Es ist nämlich nicht nur ein Wort, sondern eine Sache im Wort. Es ist auch nicht nur ein Ausdruck, der in den Ohren erklingt, sondern die eine Substanz Gottes, die im Geist geglaubt werden muss. Wenn man nämlich von Gott glauben muss, dass er ganz in dem Menschen wohnt, der an ihn glaubt, wie sollte man dann nicht glauben, dass der Vater den Sohn ganz in sich aufnimmt oder der Sohn den Vater? Und deswegen ist er selbst im Vater und der Vater in ihm, und man muss glauben, dass der Heilige Geist aus dem Vater und dem Sohn nicht nur einmal hervorgegangen ist, sondern überhaupt immer hervorgeht, um die Werke der Trinität zu vollbringen, so wie eben diese Trinität sich dazu bereit fand, ihren Freund Abraham in der Einheit ihres Namens aufzusuchen. Welchen Grund gibt es, dass sie böswillig an dem griechischen Wort Homousion deswegen Kritik üben, weil es sich keineswegs in der Schrift geschrieben findet? Warum sehen sie nicht ihre eigene Schuld? Warum nehmen sie nicht Anstoß an sich selbst, wenn sie in ihrem Glaubensbekenntnis Wörter oder Begriffe festsetzen, die in keiner Schrift dargelegt sind? Wer eine Klage zu erheben beabsichtigt, sollte nicht das tun, weswegen er bestrebt ist, den anderen anzuklagen. Sie beschuldigen uns zu

nit arguere, non faciat unde alium nititur accusare. *Infitiant de verbo simplici et ratione fidei pleno quasi de stipula oculum fratris, et suum sauciatum praeter scripturas ponendo quod credunt tamquam de immanitate non pervident trabis.

Ecce homousion recte probamus positum et in assertione fidei, qua trinitatis unitas a catholicis creditur, a Graecis patribus dictum. Quid si Graecus ipse magis obiciat non Latino, non barbaro, sed sibi magis licere verba ad fidem pertinentia divulgare? Nam praesciendum est *amen* et *alleluia*, quod nec Latino nec barbaro licet in suam linguam omnino transferre, Hebraeo cunctas gentes vocabulo decantare. Non enim in Africa aut cuncta barbaria, sed in Syria vel Graecia, ubi et ipsa caro voluit de virgine nasci dominica, decuit vel oportuit verba fidei compendiose firmare. Denique non Latino, non barbaro stilo venerandus ille Moyses, non prophetae, non apostoli, non ipsi evangelistae, sed aut Hebraeo aut Graeco scripturas eloquio dominicas firmaverunt, quas postea viri probati ac disertissimi, in omnibus periti

---

87–89 de ... trabis] *cf.* Matth. 7, 3–5; Luc. 6, 41*sq.* **94–96** amen ... decantare] *cf.* Mar. Victorin. adv. Ar. 2, 9

ω (exc. V) Barth. **86** accusare] *des. Barth.* **90** ecce] *inc. Hincm.* **92** dictum] *des. Hincm.*

---

86 arguere *om. Ve* | faciet α_{2a}; facit *S* | alius *T*(*pc.*) β_1 | alius (alium *ac.*) nitatur *T*; alius eum nitatur β_1 | infitiant *Müller* (*cf. p. 66*); inficiant α *C* (inficiantur *pc.*) γ (infaciant *Ve*) *Fl* (*ac.*) *M me*; inficiunt δ (*pc. Fl*) *am ba*; inspiciunt β_1 *er edd*$_2$; infitidiante (*!*) *S*; insidiant *T*; insidiantur *proposuit Uhle* **87** rationem α_2 γ_1 *P* (*ac.*) *M* | plenum α_2 β_1 **88** et] te *I me* | suam *M* | scripturam *S* | scripturas ... trabis *om. As* | ponenda *M* **89** tamque α_{2a} | immanitatem *F* | trabis non pervident *tr. D* | provident *K*; perfident *I*
90 probamur *Va* | assertionem *S F* α_1 (*exc. I*) *C* γ_1 *P* (*ac.*) *M Hincm. edd* (*exc. me*); asserationem *I me* **91** qua] qu(a)e α_2 | trinitas *C* (*ac.*) *Hincm.* | a^1 *om. S* **92** quid] quod *Le*; qui *F* | ipsi γ | magis *om. er edd*$_2$ | Latino] latro *Va* **93** sed ... barbaro *om. As* | sibimet *Br*; ibi *Co I me am ba* | magis *om. Ox* magis licere] male dicere *C* (malicere *ac.*) | licere *om. K* | fide *F* | pertinenti *F P O La* | advulgare *P O La M* **94** sciendum α_1 *Ox edd*; praecidendum *M*; perspiciendum *T* | amen] tamen *F Fi* | quod] qui *Va* | barbaro nec Latino *tr. So* **95** omnino in sua lingua *Fi* | omnino *om. Va I Ox edd*; omnimodo δ_1 **96** vocabulo *om. Ox* | aut] in *add.* α_1 *edd* | vel omni *Ox* | barbarie *S Fi* **97** sed] seu *C* | Syra *As* | in Graecia *S* | ubi *om. As* | ipsam carnem *T* | voluisti *M* **98** dominic(a)e β_1 | debuit *Fi* | fidei] fieri *Z* | compendio *Ox* **100** non prophetae *om. D Le B* (*ac.*) | ipsi *om. Cl* **101** aut^1] ut *Va* | aut^2] vel *Ox* | dominicas eloquio *tr. Cl* | dominico *Va* ϕ (*exc. C*) **102** in *om. T* | omnibusque *Ox* | peritis *As*

Unrecht wegen eines einfachen Wortes voller Glaubensvernunft, gleichsam wie das Auge ihres Bruders wegen eines Splitters, und sehen gleichsam wegen der ungeheueren Größe des Balkens nicht, dass ihr eigenes Auge verletzt ist, weil sie das, was sie glauben, ohne Schriftbeleg behaupten.

Wir bringen also den Nachweis, dass das Homousion zu Recht festgesetzt und im Glaubensbekenntnis, in dem von den Katholiken die Einheit der Trinität geglaubt wird, von den griechischen Vätern ausgesprochen wurde. Was, wenn womöglich der Grieche selbst den Einwand erhöbe, dass es nicht dem Lateiner, nicht dem Barbaren, sondern vielmehr ihm erlaubt sei, die Wörter, die sich auf den Glauben beziehen, zu verbreiten? Denn man muss sich bewusst sein, dass alle Völker *Amen* und *Hallelujah*, das dem Lateiner wie dem Barbaren in seine eigene Sprache zu übertragen überhaupt nicht erlaubt ist, mit dem hebräischen Wort sagen. Denn nicht in Afrika oder im gesamten Barbarenland, sondern in Syrien oder auch Griechenland, wo auch das Fleisch des Herrn von der Jungfrau geboren werden wollte, war es geboten und notwendig, die Worte des Glaubens in prägnanter Formulierung festzuhalten. Schließlich hielten der ehrwürdige Moses, die Propheten, die Apostel und selbst die Evangelisten nicht in lateinischer und nicht in barbarischer Sprache, sondern entweder im hebräischen oder im griechischen Wortlaut die Schriften des Herrn fest. Später beeilten sich bewährte und äußerst redegewandte Männer, die aller Sprachen kundig waren,

linguis de Hebraeo primitus in Graeco, de Graeco in Latino stilo edisserere cum labore nimio maturarunt.

Homousion ergo exponitur unius substantiae pater et filius et spiritus sanctus. Nemo ergo iam calumnietur verbo, quia licet scriptum non sit, quod habet interius vel sonat, ostendit non per aliquem alium, sed per seipsam una[m] divinitatis substantia[m], in qua filius patri loquitur dicens: *Tua omnia mea sunt et mea tua.* Iam ipsi viderint qualiter ausi fuerint nomina quae scripta in lege non sunt vel verba in symbolo concinnare non aliud nisi ostendere gestientes ab ingeniti quasi et incapabilis potentia patris filium *segregari. Deus enim pater substantia sua genuit filium aequalem sibi: docet hoc veridicus ille secretorum *internuntius divinorum Iohannes. *Propterea* inquit *Iudaei volebant eum interficere, quia non solum solvebat sabbatum, sed et patrem suum dicebat deum, aequalem se faciens deo.* Consubstantialem itaque sibi genuit filium pater, quia non accepit tamquam creatura indigens

---

109 Ioh. 17, 10 **115–117** Ioh. 5, 18

ω (exc. V) **105** homousion] *inc. Hincm.* **106** sanctus] *des. Hincm.*

---

103 in linguis *Ve* | de[1] *sl. T* | Graeco[1]] Graecum *δ (pc. Fl)* | de[2]] et de *T* | de Graeco *om. As*; de Greo *I* | Latinum *δ*; in *add.* γ_{2a} *(exc. As; ac. O)* | stilo ... maturarunt] transtulerunt *Ox* **104** disserere *S* α_2 *C (pc.) D*; edissere *I Le (pc.) Br Fl me*; edisseri *K* | maturaverunt *I*
105 homousion] expositio omousion *add. mg. T*; homousios *er* edd_2 | et ponitur *Ox (uv.) Fl K*; ponitur *Z (ac.)*; et exponitur *Va* **106** iam *om. Ox* | de verbo *Ox* **107** non[1] *om. Va* | internis *Va* | vel] vicarius *Fi* | vel sonat *om. Ox*; vs. probat *Va* | ostendat *Fi As* **108** alium aliquem *tr. La* | per *om. Ox* seipsam *T*; *om. cett., edd* | unius β_1 *lo (vl.)* | una[m] ... substantia[m] *scripsimus (cf. p. 66sq.)* | divitatis *Ox* **109** dicens *om. G* | mea[2]] mea omnia *T S* tua mea *tr. Z* **110** iam] in *add.* γ_1 *P (pc.)* | ausi fuerint] ait si fierint *M* | *in lege scripta non sunt *tr. T So*; *in lege non sunt scripta *tr. S*; *scripta non sunt in lege *tr.* α_2 *Fl* δ_1 **111** vel *om. T* | verbaque *T (pc.)* | continuare *E I As* edd_1 | ad aliud *T* **112** gencientes *M*; gentes *I me*; genitum *am ba er* | ingenti *Co (ac.) I me* | quasi et] quod sit α_1 edd_1 | et *om. D* | incapabili *Fi*; capabilis *T* | potentiae *M*; potentiam *S* **113** segregari edd_2; segregare edd_1 | substantiam suam *S* α_{2a}; de substantia sua *T* (sua *om. ac.*) *Le Ox mm* **114** hoc] ergo *As* | veredicus *S F M* | internuntius *coniecit Weidmann (cf. p. 67)*; internus *ω (exc. Va I D Le)*; interius *I D Le am ba*; internos *Va*; inferius *me*; interpres *er* edd_2 **115** inquit] iniqui α_2 | Iudaei volebant inquit *tr.* α_1 (Iudaei inquit volebant *Cl E*) edd_1; inquit volebant Iudaei *tr. S* **116** et *om. Le δ* **117** deum] domini *As* | sibi itaque *tr. Va* | sibi *om. T* | genuit filium pater sibi *tr.* δ_1 filium genuit *tr. Ox* **118** pater filium *tr. Br* | creaturam *T F*

mit außerordentlicher Mühe, diese vom Hebräischen ausgehend zunächst in griechischer Sprache, vom Griechischen ausgehend in lateinischer Sprache auszuführen.

Homousion wird also erklärt als: der Vater, der Sohn und der Heilige Geist von einer Substanz. Niemand mehr soll also böswillig an dem Wort Kritik üben, denn, mag es auch nicht in der Schrift stehen, so zeigt doch die eine göttliche Substanz nicht durch einen anderen, sondern durch sich selbst, was dieses Wort in seinem Inneren bedeutet und bezeichnet. In ihr spricht der Sohn zum Vater, indem er sagt: *Alles, was dein ist, ist mein, und, was mein ist, ist dein*. Sie sollen nunmehr selbst erkennen, wie sie es wagten, Begriffe und Wörter, die nicht in der Schrift geschrieben stehen, im Glaubensbekenntnis zusammenzufügen, wobei sie auf nichts anderes aus waren als zu zeigen, dass der Sohn ihrer Meinung nach von der Macht des ungezeugten und unfassbaren Vaters geschieden sei. Gott Vater nämlich zeugte den Sohn als ihm in seiner Substanz gleich. Dies lehrt jener wahr redende Vermittler der göttlichen Geheimnisse, Johannes: *Darum waren*, sagt er, *die Juden darauf aus, ihn zu töten, weil er nicht nur den Sabbat brach, sondern auch Gott seinen Vater nannte, und sich damit Gott gleichstellte*. Der Vater zeugte also den Sohn als ihm in der Substanz gleich, weil er nicht wie ein bedürftiges Geschöpf empfing,

unde genuit, sed tota copia quod ipse est hoc genuit, perfectum genuit, quia sine tempore est ipse qui genuit et quem genuit. Si homo generat quod est, deus non potuit generare quod est? Accepit homo ab ipso deo, et tamen licet acceperit, hoc generat quod accepit: a nullo accipiens pater deus quod est generare non potuit? Hanc aequalitatem substantiae homousion sermo Graecus ostendit; nihil austerum, sed optimum dulceque et hoc quod credendum est humanis cordibus introducit. Etsi enim verbum ipsum scriptum in lege non invenitur, res ipsa tamen invenitur: quia aequalis est patri filius, per beatum Iohannem primitus et per Paulum postea comprobatur. Iohannes enim aequalitatem dixit, Paulus formam implevit. *In duobus* inquit scriptura *aut tribus testibus stabit omne verbum*. Per duos enim verissimos testes iam probavimus unius substantiae esse aequalesque patrem et filium; adiciamus et tertium, Thomam illum discipulum post dubitationem fortius confitentem dominum et deum, quem nec resurrexisse crediderat crucifixum: *Dominus meus* inquit *et deus* *mi 1161*

126–127 etsi ... invenitur[2]] *cf.* Aug. epist. 238, 4 (p. 536, 2–3) **129–130** aequalitatem ... formam] *cf.* Phil. 2, 6 **130–131** Matth. 18, 16 **135–136** Ioh. 20, 28

ω (*exc. V*) **120** si] *inc. Sedul.* (coll. misc. 34, 4) **125** dulceque] *des. Sedul.*

---

119 unde] inde *D*; unum *Le* | genuit sed *T*; *om. D Le B* (*ac.*); *genuisset *cett.* (genusset *La*; et *add. Va*), *edd* | totam copiam β_1 | perfectum genuit *om. So* **120** ipse **om. T S* | et quem genuit *om. As* | quem] quod est *S* α_2 **121** homo] est *add. F* | generet *ba* | est[1]] hominem numquid *add. Sedul.* | poterat *Sedul.* | poterat generat *Va* **122** licet] ipse *add. Br* | acceperit] accepit *S F Va* ϕ (*exc. Le*) *Sedul.* **123** deus pater *tr. S* δ_1 | deus] numquid *add. Sedul.* **124** substantia *G* | homousion] quam *add. Ve*; homousian *er lo mi* **125** dulcesque *Ve*; et dulce *Sedul.* | et *om.* α_2 | hoc *om.* δ_1 | quod credendum est] quod credendum α_2; credendum est γ *Ox Fl M*; credendum esse β edd_2 **126** cordibus] mentibus *Ox* | etsi] si *S* **127** ipsud *S* (*pc.*) | scriptum in lege *T S* α_2; *in lege scriptum *tr. cett.*, *edd* | res ipsa tamen invenitur *om. T I* edd_1 tamen ipsa *tr.* γ_2 (*pc. P*; non *add. As*) **128** est] esse *er* edd_2 | patris α_{2a} *I* (*ac.*); pater *E* **129** per *om. S* | equalita *Le* **130** dixi *I me* | implebit *S* | inquit] ait *Ox* | aut] vel *Ox* **131** in tribus *S* | omni *F* | verissimo *I* | testes *om. As* **132** probabimus *S*; probamus *I me* | substantia γ_1 (*pc. A*; *ac. G*) *P* (*pc.*) *O* esse *om.* α_2 | aequalisque *S*; aequales et *As* | et *om. I* **133** addamus α_1 *edd* Thoman *S* | discipulam *As* **134** confitentem] *confirmatum *praem. T S* α_2; et *add. C* (*ac.*) | dominus *F* | nec] non *As* **135** credebat *C* (*ac.*) *M* | inquit meus *tr. F* δ_1 *M* (*ac.*)

woraus er ihn zeugte, sondern er mit ganzer Fülle das zeugte, was er selbst ist, und er es vollkommen zeugte, weil sowohl er selbst, der zeugte, als auch derjenige, den er zeugte, ohne Zeitlichkeit sind. Wenn ein Mensch hervorbringt, was er ist, hätte dann Gott nicht hervorbringen können, was er ist? Der Mensch hat es von Gott selbst empfangen, und mag er es auch empfangen haben, so bringt er doch das hervor, was er empfangen hat: Gott Vater, der es von niemandem empfing, hätte nun nicht hervorbringen können, was er ist? Diese Gleichheit der Substanz bezeichnet die griechische Sprache als Homousion; nichts Herbes, sondern Vortreffliches und Süßes, und zwar das, was zu glauben ist, gibt sie den menschlichen Herzen ein. Auch wenn man nämlich das Wort selbst in der Schrift nicht geschrieben findet, findet man dennoch die Sache selbst: Dass der Sohn dem Vater gleich ist, wurde zunächst durch den seligen Johannes, später durch Paulus als richtig erwiesen. Denn Johannes nannte die Gleichheit und Paulus ergänzte die Gestalt. Die Schrift sagt: *Jedes Wort soll durch zwei oder drei Zeugen Bestand haben*. Durch zwei äußerst zuverlässige Zeugen haben wir nämlich bereits bewiesen, dass der Vater und der Sohn von einer Substanz und wesensgleich sind. Wir wollen einen dritten hinzufügen: Thomas, jenen Jünger, der nach seinem Zweifel umso entschiedener sich zu seinem Herrn und Gott bekannte, von dem er gar nicht geglaubt hatte, dass er nach der Kreuzigung auferstanden war: *Mein Herr und mein Gott!*, rief er. Der Sohn billigt den Ausruf, da er erkennt, dass er

meus! Approbat filius dictum, quia se cognoscit a sua creatura iustissime deum et dominum proclamatum, patri utique et sancto spiritui coaeternum.

Homousion utique Graecum est verbum, et Christus Graecum est nomen: qui accusat per iniustitiam de verbo quod non intelligit fidem, non accipiat et de nomine nomen. Homousion verbum unius eiusdemque substantiae sonat in Graeco non quemquam infirmum, sed patrem et filium et spiritum sanctum. Iam nemo ergo improbet quasi verbum Graecum, sed aperte separet quisquis est – quod non potest – homousion patrem et filium et spiritum sanctum. Contra hoc pugnetur quod possidet, quod habet, quod docet verbum Graecum, non contra ipsum verbum, quod auribus retinnit syllabis articulatum. Contra secretum, contra divitias, contra aequalitatem naturae, quam possidet verbum ipsum Graecum, non contra exteriorem veluti corticem ab eo qui se audere dicit, si praevalet repugnetur.

---

142 unius eiusdemque substantiae] *cf.* Aug. epist. 238, 4 (p. 553, 1) **146–148** contra ... verbum[2]] *cf.* Aug. epist. 238, 28 (p. 554, 16–18)

ω (*exc. V*)

---

136 filius *om. D Le*; filium *So* | dictum *om.* α_2 | quia] quod *S* | cognovit *Le* | a *om. T* (*ac.*) **137** dominum et deum *tr. Ox* | proclamantem *M* | utrique *S G M*; itaque *Z* | sancto *om. M* | spiritui sancto *tr. T As* **138** spiritu *G* | coenum *So*
139 utique *om. I me*; itaque *T S Ox* | Graecum est utique *tr. Z* | verbum est Graecum *tr. S* α_1 (est est verbum Graecum *I*) *Le am ba er* edd_2; est verbum Graecum *tr. me* | Graecum[1] ... Christus *om.* γ | Graecum est[2]] est Graecum *tr. Fl* **140** nomen] verbum δ_1; nomine *am* | qui] quia *B* γ *Fl M*; quod *Va* iustitiam *Fi D* (*ac.*) *G As M* | quod] quo *Fi* | non *om.* α_2 γ_{2a} **141** intelleget *S* | accipit *As*; accipiet β (*ac. C*) | et *om. So Br M* | nominet *S* | usion *S* **142** eiusdem *E I*; eiusque *A* **143** quemque α_{2a} | infirmum] in graeco β **144** iam ... 146 sanctum *om. Va Br* (*ac.*) | ergo nemo *tr.* α_1 *Br* (*mg.*) *edd* | improbet] separet *praem. Ox*; probet *F Fi* | Graecum *om.* α_1 edd_1 | aperte] a patre *T* **145** separet] si valet *add. S* | est] et *I* edd_1 | quod] quia *As* **146** contra hoc pugnetur] hoc pugnet *Ve*; inpugnare *S* | possidit *F* **147** quod[2]] possidet *add. Br* | decet *La* | Graecum] sed *add. As* **148** quod auribus *om.* δ retinnit *S Cl er*; retiniet *C* (retineri et *pc.*) *Fl* (*ac.*); retinniet *T F Fi* γ *Ox Fl* (*pc.*) *M mm*; retinniat δ_1; retinet *Va*; retinet et β_1 (retinetur *D*); retinuit α_1 (*exc. Cl*) *Ve me am ba lo* | sub labiis *S* | articulatim *Fl* (*pc.*) δ_1; *om. As* | contra secretum *T*; *om. cett., edd* **150** ipsum verbum *tr. Ox* | ipsud *F* γ_1 *P*; in *add. Va*
151 audire *S M* | si] et *F* | repugnat *K*; repugnatur *Z*; impugnetur *Va*

mit vollster Berechtigung von seinem Geschöpf laut Gott und Herr genannt wurde und somit dem Vater und dem Heiligen Geist gleichewig.

Homousion ist freilich ein griechisches Wort, aber auch Christus ist ein griechischer Name: Wer bezüglich eines Wortes, das er nicht versteht, aus Ungerechtigkeit den Glauben tadelt, der soll auch nicht seinen Namen von jenem Namen übernehmen. Das Wort Homousion bezeichnet im Griechischen nicht, dass irgendein Schwächling von ein und derselben Substanz ist, sondern der Vater, der Sohn und der Heilige Geist. Niemand mehr soll es also missbilligen, weil es ein griechisches Wort ist, sondern wer auch immer es sei, möge – was er nicht kann – offen das Homousion zerteilen: Den Vater, den Sohn und den Heiligen Geist. Man sollte gegen das ankämpfen, was das griechische Wort umfasst, was es bedeutet und was es vermittelt, nicht gegen das Wort selbst, welches in den Ohren erklingt, wenn es nach Silben gegliedert ausgesprochen wird. Gegen das Geheimnis, gegen den Reichtum, gegen die Wesensgleichheit, welche das griechische Wort selbst umfasst, nicht gegen eine gleichsam äußere Hülle möge, wenn er die Kraft dazu hat, der ankämpfen, der sagt, er wage es.

Absit ut erubescamus catholici in universo manentes nos appellari propter fidem veram unius eiusdemque substantiae a nonnullis verbum Graecum non intelligentibus homousianos, qui nos appellari gaudemus de Graeco Christi nomine Christianos. Neque enim in parte accipiendum est verbum Graecum et in parte aliqua refellendum. Nemo utatur ergo Christi nomine ex vocabulo Graeco; erubescat se dici Christianum, quia nomen est Graecum. Non accipiatur Paulus, qui dicit Romanis scribens: *In quo clamamus: Abba, pater*. In uno nomine duabus utitur linguis. Dicit enim *abba* Graeco vocabulo patrem et Latine nominat identidem patrem. Contemnatur idem apostolus Paulus et in novissimis partibus ad Corinthios epistolae primae, ubi plebem arguens simul Graeco et Syro utitur verbo: *Si quis* inquit *non amat dominum, sit anathema maranatha*. *Anathema* Graeco sermone dixit

---

159–160 Rom. 8, 15 **164–165** 1 Cor. 16, 22 **165–166** anathema² ... condemnatus] *cf.* Hier. interpr. hebr. nom. p. 27, 5 (Lagarde)

ω (*exc. V*) **153** a] *inc. Sedul.* (coll. misc. 34, 4) **155** Christianos] *des. Sedul.* **159** Paulus] *inc. Isid.* **162** patrem] *des. Isid.* **164** simul] *inc. Beda* (coll. in apost. *in 1 Cor. 16, 22; tit.:* in disputatione quam habuit cum Pascentio de fide praesente Laurentio iudice), *Flor.* (Troyes BM 96, 161r; *tit.:* ex sermone altercationis cum Pascentio Arriano [*in 1 Cor. 16, 22*]) | si] *inc. Sedul.* (coll. ap. 22)

---

152 absit ut] abstit *I* edd_1 | erubescamus] nos *add. Ox* | universo] mundo *add. S*; orbe *add. C* (*sl.*); omni orbe *Ox* | manentes] -ne- *sl. T* | nos *om. Ox* **153** appellare *β* | unius] ut (et *A*) *praem.* *γ* | eiusdem *I* | substantiae] aut *add.* *P* γ_{2a} (*exc. Ve*) | a] sed *praem. Sedul.* **154** nullis α_2 | intelligentes *I me am ba* homousianus *C* (*ac.*) β_1 (*exc. D*) *M*; homusionos *S* (*ac.*) *P* (*ac.*); homusiones *I* edd_1 **155** qui *om. Sedul.*; quia edd_2 | qui nos *om. C* (cum nos *sl.*) | appellare α_2; nominari *Ox* | gaudeamus *β* (*pc. C*); sicut *add. Sedul.* | Graeco *om.* α_1 edd_1 | Christianus *C* (*ac.*) *Le B* **156** enim *om. Fi* **157** aliqua *om. Ox*; alia α_1 *edd* | revellendum *I me*; *repellendum *proposuerunt Weber et Weidmann* ergo utatur *tr. Fi I D Br edd* | ex] et α_2; eius *β* **158** quia] quod *As* **159** accipiat α_{2a} | dixit *As* | Romanis scribens dicit *tr. Br* | Romanis scribens *om. Ox* **160** quo] qua *M* **161** Graeco] Hebreo *T S* | nominat] determinat *Ox* | identidem] id nomina *Fi* (*post* id *lac.*) **162** apostolus *om. S Ox* | et ... primae *om.* *γ*; qui in ultimis partibus primae epistolae ad Corinthios *Ox* **163** primae *om. lo* | augens *M* **164** et simul Graeco e *Va* | Graeco] Hebraeo *T* | et] e *Va* | inquit *om. Sedul.* | non amat *om. Z* | dominum] deum *Le Ox* (*ante* non *tr.*) **165** sit *om. Beda* | anathema sit *tr.* γ_{2a} | anathema² ... maranatha *om.* α_{2a} *δ* | Graeco] Hebreo *T* | Graeco sermone] Graecus (Graeco *ac.*) sermo *E* dixit Graeco sermone *tr. S* | dicit *C* (dit *ac.*)

Es sei ferne, dass wir, die wir auf der ganzen Welt Katholiken sind, uns schämen, wegen des wahren Glaubens an ein und dieselbe Substanz von manchen, die das griechische Wort nicht verstehen, Homousianer genannt werden – wir, die wir uns freuen, nach dem griechischen Namen Christus Christen genannt zu werden. Denn man darf nicht in einem Fall ein griechisches Wort akzeptieren und in einem anderen zurückweisen. Niemand sollte folglich den Namen Christus gebrauchen, der von einem griechischen Wort stammt; man müsste sich schämen, Christ genannt zu werden, da der Name griechisch ist. Nicht sollte Paulus gehört werden, der in seinem Brief an die Römer sagt: *In diesem rufen wir: Abba, Vater!* Bei einem einzigen Namen benutzt er zwei Sprachen. Denn er nennt den Vater mit dem griechischen Wort *Abba*[6] und bezeichnet ihn erneut auf Lateinisch als Vater. Zurückgewiesen werden sollte derselbe Apostel Paulus auch in den letzten Zeilen seines ersten Briefes an die Korinther, wo er in seiner Scheltrede an das Volk zugleich ein griechisches und ein syrisches Wort verwendet: *Wenn einer*, so sagt er, *den Herrn nicht liebt, sei er verflucht!*[7] *Maranatha!* Mit dem griechischen

[6] Das aus dem Hebräischen stammende Wort *abba* hatte im christlichen Griechisch so sehr Fuß gefasst, dass es als genuin griechisches Wort empfunden wurde.

[7] Die lateinische Bibel übernimmt das griechische Wort *anathema*, ohne es zu übersetzen.

'condemnatus', *maranatha* definivit 'donec dominus redeat'. Iam ergo nemo appellet oleum quo fideles unguntur Graeco nomine chrisma, si homousion reprobatur unam trinitatis resonans eandemque naturam. Quid est enim quod dixit beatissimus Paulus: *Si quis non amat dominum*, nisi 'Si quis humiliat deum'? Non ergo recte dicitur dominum non amare, qui dei et domini unius audet substantiam separare, de quo dicitur in lege: *Audi, Israel, dominus deus tuus deus unus est*, non corpore utique lineamentisque corporis extensus, sed una pater et filius et spiritus sanctus deitate perfectus? Plura quidem Graeco verbo definita reperiuntur in lege, sed pro multis haec pauca quae dicta sunt sapientibus credo sufficere.

Si aequalitas non est, non auderet inferior dicere superiori: *Omnia mea tua sunt et tua omnia mea*, nec auderet dicere: *Volo ut ubi ego sum, et isti sint mecum*; non, inquam, diceret: *Volo*, sed

---

166 maranatha ... redeat] *cf.* Hier. interpr. hebr. nom. p. 75, 24 (Lagarde) **172–173** Deut. 6, 4 **179** Ioh. 17, 10 **179–180** Ioh. 17, 24

ω (*exc. V*) *Beda Sedul.* (coll. ap. 22) **166** redeat] *des. Beda Flor. Sedul.*

---

166 definivit *om. I edd*$_1$; diffiniunt α_{2a} | redeat dominus *tr. Ox* **167** appellat *La* | quo] quod *F Va* | fidelis ungitur α_{2a} | unguentur *T* **168** si *T S*; *om. cett., edd* | reprobetur *Ox* | trinitatem *Co I* β *edd*$_1$ *lo* | sonans *Va* | eandemque naturam resonans *tr. Ox* **169** natura *F* | quid] qui *As* | est enim] autem *M* enim *om.* δ_1 | dicit *Z* | beatus *Ox* **170** non^{1} *om. Ve* | nisi] si *praem. I* nisi ... deum *om. Ox* | si^{2} *om.* α_2 *As M* | quis^{2}] non *add.* α_1 (*exc. I*) | humiliatur *C* | deo *C* γ *Fl Z M*; se deo α (secundo *Va*) *am ba er*; de deo *me* **171** recte ergo *tr. ma* | recte *om. T* | dicitur *om. La*; dicetur *T* | non *om. T* (*ac.*) *I Ve* δ *edd*; *exp. C* | unius *om. As* **172** audet] audeat *C*; videt *G* | substantiam *iter. La*; substantia *F* | separe *Ox* | lege] domini *add.* δ **173** deus^{2}] *dominus *T Fi C* β_1 (*exc. So*) γ_1 *P Fl* δ_1 (*pc. K*) *M* | unus deus *tr. Va* | est *om. I me* | corporis *M* | utique corpore *tr. Le* | utique *om. A*; itaque δ_1; non *add. So* | lineamentis α_2 **174** corporeis α_1 *edd* | et spiritus sanctus *om.* β **175** verbo Graeco *tr. S A* (*ac.*) | definita *om.* α_2 *As* | repperiunt *Va* **176** pro] per *Ve* | haec] si *praem. Fi* | haec ... sapientibus] ista pauca sufficiant et *Ox* | sunt] a *add.* α_2 **177** credo] corde *Fi*
178 si *om. Fi* | est] esset *T Ox* δ_1 | non^{2} *om. Br* | dicere inferior *tr. M* | dicitur *Ox* | superiori] inferiori *La* **179** mea^{1} ... mea] tua mea sunt et mea omnia tua *tr. As* | tua omnia] omnia tua *tr. Ox* | omnia^{2} *om. F* (*ac.*) *am ba er edd*$_2$ | mea^{2}] sunt *add. Ox K* (*ac.*) | nec] non *F A* | nec ... dicere *om. Va* audet *Fi* **180** ego ubi *tr. Ve* | sum ego *tr. As* | illi *Ox* | sunt *S* (*ac.*) *Ve*

Wort Anathema meinte er ‚verflucht'; mit Maranatha bestimmte er: ‚bis der Herr zurückkehrt'. Es sollte also niemand mehr das Öl, mit dem die Gläubigen gesalbt werden, mit dem griechischen Wort Chrisma bezeichnen, wenn Homousion, was die eine und gleiche Natur der Trinität angibt, missbilligt wird. Denn was bedeutet das, was der seligste Paulus sagte: *Wenn einer den Herrn nicht liebt* anderes als ‚Wenn einer Gott erniedrigt'? Sagt man also nicht zu Recht, dass derjenige den Herrn nicht liebt, der es wagt, die Substanz des einen Gottes und Herrn zu trennen, über den in der Schrift gesagt wird: *Höre, Israel, der Herr dein Gott ist ein Gott*? Freilich ist er nicht in einem Körper oder den Konturen eines Körpers ausgedehnt, sondern als Vater, Sohn und Heiliger Geist in einer einzigen Gottheit vollkommen? Natürlich findet man noch mehr Begriffe in der Schrift, die durch ein griechisches Wort ausgedrückt sind, aber stellvertretend für vieles genügt, wie ich glaube, weisen Männern das wenige, was gesagt wurde.

Wenn es die Wesensgleichheit nicht gäbe, würde der Geringere nicht wagen, dem Höherstehenden zu sagen: *Alles, was mein ist, ist dein, und alles, was dein ist, ist mein*, und nicht würde er es wagen zu sagen: *Ich will, dass, wo ich bin, auch diese mit mir seien*;

diceret: 'Supplicans rogo'. Absurdum igitur non est, ut in conciliis patrum Graeco verbo patris et filii et spiritus sancti una substantia firmaretur, cum super apostolos primitus sancti spiritus propria largitate linguarum varietas funderetur. *Audivimus* enim *eos*, ait scriptura Actuum apostolorum, *loquentes variis linguis magnalia dei*. Magnalia utique sunt non deorum, sed dei ⟨...⟩ Graeca lingua una substantia credi patris et filii et spiritus sancti. Hebraice igitur, Graece et Latine super crucem domini a Pilato fuit causa eius scripta. Si licuit *uti Graeca lingua, vel immo permisit ipse dominus, ut causa mortis eius esset scripta, cur abhorret ut substantia eius, qua deus est aequalis cum patre, Graeco vocabulo approbetur ostensa? Si minime licet patris et filii et spiritus sancti una substantia lingua exseri Graeca, ergo nec deum laudari decet et barbara. Sicut enim Graeca lingua quod est homousion una dicitur vel creditur a fidelibus trinitatis omnino *mi 1162*
substantia, sic una rogatur ut misereatur a cunctis Latinis et barbaris unius dei natura, ut a laudibus dei unius nec ipsa lingua bar-

---

184–186 Act. 2, 11 **188–189** Hebraice ... scripta] *cf.* Matth. 27, 37; Luc. 23, 38; Ioh. 19, 20

ω (*exc. V*) **181** absurdum] *inc. Hincm.* **184** funderetur] *des. Hincm.* **194** sicut] *inc. Hincm.* **197** natura] *des. Hincm.*

---

181 diceret *om. La* | supplicans *om. C* | ut *om. S* | consiliis *Co I So me* conchiliis patruum *T* (*ac.*) **182** Crego *M* | verbo Graeco *tr. S* **183** firmaretur] patris et filii et spiritus sancti *Z* | apostolus *F I me* | spiritus sancti *tr. D Le So er* edd_2 **184** variaetans *F*; veritas *Va I me* | fundaretur *S α Ox Fl K me er*; diffunderetur *D Le* | audimus *M* | enim *om. C* **185** eos *om.* $δ_1$ | ait] ut *F Va*; aut *Fi* | hac tuum *S*; auctuum *A* | linguis variis *tr.* $γ_{2a}$ (*exc. La*) **186** dei[1]] deus *T* (*ac.*) | sunt] dei *Fi* | dei[2] *om. T*; *post* dei *lacunam statuimus* (*cf. p. 67*) **187** unam substantiam $α_1$ $β_1$ *edd* | credit $β_1$; creditur *C* (*pc.*) $δ_1$; editur *Ox* **188** et] ac *Ox* | domini] deum *I* **189** uti *coniecit Weidmann* (*cf. p. 67*); ut *ω edd* | immo] impio *Va* **190** ipse *om. So* | ut] aut $α_{2a}$ | causam *T* | esset *om. Va* | abhorreret $α_2$; orretur *S* **191** eius *om.* $δ_1$ | qua deus] quod dominus *C* | est *om. Fi* **192** ostensa *om. Ox* | et spiritus] spiritusque *S* $β_1$ (*exc. Le*) *Fl*; spiritus *C me*; et spiritusque *G* (*pc.*) *P* **193** unam substantiam $α_1$ *C* $δ_1$ *edd* (*sed cf. ThlL VII, 1357, 74*) | exire $α_2$ (ve *Va*); texeri $δ_1$; exprimere *S* **194** *laudare *T S C G* (*ac.*) *M* | decet] licet *T* | et *om. Ox* **195** omnino trinitatis *tr. Cl* omnino substantia trinitas *As* | omnino *om. Ox* **196** substantiae *Va* | rogatur *om. Va*; regatur *I me* | rogatur ut *om. Fi* | ut] nobis *add. Ox* **197** ut a] ita *Va* | a *om. φ* | unius[2]] unus *ba* | lingua] κύριε ελέησομ (*sic!*) *mg. er* | barbara lingua *tr. Ve* | barbara] Latina *T*

nein, nicht würde er sagen: *Ich will*, sondern er würde sagen: ‚Demütig bitte ich.‘ Folglich ist es nicht unsinnig, dass auf den Konzilien der Väter mit einem griechischen Wort die eine Substanz des Vaters, Sohnes und Heiligen Geistes bekräftigt wurde, weil die Vielfalt der Sprachen zuerst durch die dem Heiligen Geist eigene Fülle über die Apostel ausgegossen wurde. *Wir hörten sie*, sagt nämlich der Text der Apostelgeschichte, *in verschiedenen Sprachen die großen Taten Gottes verkünden*. Es handelt sich durchaus nicht um die großen Taten von Göttern, sondern von Gott. 〈...〉 dass in griechischer Sprache die eine Substanz des Vaters, des Sohnes und des Heiligen Geistes im Glaubensbekenntnis ausgedrückt wird. Auf Hebräisch folglich, Griechisch und Lateinisch wurde oben am Kreuz des Herrn von Pilatus der Grund für seine Anklage geschrieben. Wenn es möglich war, die griechische Sprache zu verwenden, um den Grund seines Todes anzuschreiben, ja wenn sogar der Herr selbst es erlaubte, warum ist es dann abwegig anzuerkennen, dass seine Substanz, durch die er als Gott wesensgleich mit dem Vater ist, durch ein griechisches Wort aufgezeigt wurde? Wenn es nicht erlaubt ist, die eine Substanz des Vaters, des Sohnes und des Heiligen Geistes in griechischer Sprache zum Ausdruck zu bringen, darf Gott folglich auch nicht in der Sprache der Barbaren gelobt werden. Denn wie von den Gläubigen in griechischer Sprache sicherlich die eine Substanz der Trinität, was Homousion bedeutet, benannt oder im Glaubensbekenntnis ausgedrückt wird, so wird von allen Lateinern und Barbaren die eine Natur des einen Gottes angerufen, dass sie sich erbarme, so dass nicht einmal die Barbarensprache

bara sit ullatenus aliena. Latine enim dicimus 'Domine miserere'. Sola ergo haec misericordia ab ipso uno deo patre et filio et spiritu sancto lingua debet Hebraea vel Graeca aut ipsa ad postremum postulari Latina, non autem et barbara? Si enim licet dicere non solum barbaris lingua sua, sed etiam Romanis 'Froia arme' quod interpretatur 'Domine miserere', cur non liceret in conciliis patrum in ipsa terra Graecorum, unde ubique destinata est fides, lingua propria homousion confiteri, quod est patris et filii et spiritus sancti una substantia? Nam subiectionem filii patri debitam ex carnis infirmitate susceptam etiam nos, quia iustum est, verissime confitemur, in qua eum infirmitate non solum subditum, sed et servum evidentissime confitemur ipso dicente in prophetia ad patrem: *O domine, ego servus tuus, ego servus tuus et filius ancillae tuae*, id est Mariae. Paret ergo in quid sit aequalis patri filius,

---

206 subiectionem ... debitam] *cf.* 1 Cor. 15, 28 **210–211** Psalm. 115, 16 **211–213** paret ... servus] *cf.* Aug. c. serm. Arian. 6 (p. 60, 47sq.)

ω (*exc. V*) **203** in] *inc. rip.*

---

198 ullatenus sit *tr. Ox* | ullatenus] ut Latinus α_{2a} *Cl Co*; aut Latinus *F*; ut Latinis *E I* edd_1 | Latina *M* | enim *om. Fi C* | dicitur α_1 *edd* **199** sola ergo *om.* *ϕ* | misericordia haec *tr. S* | uno *om. K* | deo *sl. T* | et[2] *om. Fl* **200** debeat *Va* | Aebraica *M* | aut] et *α* edd_1 *lo* | ipse *Fi* | ad] ut *M*; po *Ox* **201** Latina ... et *om. Z* **202** lingua sua *om. C* | froia arme *T*; froa armi *S*; froia harmen *Cl* (frhoia harmen *pc.*); fhroia armem *Co*; frohia armen *E*; froia armen α_2 (fidia armen *Va*); froiarmes *D*; froiarinis *Le*; fhria armes *So* (*ac.*) *Ox*; fhroia armes *C* (kyroia- *pc.*; kyroi eleimen *add. mg.*) *B So* (*pc.*) *Br Fl K*; fhrota armes *G P La*; frota armes *O As*; frota armis *Ve*; floria armes *M* (-r[1]- *sl.*); fhroiarmes (-r[2]- *sl.*) *Z*; Shroia armen *Me* (*iuxta Maurinos*); fihora armem *I me ba*; fihora armen *am*; sihora armen *er* (Gotticam linguam Roma capta didicit *add. mg.*) edd_2; *cf. p. 167–170* **203** dei miserere *Va* | cur] cum γ_2 | non] enim *As* | liceret] licet *F* (*ac.*) *G* (*ac.*) *Ox*; licet et *Va* | consiliis *Co I So me* **204** patruum *T* (*ac.*) **205** propria *om. D Le* | confiteri] confitemur *rip.*; omousion *add. T* (*mg.*) | fili *T* (*ac.*) | spiritu *M rip.* **206** fili *T* (*ac.*) *A Fl* (*ac.*) | patris *rip.* **207** infirmitatem *I me* | suscepta *Ox* | nos quia] quod nos *As* | quia] et *add. M* | veraciter *Le* **208** in ... confitemur *om. Va* | eum] enim *So Br* | subiectum *Le* **209** et] etiam *S* (*praem.*) *As* | servum evidentissime confitemur *om. T* | evidentissimo *I me* | profitemur *Ox* | docente *Fi* | per prophetam *Ox* propheta *rip.* **210** domine] quia *add. α* (qui *Va*) edd_1 | ego[1] *om. D Le*; servus tuus et filius ancillae tuae in quo *add. So* (*ac.*) | servus tuus[1]] servos tuos *F*; et *add. M* | ego servus tuus[2] *om.* α_2 *I Br Ox me* | tuus[2] *om. Ve O* **211** id est] idem *Cl* | id est Mariae *om.* *ϕ* edd_2 (*cf. p. 22*) | paret] apparet *T* (*pc. mp.*) *C* (*pc.*); par *Fi*; patet α_1 (*exc. Cl; pc. E*) *Le So Br Ve Ox K* (*ac.*) *edd* | in quid] in quo α_1 β_1 *rip. edd*; unde *C* (*pc.*) | in ... filius *om. γ* | *aequalis sit patri *tr. β δ* (aequalis patri sit *tr. Ox*) *M* | sit ... filius *om. I* | aequalius *Va*

selbst in irgendeiner Weise mit den Lobpreisungen des einen Gottes unvereinbar ist. Denn im Lateinischen sagen wir ‚Domine miserere'. Darf also dieses Erbarmen vom einen Gott selbst, dem Vater, dem Sohn und dem Heiligen Geist allein in hebräischer, griechischer oder zuletzt sogar in lateinischer Sprache erbeten werden, nicht aber auch in einer Barbarensprache? Denn wenn nicht nur die Barbaren in ihrer Sprache, sondern auch die Römer ‚Froja arme' sagen dürfen, was die Übersetzung von ‚Domine miserere' ist, warum hätte man dann nicht auf den Konzilien der Väter im Land der Griechen selbst, von wo aus das Glaubensbekenntnis überallhin seinen Ausgang nahm, in deren eigener Sprache das Homousion bekennen dürfen, das heißt die eine Substanz des Vaters, des Sohnes und des Heiligen Geistes? Denn dass sich der Sohn dem Vater unterwerfen musste infolge der Schwäche des Fleisches, das bekennen wirklich und wahrhaftig auch wir, weil es rechtmäßig ist; wir bekennen, dass er in dieser Schwachheit nicht nur unterworfen, sondern dass er ganz offenkundig auch ein Knecht ist, da er ja selbst in einer Weissagung zu seinem Vater sagt: *Ach Herr, ich bin doch dein Knecht, dein Knecht bin ich, der Sohn deiner Magd*, das heißt Mariens. Es ist also offenkundig, worin der Sohn dem Vater wesensgleich ist, worin er

in quid sit non solum subditus aut inferior, sed et humillimus servus. Ipse inquam ostendit, in quid humilis in quid sit aequalis, unde omnipotens unde infirmus, unde abiectus unde speciosus, unde dives unde egestati subiectus."

16. Laurentius vir clarissimus dixit: "Evidenter claruit recta defensione assertiones fidei suae Augustinum virum sanctissimum communire multaque magis tuos auctores, vir spectabilis Pascenti, absque scriptura temere posuisse nec esse naevum fidei homousion, sed aequalitatem magis ipsius trinitatis. Sed si inveniuntur in lege verba quae improbata sunt, dignare, vir nobilissime, respondere, ut certe vobis pares ire possitis. Nam procul dubio intueris a vobis proposita praesentem virum Augustinum suis assertionibus nimium transilire. Apud te enim, nobilissime vir, eligo quam apud deum perennis reatus culpam incurrere."

---

215 unde[1] ... subiectus] *cf.* 2 Cor. 8, 9

ω (*exc. V*) *rip.* **215** subiectus] *des. rip.*

---

212 in quid] in quo α_1 β_1 *rip.* (et *praem.*) *edd*; unde *C* (*pc.*) | solum] ei *add.* α_1 (*exc. I*); dici *add. F*; diei *add.* α_{2a} | aut inferior *om.* δ_1 | inferioris *M* | et *om. D Le*; etiam *S* α *edd* | humilissimus α (*exc. Cl*) *edd*$_1$; humilis *D Le Ox* **213** inquam] inquit *C G* (*ac.*) | ostendit] ipse *add.* δ_1 | in quid[1] *om.* β; in quo α_1 *rip. edd*; sit *add.* α | humilis] vel *add. As* | in quid[2]] in quo α_1 β_1 *rip. edd*; in qua *C* | sit *om. La* | aequalis sit *tr. G* **214** obiectus *I* | unde speciosus *om. ma* | sponsus *As* **215** divites *S* (*ac.*); divus *Fi* | subiectus egestate *rip.*

16, 1 Laurentius ... dixit *om. D* | vir clarissimus] iudex γ_2; vicarius *add. T* (*sl.*) | clarissimus] con. *Z* | evidentissime α_1 *edd* | recta *om.* α *edd*$_1$ **2** defensionem α_1 (*exc. I*) *am ba*; defensionis *I me*; definitione *M* | assertionis α (*exc. I*) *Ve ba*; asserationis *I me am* | suae fidei *tr. F* | suae *om. Ox* | Augustinum] Augustinus tum *Va* | clarissimum α_1 *edd* **3** communiri *F C* (*pc.*); commonere *M*; communioni *K*; communisse α_1 *Z edd* | multoque *C* (*pc.*) *G* δ_1 (*ac. K*) vir spectabili *M*; vir clarissime *Fi* α_1 *edd*; usurpasse *S* **4** posuisse temere *tr.* δ_1 | proposuisse *As* | naevum (*vl. lo*)] nenum *Va As*; novum *T*; ne *sequ. lac. 4 litt. Fi* (u *add. post lac.*); nomen *I edd* | fidei *om. I* | omousion fidei *tr.* δ_1 **5** *aequalitas *T S C* γ *Fl* (*ac.*) *M* | magis *om.* β_1 **6** verba in lege *tr.* δ_1 | nobilis *I* **7** nobis α_1 (*exc. E*) *Br M edd*$_1$ *lo* | pares inire *Va* | dubi *Ox* | dubio intueris a vo- *om. A* (*lac. 15 litt.*); -tueris a vo- *om. G* (*lac. 10 litt.*) **8** in tua eris *M*; intueri *Va*; intuens *C* (-ns *ir.*) | nobis *I Le* γ_{2a} (*exc. La*) *edd*$_1$ | proposita *om.* α *edd*$_1$ **9** asserationibus nimium transire *I me* | enim *om. F* | vir nobilissime *tr. As* **10** elego *F* | dominum γ_{2a} | perhennus *As*; parentis *Va* | culpas α *edd*$_1$

nicht nur unterworfen oder niedriger, sondern sogar demütigster Knecht ist. Er selbst, sage ich, hat gezeigt, worin er demütig, worin er wesensgleich ist, wodurch allmächtig, wodurch schwach, wodurch verstoßen, wodurch herrlich, wodurch reich, wodurch der Armut unterworfen.“

16. Der *vir clarissimus* Laurentius sagte: „Es ist mit Deutlichkeit klar geworden, dass der hochheilige Augustinus die Darlegung seines Glaubens in einer rechtmäßigen Verteidigung untermauert und dass vielmehr deine Gewährsmänner, *vir spectabilis* Pascentius, vieles ohne die Schrift unbedacht behauptet haben, und dass das Homousion keinen Makel des Glaubens, sondern vielmehr die Wesensgleichheit der Trinität selbst bedeutet. Aber wenn Wörter, die als untauglich zurückgewiesen wurden, sich in der Schrift finden, dann erkläre dich, ehrwürdiger Herr, bereit zu antworten, damit ihr sicher gleichauf sein könnt. Denn ohne Zweifel bemerkst du, dass der anwesende Augustinus das von euch Vorgebrachte durch seine Erklärungen weit hinter sich lässt. Ich möchte nämlich lieber vor dir, vornehmster Herr, als vor Gott ewige Schuld auf mich laden.“

17. Pascentius vir spectabilis respondit: "Scripta quae proposui non sunt quidem in lege, sed debere propter honorem patris astrui recte defenduntur."

18. Laurentius vir clarissimus dixit: "Sic ergo et homousion quod in dubium veniebat te proponente, etsi scriptum non est, res ipsa tamen quae latet in verbo vera est. Cedatur honorifice unitati, ne fiat iniuria temere trinitati."

19. Laurentius vir clarissimus his gestis apud me habitis Hippone Regio in domo Anicia propria manu subscripsi.

18, 4 ne ... trinitati] *cf.* Aug. epist. 238, 6 (p. 536, 24)

ω (*exc. V*) **17, 1** scripta] *des. Ox*

17, 1 Pascentius ... respondit *om. D* | clarissimus *Fi* α_1 *edd*$_1$ *lo* | dixit *S* β_1 (*exc. D*) γ_2 *Ox* δ_1
18, 1 Laurentius ... dixit *om. D* | vir clarissimus] iudex γ_2 (*om. As*); vic. *K* (*post* dixit *tr.*); vir con. *Z*; vicarius *add. T* (*mg.*) | sic] hic *Le*; dic *I me* | et *om. Ve* **2** inveniebat *M* | praeponente *S* | etsi] ea si *Va* **3** tamen ipsa *tr.* δ_1 qua latet *F*; qualitati *Va* | in verbo latet *tr. Br* | vera *vl. B*; clara β_1 *lo* (*vl.*) est] esse *add. Fi* | cedat *Fi*; cedant *K*; credatur *I edd* (cedatur *vl. lo*); alias tradatur *add. I me* **4** unitati] veritati *Va* β_1 *K* (*ac.*) | iniuria] invisa *Va* | temere *om. I edd*$_1$; *ras. 5 litt. P*; temeraria *Z* (temera *ac.*) | trinitati] amen *add.* α_2
19, 1 Laurentius ... subscripsi *T S*; *om. cett., edd* | clarissimus] dixit *add. S* his] hic *T* (*ac.*) **2** Regio] reregio *S* (reregios *ac.*) | Anicea *S*

17. Der *vir spectabilis* Pascentius antwortete: „Das, was ich vorgebracht habe, steht zwar nicht in der Schrift geschrieben, lässt sich aber mit Recht verteidigen als etwas, das wegen der Ehre des Vaters hinzugefügt werden muss."

18. Der *vir clarissimus* Laurentius sagte: „So also auch das Homousion, das auf deine Anwürfe hin in Zweifel gezogen wurde: Wenn es auch nicht geschrieben ist, ist doch die Sache selbst, die sich in dem Wort verbirgt, wahr. Man weiche ehrfürchtig der Einheit, damit nicht unbedacht ein Unrecht geschehe der Dreifaltigkeit."

19. Ich, der *vir clarissimus* Laurentius, unterschreibe eigenhändig das Protokoll dieser Verhandlung, welche unter meinem Vorsitz in Hippo Regius im Haus der Anicier geführt wurde.

INCIPIT

Incipit collatio beati Augustini cum Pascentio Arriano habita in domo Anicia Hippone Regio praesidente Laurentio iudice delecto a Pascentio viro spectabili.

Cf. p. 62

incipit ... spectabili] *deest T D*; *om.* δ (incipit disputatio eius contra Pascentium *Z*; Augustinus contra Pascentium de omousion et quid significet omousion *Ox*); in disputatione quam habuit cum Pascentio de fide praesente Laurentio iudice *Beda*; ex ser⟨mone⟩ contra Pascentium / ex sermone altercationis cum Pascentio Arriano *Flor.*; item in libro sancti Augustini contra Pascentium *Adalw.* (*n. 12*); item idem in disceptatione quam habuit contra Pascentium comitem Arianorum praesente Laurentio iudice ab utrisque partibus electo *Theod.* (*n. 30*); hic etiam in collatione dialogi contra Pascentium Arianum disputans ait *Rathr.*; in libro contra Pascentium *Hincm. Sedul.*; excerpta de libro altercacionis sancti Augustini episcopi adversus Pascentium et Felicianum et Arrianos adversus Pascentium inter cetera *rip.*; epistola quae intitulatur altercatio Augustini adversus Pascentium habita Hipponiae praesente Laurentio viro clarisssimo iudice ab utrisque partibus electo *Barth.*
incipit *om. E Br*; *tr. post* Arrianum *Vm* | incipit ... habita] narratio altercationis inter beatum Augustinum episcopum et comitem Pascentium Arrianum habitae *am ba*
collatio] altercatio *S* (*tr. post* Agustini) α_1 *Br me*; liber (eiusdem *add. Ce*) disceptationum (*tr. post* episcopi *Fi Ff Ce*) α_2 *Vz Ff Vm* (*tr. post* episcopi) *Ce* beati] sancti *S* (eiusdem *praem.*) α_2 *Vz Ff*; Aurelii *Vm Le* (*tr. ante* collatio) *Li* | Agustini *S V*; episcopi *add.* α *Vz Ff Vm Br* γ_2 *me* | cum] com *C* cum ... Arriano] et comitis Pascentii (Pascentii comitis *tr. E*) Arriani *E Br*; adversus (adversum *Va Vz*) comitem Pascentium Arrianum α_2 *Vz Ff Vm Ce Co I me*; inter Pascentium Arrianum de omousion *S* | Pascentio] comite *add. Cl* | Arriano *om. Le So* | habita *om. S*; hec ita *As* | in domo habita *tr. B* (*ac.*) | habita ... Anicia *om. Br* | habita ... Regio *om.* α_2 *Vz Ff Vm Ce* | habita ... spectabili *om. E* | in ... Anicia *om. Cl* | Anicea *V*; Aniciae *C*; Anichia *S*; aniti a *So* | (H)ippo *C* (*ac.*) γ (*exc. Ve*) *M*; Ipo *V* | Regione *B* (*sl.*) *Li So* praesedente *O* (*ac.*) *V*; praecedente *A P*; praesente α (*exc. E*; *om. Cl*) *Vz Ff Vm Ce* β *Li me am ba* | Laurentio] *viro clarissimo *add. S* α (*exc. E*) *Vz Ff* (nunc) *Vm* (nunc) *Br me am ba* | iudice *sl. Fi* | dilecto *Le* γ_2 *M V*; delecta *So* | delecto ... spectabili] ab utrisque (utriusque *Co*) partibus electo (electe *me*) α (*exc. E*) *Vz Ff Vm Ce Br me am ba* | a] ad *A* | Pascentio] Pascasio *G* | spectabili] expectabili *M*; presente Agustino episcopo et eodem Pascentio *add. S*; XCIII *add. Co E*; CXLVI *add. Cl* (*mg.*)

EXPLICIT

Explicit collatio beati Augustini cum Pascentio Arriano habita in domo Anicia Hippone Regio praesidente Laurentio iudice delecto a Pascentio viro spectabili. Deo gratias. Amen.

---

explicit ... amen γ_2; *deest Ox V*; *om. T S F I B Li Br* δ_1 *Beda Isid. Flor. Theod. Adalw. Rathr. Hincm. Sedul. rip. Barth. me am ba*; explicit *E*; explicit contra Pascentium *Le*; explicit liber sancti Augustini *Fi*; explicit liber (disceptationum *add. Vm*) Augustini contra Pascentium (comitem *add. Vm*) *Ff Vm*; liber de octo quaestionibus ad Dulcitium liber explicit feliciter *Ce*; explicit *Va Cl Co*; explicit expliciunt disceptationes Augustini et Pascentii comitis Arriani *Vz*; explicit deo gratias amen semper γ_1; explicit deo gratias amen amen amen amen deo gratias *Fl*; explicit deo gratias amen expliciunt libri numero VIII quos beatus Augustinus scripsit contra V genera hostium nec non contra Maximianum episcopum seu contra Pascentium ut supra (*sic!*) ab Arrianis eruditum *M*; explicit collatio Augustini cum Pascentio praesente Laurentio iudice *C*; explicit collatio beati Augustini cum Pascentio Arriano *D*; explicit collatio Aurelii Augustini episcopi et Pascentii Arriani *So*
Augustini] episcopi *add.* γ_2 | Hippone] Hippo γ_2 (*exc. Ve*) | praesidente *tr. post* spectabili *As*; praecedente *P O* | dilecto γ_2 | viro a Pascentio *tr. La*
deo gratias amen *om. As*

Beiträge

Lateinischer oder germanischer ‚Arianismus'? Zur Frage einer Definition am Beispiel der religiösen Konflikte im nordafrikanischen Vandalenreich

Hanns Christof Brennecke

‚Lateinisch' oder ‚germanisch' ist, zugegebenermaßen, eine etwas merkwürdige und nicht sofort einleuchtende Alternative, noch dazu als nähere Kennzeichnung von ‚Arianismus', bei dem es sich bekanntlich um eine ganz und gar griechische Ausprägung einer bestimmten Ausdrucksform von Trinitätstheologie handelt.[1] Der alexandrinische Presbyter Arius,[2] der hier nur teilweise zu Recht als Namensgeber fungiert, ist ein Vertreter der alexandrinischen Logostheologie, die grundsätzlich subordinatianisch von der Trinität spricht.

Arius hatte in seinem auf der einen Seite gegen alle Formen von ‚Sabellianismus',[3] auf der anderen Seite vermutlich in erster Linie gegen den in Ägypten und Libyen zu Beginn des vierten Jahrhunderts offensichtlich verbreiteten Manichäismus gerichteten Bestreben, die Transzendenz Gottes des Schöpfers zu unterstreichen, auch den Logos Gottes als Geschöpf und damit nicht gleichewig mit dem Vater angesehen.[4] Über den dadurch ausgelösten

---

[1] A.-M. Ritter, Art. Arianismus, TRE 3 (1978), 692–719; R. C. P. Hanson, The Search for the Christian Doctrine of God. The Arian Controversy 318–381, Edinburgh 1988; H. C. Brennecke, Art. Arius/Arianismus, RGG 1 (⁴1998), 738–743; C. Markschies, Theologische Diskussionen zur Zeit Konstantins. Arius, der ‚arianische Streit' und das Konzil von Nicaea, die nachnizänischen Auseinandersetzungen bis 337, in: Alta Trinità Beata. Gesammelte Studien zur altchristlichen Trinitätstheologie, ed. C. Markschies, Tübingen 2000, 99–195. – Die in diesem Beitrag verwendeten Abkürzungen von Zeitschriften- und Serientiteln richten sich nach: Theologische Realenzyklopädie (TRE). Abkürzungsverzeichnis, Berlin ²1994.

[2] Vgl. die Anm. 1 angegebene Literatur und R. Lorenz, Arius judaizans? Untersuchungen zur dogmengeschichtlichen Einordnung des Arius, Göttingen 1979 (FKDG 31); Th. Böhm, Die Christologie des Arius. Dogmengeschichtliche Überlegungen unter besonderer Berücksichtigung der Hellenisierungsfrage, St. Ottilien 1991 (STG 7); R. Williams, Arius. Heresy and Tradition, London ²2001.

[3] So immer die zeitgenössische Polemik; mit L. Abramowski würde ich hier lieber von Spielarten von „Identifikationstheologie" sprechen; vgl. auch Markschies, Theologische Diskussionen (wie Anm. 1), 106, unter Berufung auf L. Abramowski.

[4] H.-G. Opitz, Urkunden zur Geschichte des arianischen Streites, Athanasius Werke 3, 1, Berlin 1934, Urk. 6. 4b. 1. 14 (zu der hier vorgenommenen chronologischen Reihen-

Konflikt mit seinem Bischof Alexander,[5] die vielfältigen Solidarisierungen auf beiden Seiten[6] und das Eingreifen Constantins unmittelbar nachdem er die Herrschaft im Osten übernommen hatte,[7] ist hier nicht zu berichten.[8] Mit der Verurteilung des Arius und seiner Theologie durch die Synode von Nicaea[9] war der Konflikt nur scheinbar beendet. Das grundsätzliche Problem aber war nicht gelöst, verschob sich allerdings zur Frage, ob man hinsichtlich der Trinität nun von einer oder von drei göttlichen Hypostasen/Ousien zu reden, also stärker die Einheit oder die Dreiheit in der Trinität zu betonen habe.[10] Diese Debatte musste sich aus den Anfragen des Arius ergeben. Allerdings war Arius selbst dann an diesen Debatten nicht mehr beteiligt.

In der Tradition des Origenes, der in der Frage aber nicht eindeutig Position bezogen hatte,[11] tendierte wohl die Mehrzahl der griechischen Theologen und Kirchenführer dazu, von drei göttlichen Hypostasen zu sprechen,

---

folge vgl. H. C. Brennecke - U. Heil - A. v. Stockhausen - A. Wintjes [edd.], Dokumente zur Geschichte des arianischen Streites, Athanasius Werke 3, 1/3, Berlin-New York 2007, XIX–XXXVIII. Hier handelt es sich um Dok. 1; 2, 2; 15; 17). Zur antimanichäischen Motivation der Theologie des Arius vgl. U. Heil, „... bloß nicht wie die Manichäer!“ Ein Vorschlag zu den Hintergründen des arianischen Streits, ZAC 6 (2002), 299–319.

[5] Vgl. Opitz (wie Anm. 4), Urk. 6 (= Dok. 1 Brennecke - Heil - v. Stockhausen - Wintjes [wie Anm. 4]); 4a (= Dok. 2, 1); 4b (= Dok. 2, 2); 15 (= Dok. 14); 14 (= Dok. 17).

[6] Vgl. die bei Opitz (wie Anm. 4) dazu zusammengestellten Dokumente, Regesten und Paraphrasen der unterschiedlichsten Unterstützungen des Arius (eine deutsche Übersetzung bei Brennecke - Heil - v. Stockhausen - Wintjes [wie Anm. 4]).

[7] Opitz (wie Anm. 4), Urk. 17 (= Dok. 19 Brennecke - Heil - v. Stockhausen - Wintjes [wie Anm. 4]). Zum Sieg Constantins über Licinius und die Machtübernahme im Osten vgl. T. D. Barnes, The New Empire of Diocletian and Constantine, Cambridge, Mass.-London 1982, 75f. 82; D. Kienast, Römische Kaisertabelle, Darmstadt 1990, 290. 295f.

[8] Ein neuer Versuch zur Chronologie jetzt in Auseinandersetzung mit den älteren Ansätzen von E. Schwartz, H.-G. Opitz, W. Schneemelcher und R. Williams in: Brennecke - Heil - v. Stockhausen - Wintjes (wie Anm. 4), XIX–XXXVIII. Der Versuch einer neuen Chronologie wurde in der Erlanger Forschungsgruppe ausgiebig diskutiert, geht aber im Wesentlichen auf U. Heil zurück.

[9] Opitz (wie Anm. 4), Urk. 20–27; vgl. H. C. Brennecke, Art. Nicäa, TRE 24 (1994), 429–441; Markschies, Theologische Diskussionen (wie Anm. 1), 143–164; V. H. Drecoll, Art. Nicaea, Konzil von 325, TRE 6 ([4]2003), 277–281; G. Alberigo, Concilium Nicaenum I–325, in: The Oecumenical Councils from Nicaea I to Nicaea II (325–787), Conciliorum oecumenicorum decreta editio critica, 1, ed. G. Alberigo, Turnhout 2006, 1–34.

[10] Markschies, Theologische Diskussionen (wie Anm. 1), 165–195; zu Markell von Ankyra, in der Zeit nach Nicaea der wichtigste Vertreter einer Einhypostasentheologie, vgl. K. Seibt, Die Theologie des Markell von Ankyra, Berlin-New York 1994 (AKG 59); ders., Art. Marcell von Ancyra, TRE 22 (1992), 83–89; M. Vinzent, Markell von Ankyra. Die Fragmente & Der Brief an Julius von Rom, Leiden-New York-Köln 1997 (S VigChr 39).

[11] Markschies, Theologische Diskussionen (wie Anm. 1), 108–110.

während sich in Nicaea die Vertreter einer die Einheit der Trinität stark betonenden Ein-Hypostasen-Theologie hatten durchsetzen können.[12]

Arius selbst hatte bald nach Nicaea seine Anstoß erregenden Äußerungen etwas vorsichtiger formuliert[13] und war vom Kaiser rehabilitiert worden, ohne allerdings die Akzeptanz dieses Schrittes durch den alexandrinischen Bischof, ab 328 war das der streitbare Athanasius, erreichen zu können.[14] Bald danach scheint er gestorben zu sein; die seit Schwartz als nahezu kanonisch geltende Spätdatierung seines Todes in die Mitte der dreißiger Jahre ist zumindest nicht unproblematisch.[15]

Der Westen, das heißt die lateinische Theologie, hatte mit dieser ganzen grundsätzlich theologischen Auseinandersetzung zunächst nichts zu tun. Erst um 340 wird er durch die griechischen Exilanten Athanasius und Markell mit dem Problem des sogenannten Arianischen Streites konfrontiert und stellt sich erstaunlich einmütig hinter diese beiden (theologisch durchaus sehr unterschiedlichen) Vertreter einer Ein-Hypostasentheologie. Wie ist das zu erklären?

Die Logos-Theologie, wahrscheinlich zuerst in Rom, aber von dem griechischen Theologen Justin formuliert, spielte im lateinischen Westen trotz Hippolyt, Tertullian und Novatian eine eher geringe Rolle. Seitdem Hippolyt in Rom wegen seiner Logos-Theologie als Ditheist angegriffen[16] und als griechischer Theologe offenbar bald vergessen war, scheint im Westen eine stärkere Betonung der göttlichen Einheit verbreitet gewesen zu sein,[17] die man in der Theologie eines Markell wiedererkennen konnte oder zumindest meinte, wiedererkennen zu können;[18] nur so scheint mir jedenfalls die theologische Ekthesis der Abendländer auf der Synode von Serdika (343) mit

[12] Vgl. die Glaubenserklärung von Nicaea mit ihren Anathematismen bei Opitz (wie Anm. 4), Urk. 24 (= Dok. 26 Brennecke - Heil - v. Stockhausen - Wintjes [wie Anm. 4]).

[13] Opitz (wie Anm. 4), Urk. 30 (= Dok. 34 Brennecke - Heil - v. Stockhausen - Wintjes [wie Anm. 4]).

[14] Zur Synode von 327 wohl ebenfalls in Nicaea vgl. Markschies, Theologische Diskussionen (wie Anm. 1), 174–177.

[15] Brennecke - Heil - v. Stockhausen - Wintjes (wie Anm. 4), XXXVI–XXXVIII, vgl. auch die Kommentare zu Dok. 38f.

[16] Hipp. haer. 9, 11, 3.

[17] Zumindest bei Kallist und Dionys von Rom nachweisbar; vgl. H. C. Brennecke, Der trinitarische Streit im Westen bis Ambrosius von Mailand, in: Augustinus-Handbuch, ed. V. H. Drecoll, Tübingen 2007, 119–127.

[18] Ebenda.

ihrer strikten Einhypostasentheologie erklärbar, die nun als mit den Beschlüssen von Nicaea übereinstimmend angesehen wurde.[19]

Aber es gab unter den lateinischen Theologen auch andere Stimmen, besonders in Illyricum, dem intensiven Begegnungsfeld lateinischer und griechischer Kultur – und eben auch Theologie.[20] Seit der Synode von Tyrus, auf der 335 Athanasius abgesetzt und dann von Constantin nach Trier verbannt worden war,[21] tauchen die Bischöfe Valens von Mursa und Ursacius von Singidunum als kirchenpolitische Gegner des Athanasius und theologische Vertreter einer im Grunde griechischen Dreihypostasentheologie nun in lateinischer Ausprägung auf und begleiten die Geschichte des arianischen Streites für nahezu ein halbes Jahrhundert fast als siamesische Zwillinge.[22]

Valens und Ursacius sind für uns jedenfalls die beiden ersten bekannten illyrischen Bischöfe, die als lateinisch sprechende und schreibende Theologen eine distinkte Dreihypostasen-Lehre wie viele griechische Theologen im Umfeld der sogenannten ‚Eusebianer', also letztlich in der Tradition des Origenes vertreten haben. In der zweiten Hälfte des vierten Jahrhunderts findet man in Illyricum eine erstaunlich große Zahl von Vertretern dieser Lehre, so dass man polemisch geradezu vom ‚illyrischen Arianismus' gesprochen hat, auch wenn der theologische Unterschied zu Arius ziemlich groß ist.[23] In ihrer Lehrmeinung vertreten diese lateinischen Theologen dasselbe wie die griechischen Kritiker und Gegner der Beschlüsse von Nicaea: eine eindeutige Dreihypostasentheologie, wobei sie aber die Aussagen des Arius über die Geschöpflichkeit des Logos strikt ablehnen, wie überhaupt jede theologische Verbindung mit Arius; der Sohn Gottes wird biblisch als μονογενὴς θεός und Schöpfungsmittler bezeichnet.[24] Man sollte bei dieser Theologie dogmengeschichtlich den Ausdruck ‚Arianismus' vermeiden, das ist die Polemik eines Athanasius und anderer.

---

[19] Brennecke - Heil - v. Stockhausen - Wintjes (wie Anm. 4), Dok. 43. 2. Zur postulierten theologischen Übereinstimmung mit Nicaea vgl. Dok. 43. 6 (Fragment eines Briefes des Ossius von Corduba und Protogenes von Serdika an Julius von Rom).

[20] M. Meslin, Les Ariens d'occident, Paris 1967 (PatSor 8).

[21] U. Heil, Art. Athanasius von Alexandrien, LACL ³2002, 69–76 (Lit.!).

[22] Zu Valens und Ursacius, die auch in den modernen Nachschlagewerken immer als Paar behandelt werden, vgl. Meslin (wie Anm. 20); B. Windlau, Art. Valens, LACL ³2002, 710; J. Ulrich, Art. Ursacius, RGG 8 (⁴2005), 837f.

[23] Vgl. R. Gryson, Scolies ariennes sur le concile d'Aquilée, Paris 1980 (SC 267), 101–172 (L'Arianisme illyrien au IVᵉ siècle); Meslin (wie Anm. 20).

[24] Vgl. die sog. zweite antiochenische Formel der antiochenischen Kirchweihsynode von 341, Dok. 41. 4 Brennecke - Heil - v. Stockhausen - Wintjes (wie Anm. 4).

Die spannende und in vielerlei Hinsicht auch schockierende Geschichte des sogenannten arianischen Streites in ihrer kaum lösbaren Verflechtung von Theologie und Kirchenpolitik sowie die häufigen Eingriffe der je ziemlich stark beteiligten Kaiser müssen und können hier nicht weiter interessieren.[25] Wichtig ist, dass diese Auseinandersetzung, deren theologische Motivation man nicht wie noch E. Schwartz schlicht bestreiten oder für nebensächlich halten sollte,[26] von den politischen Entwicklungen im Imperium Romanum nicht zu trennen ist.

Die fünfziger Jahre des vierten Jahrhunderts bringen gravierende politische Veränderungen, indem Constantius II. nach seinem blutigen Sieg über den Usurpator Magnentius noch einmal Alleinherrscher wird[27] und nun in Ost und West die zerstrittene Kirche in seinem Sinn einen will; und das heißt natürlich im Sinn der östlichen Dreihypostasentheologie, in den Augen des Athanasius freilich im Sinne des ‚Arianismus'. In diesem von einer etwas hektischen synodalen Betriebsamkeit gekennzeichneten Prozess kommt es – verursacht durch das Auftreten des Eunomios und seiner Gesinnungsgenossen, die eine radikale Spielart des ursprünglichen Arianismus vertreten[28] – zu weiteren Differenzierungen unter den griechischen Theologen, je nachdem, ob sie mehr mit dem theologischen Radikalismus eines Eunomios oder mit der von vielen westlichen Christen vertretenen Theologie der einen göttlichen Hypostase oder Ousia, die die griechischen Theologen als neue Spielart der Häresie des Sabellianismus ansahen, konfrontiert waren.[29] Gut erkennbar wird diese Entwicklung um 358/359, als sich die Gegner der Beschlüsse von Nicaea deutlich unterschiedlich formieren. Im unmittelbaren Umfeld des Kaisers und seiner beiden theologischen Ratgeber, Valens und Ursacius, wird das Verhältnis von Gott-Vater und Gott-Sohn nun unter

---

[25] Vgl. die in Anm. 1 genannte Literatur.

[26] Vgl. hierzu die in Band 3 seiner Gesammelten Schriften (edd. W. Eltester - H.-D. Altendorf, Berlin 1959) edierten Aufsätze, die 1904–1911 in den Nachrichten der Göttinger Akademie der Wissenschaften erschienen waren, sowie E. Schwartz, Zur Kirchengeschichte des 4. Jahrhunderts, ZNW 34 (1935), 129–213 (= GS IV, Berlin 1960, 1–110).

[27] R. Klein, Constantius II. und die christliche Kirche, Darmstadt 1977, passim; H. C. Brennecke, Hilarius von Poitiers und die Bischofsopposition gegen Konstantius II., Berlin-New York 1984 (PTS 26), 65–90; P. Barceló, Constantius II. und seine Zeit. Die Anfänge des Staatskirchentums, Stuttgart 2004, 92–112.

[28] Th. A. Kopecek, A History of Neo-Arianism I/II, Cambridge, Mass. 1979 (Patristic Monograph Series 8).

[29] W. Löhr, Die Entstehung der homöischen und homöousianischen Kirchenparteien: Studien zur Synodalgeschichte des 4. Jahrhunderts, Diss. ev. theol. Bonn 1986; H. C. Brennecke, Studien zur Geschichte der Homöer, Tübingen 1988 (BHTh 73), 5–22.

Vermeidung der als unbiblisch denunzierten Begriffe Ousia/ Hypostasis (wegen des nizänischen ὁμοούσιος) als ὅμοιος κατὰ τὰς γραφάς/ *similis secundum scripturas* bezeichnet.[30]

Für den Kaiser, der die Theologie seiner Berater nun auch im Westen durchsetzen wollte, war Athanasius der Störenfried, den es zu beseitigen galt. Die von ihm einberufenen Synoden von Rimini und Seleukia (359)[31] sollten, nachdem Athanasius in der ägyptischen Wüste untergetaucht war,[32] der Kirche nun die Einheit im Sinne des Kaisers bringen, der sich dabei ganz als Fortsetzer und Vollender des von seinem Vater Begonnenen sah.

In Rimini, wo mehr als dreihundert Bischöfe, unter ihnen eine ganze Reihe aus Illyrien, versammelt waren, und wo zunächst die homöische Theologie von den Vertretern einer im lateinischen Westen noch immer dominierenden Theologie der einen göttlichen Hypostase als Arianismus verurteilt worden war, gelang es Valens und Ursacius am Ende doch (dass sie den Kaiser hinter sich wussten, wird man als hilfreich unterstellen dürfen), ein kurzes Bekenntnis im Sinne ihrer homöischen Position durchzusetzen, das Hieronymus überliefert hat:

Credimus ... in unum verum deum patrem omnipotentem ...
Credimus in unigenitum dei filium, qui ante omnia saecula et ante omne principium natus est ex deo, natum autem unigenitum solum ex solo patre, deum ex deo, similem genitori suo patri secundum scripturas, cuius nativitatem nullus novit nisi qui solus eum genuit pater ...
Qui de coelo descendit, conceptus est de spiritu sancto, natus ex Maria virgine, crucifixus a Pontio Pilato, tertia die resurrexit a mortuis, ascendit in coelum, sedet ad dexteram dei patris, venturus iudicare vivos et mortuos.[33]

Auffällig ist, dass auch hier auf jedes philosophische Vokabular (Ousia/ Hypostasis) verzichtet wird, sondern strikt biblisch formuliert wird.[34]

Die Synode von Rimini und ihr Bekenntnis wurde dann für die Homöer auch in den germanischen Kirchen konstitutiv![35]

---

[30] So in der sogenannten vierten sirmischen Formel von 359 (Ath. syn. 8, 3–7 [235, 21–236, 15 Opitz]; vgl. Löhr (wie Anm. 29), 93–102; Brennecke, Studien zur Geschichte (wie Anm. 29), 5–22.

[31] Löhr (wie Anm. 29), 103–141. 149–152; Brennecke, Studien zur Geschichte (wie Anm. 29), 23–56.

[32] Ath. apol. Const. (Athanasius Werke 2, 8, 279–309 Brennecke - Heil - v. Stockhausen).

[33] Hier. c. Lucif. 17 (PL 23, 179).

[34] Der 3. Artikel über den Heiligen Geist fehlt hier ganz. Die Diskussionen um die Pneumatologie spielen in Rimini noch keine Rolle.

[35] Vgl. Maximinus in der im Werk Augustins überlieferten Collatio cum Maximino Arianorum episcopo 2 (PL 42, 710).

Im Februar 360 versammelte der Kaiser die Synodalen aus Ost und West zur feierlichen Einweihung der Hagia Sophia.[36] Die kirchliche Einheit schien im Sinne einer die Probleme möglichst aussparenden Kompromissformel einer homöischen Lösung gelungen.[37] Die Begriffe Ousia und Hypostasis als unbiblisch und unangemessen werden regelrecht verworfen, der Sohn als ὅμοιος κατὰ τὰς γραφάς bezeichnet.

Damit schien die Synode von Nicaea und ihr Symbol, das erst in den unmittelbar vorangegangenen Jahren wirklich wichtig geworden war, überwunden zugunsten einer homöischen Theologie.

Dies als Sieg des Arianismus zu bezeichnen, trifft die Sache sicher nicht, aber die dogmatischen Beschlüsse von Nicaea waren nun zwar nicht de iure, aber de facto aufgehoben. Die ziemlich radikalen personellen Säuberungen im Sinne der Vertreter dieses Bekenntnisses[38] ließen schnell eine Opposition der anderen Gruppen, die sich in dieser Kirche theologisch nicht mehr repräsentiert fühlten, wachsen, dies besonders im Westen, wo das mehr oder weniger erzwungene Bekenntnis von Rimini nicht der theologischen Mehrheitsauffassung entsprach.[39] Der Putsch Julians im Jahre 360,[40] mit dem die Herrschaft des Constantius im Westen faktisch beendet war, sowie dessen plötzlicher Tod am 3. November 361[41] beendeten zunächst diese homöische Phase der Kirchenpolitik. Zunächst können vor allem im Westen die Anhänger des Nicaenum unter der religionspolitisch indifferenten Politik Valentinians an Boden gewinnen.[42]

Im Osten beginnt hier die theologisch bedeutsame Entwicklung zum sogenannten Neunizänismus,[43] die die Gegensätze zwischen Ein- und Drei-

---

[36] Zur Überlieferung Löhr (wie Anm. 29), 153–155; Brennecke, Studien zur Geschichte (wie Anm. 29), 54.

[37] Die theologische Deklaration (Ath. syn. 30, 2–10 [258, 26–259, 20 Opitz]) hat jetzt einen ausführlichen 3. pneumatologischen Artikel.

[38] Brennecke, Studien zur Geschichte (wie Anm. 29), 56–66.

[39] Brennecke, Hilarius von Poitiers (wie Anm. 27), 352–367.

[40] Kienast (wie Anm. 7), 318.

[41] Kienast (wie Anm. 7), 311.

[42] Etwas anders verlief die Entwicklung im Osten, wo seit 365 mit Valens wieder ein Vertreter einer homöischen Kirchenpolitik regierte. Zur Kirchenpolitik des Kaisers Valens s. Brennecke, Studien zur Geschichte (wie Anm. 29), 181–242.

[43] H. C. Brennecke, Erwägungen zu den Anfängen des Neunizänismus, in: Oecumenica et Patristica, FS W. Schneemelcher, edd. D. Papandreou - W. A. Bienert - K. Schäferdiek, Chambesy-Genf 1989, 241–257 (= H. C. Brennecke, Ecclesia est in re publica. Studien zur Kirchen- und Theologiegeschichte im Kontext des Imperium Romanum, edd. U.

hypostasentheologie unter Berufung auf die Formel von Nicaea und vor allem unter Aufnahme des für mehrere Jahrzehnte aus der trinitätstheologischen Diskussion verschwundenen Begriffes ὁμοούσιος zur Beschreibung des Verhältnisses von Gott-Vater zu Gott-Sohn überwand, vorerst aber noch keine Strahlkraft in den lateinischen Westen entwickeln konnte.[44]

Im lateinischen Westen, der seit 364 von Valentinian I. regiert wurde,[45] kennen wir während dessen Regierungszeit eine ganze Reihe von Homöern, die nun immer ‚Arianer' heißen, wie außer Valens und Ursacius vor allem Palladius von Ratiaria[46] und den von Constantius in Mailand eingesetzten Bischof Auxentius.[47] Dieses theologisch gegensätzliche Spektrum, daran ist zu erinnern, ist trotz allem eine Kirche, in der sich die Vertreter der beiden westlichen Hauptströmungen durchaus bekämpfen und zu verdrängen suchen. Außerdem suchen sie jeweils die Unterstützung des Kaisers, um so Vertreter der eigenen Positionen in freiwerdende Bischofsstellen zu bringen. Daran ändert sich auch unter Gratian[48] zunächst nichts. Sicher ist die Wahl des Ambrosius 374 in Mailand[49] hier ein Zeichen für die Zukunft, aber sie bestätigt zunächst nur das Bild.

Erst der Beginn der Herrschaft des Theodosius im Jahr 378[50] ist eine kirchenpolitische Wende, da Theodosius nun eindeutig eine pronizänische Poli-

---

Heil - A. v. Stockhausen - J. Ulrich, Berlin-New York 2007 [AKG 100], 49–68); C. Markschies, Art. Neunicaenismus, RGG 6 ([4]2003), 232f.

[44] Zur Rezeption der neunizänischen Theologie im lateinischen Abendland vgl. C. Markschies, Ambrosius von Mailand und die Trinitätstheologie, Tübingen 1995 (BHTh 90); ders., Was ist lateinischer „Neunizänismus"?, ZAC 1 (1997), 73–95 (= ders., Alta Trinità Beata [wie Anm. 1], 238–264); ders., Neunicaenismus (wie Anm. 43).

[45] Zu Valentinian vgl. Kienast (wie Anm. 7), 322–324.

[46] Meslin (wie Anm. 20), 85–92; Gryson, Scolies ariennes (wie Anm. 23); J. Ulrich, LACL [3]2002, 542f. Die Fragmente des Palladius bei R. Gryson, Scripta Arriana Latina, Turnhout 1982 (CC 87), 172–195 (= Gryson, Scolies ariennes, 264–327 [mit französischer Übersetzung]; vgl. auch Einleitung und Kommentar ebenda, 79–97).

[47] Zu Auxentius von Mailand s. Gryson, Scolies ariennes (wie Anm. 23); H. C. Brennecke, Art. Homoéens, DHGE 24 (1993), 932–960; Markschies, Ambrosius (wie Anm. 44), 57–67; M. Durst, Das Glaubensbekenntnis des Auxentius, JbAC 41 (1998), 118–168.

[48] G. Gottlieb, Art. Gratianus, RAC 12 (1983), 718–732.

[49] Markschies, Ambrosius (wie Anm. 44), 84–164; ders., Art. Ambrosius von Mailand, LACL [3]2002, 19–28 (Lit.!); E. Dassmann, Ambrosius von Mailand. Leben und Werk, Stuttgart 2004, 26–40.

[50] H. Leppin, Theodosius der Große. Auf dem Weg zum christlichen Imperium, Darmstadt 2003.

tik (bei zunächst manchen Missverständnissen) im Osten betreibt.[51] Durch die Synode von Konstantinopel im Jahre 381[52] werden die ‚Arianer' genannten Homöer zu Häretikern erklärt, auf die nun die von nun ab immer wieder erneuerten Häretikergesetze Anwendung finden.[53] Jetzt werden die Homöer als ‚Arianer' aus der Kirche ausgeschlossen mit der Folge, dass nun erst eine eigene häretische und damit eigentlich illegale ‚arianische' Kirche entsteht.[54] Aus einer theologischen Gruppierung in der Kirche wird nun eine eigene und vom Kaiser als häretisch verfolgte Kirche, die von nun an eben auch einen eigenen Weg unter den Bedingungen der Illegalität einschlägt und an den theologischen, liturgischen und frömmigkeitsgeschichtlichen Entwicklungen der ecclesia catholica nicht mehr beteiligt war, was dieser Kirche ein eigentümlich konservatives Gepräge für die Zukunft geben sollte.

Die Ergebnisse der Konstantinopler Synode von 381 galten zunächst nur für den von Theodosius beherrschten Osten. Unter Federführung des Ambrosius fand dann im selben Jahr in Aquileia gleichsam das abendländische Gegenstück zur Synode von Konstantinopel statt, indem hier nun die lateinischen Homöer als arianische Häretiker ebenfalls aus der Kirche ausgeschlossen werden.[55] – Die in diesem Zusammenhang entstehende Kirche der lateinischen Homöer[56] sieht von nun an ihre Bekenntnisgrundlage in dem kurzen Bekenntnis von Rimini aus dem Jahr 359.

---

[51] Das berühmte Edikt ‚Cunctos populos' Cod. Theod. 16, 1, 2 vom 27. Feb. 380 mit seinem einseitigen Bezug auf Damasus von Rom und Petrus von Alexandrien, das in dieser Form im Osten nicht akzeptabel war, scheint mir ein solches Missverständnis zu sein.

[52] A. M. Ritter, Das Konzil von Konstantinopel und sein Symbol, Göttingen 1965 (FKDG 15); ders., Art. Konstantinopel/Byzanz IV. Konzilien, RGG 4 ([4]2001), 1625f.; ders., Concilium Constantinopolitanum I – 381, in: Alberigo (ed.), The oecumenical Councils (wie Anm. 9), 37–70; R. Staats, Das Glaubensbekenntnis von Nizäa-Konstantinopel. Historische und theologische Grundlagen, Darmstadt 1996.

[53] S. Cod. Theod. 16, 1, 3; 5, 6 und die zahlreichen antiarianischen Gesetze in Cod. Theod. 16, 5.

[54] Zur Entstehung einer eigentlichen ‚arianischen' Kirche vgl. Brennecke, Art. Homoéens (wie Anm. 47).

[55] Gesta episcoporum Aquileiae adversum haereticos arrianos, in: Ambrosius, Epistulae et acta tom. III. Epistularum liber decimus, Epistulae extra collectionem, Gesta Concili Aquileiensis, rec. M. Zelzer, Wien 1982 (CSEL 82/3), 314–368; G. Gottlieb, Das Konzil von Aquileia (381), AHC 11 (1979), 287–306; Gryson, Scolies ariennes (wie Anm. 23), 121–143 (330–383 eine unkritische Fassung des lateinischen Textes der Acta mit französischer Übersetzung).

[56] In der Gesetzgebung des Cod. Theod. heißen die Homöer immer und nur sie allein ‚Ar(r)ianer' – und bei dieser offiziellen und durch die Gesetze des Cod. Theod. gedeckten Begrifflichkeit will ich hier deshalb trotz ihrer theologischen Fragwürdigkeit bleiben.

Im Jahr 381 endet mit diesen beiden Synoden in den dogmengeschichtlichen Lehrbüchern der sogenannte arianische Streit. Dogmatisch mag diese Sicht ihr Recht haben, indem die ‚Arianer', nun eine eigene Kirche, an der dogmatischen Entwicklung kaum oder nicht mehr beteiligt sind. Kirchengeschichtlich dagegen beginnt hier aber etwas durchaus Neues. Die ohne Zweifel enge Bindung der sowohl griechischen als auch lateinischen Homöer an die Kaiser Constantius und Valens wird von Theologen und Historikern bis heute gerne mit dem homöischen hierarchisch konstruierten Modell der Trinität erklärt. Dieses ziemlich schlichte Übertragungsmodell ist leider nicht überzeugend, so emphatisch und mit hohem moralischen Anspruch es auch gelegentlich vorgetragen wird. Es handelt sich dabei um die Fortsetzung der altkirchlichen Polemik mit eben nur scheinbar wissenschaftlichen Mitteln.

Zunächst ist festzustellen: Auch wenn der ‚Arianismus' als Häresie nun verboten war und seine Anhänger offiziell verfolgt wurden, lebte er – wenn auch unter erschwerten Bedingungen – munter weiter.

Im westlichen, lateinischen Bereich, auf den allein es hier ankommt, hat der ‚Arianismus', der weiter seine kirchliche Basis in erster Linie in Illyricum hatte, literarisch geradezu eine Blüte erlebt, über die wir allerdings ziemlich schlecht informiert sind, da diese Literatur dann später weithin vernichtet wurde. Allein das Wenige, was durch reine Zufälle erhalten ist, lässt das Verlorene vielleicht erahnen.[57]

Augustin bekommt in Africa 419 einen solchen ‚arianischen' Text zugesandt, den von ihm selbst so genannten Sermo Arrianorum.[58] Seine Reaktion macht deutlich, dass er in Africa bisher mit dem Arianismus wenig Berührung hatte, was ihm zur Verfügung steht, ist weitgehend Handbuchwissen.[59] Dieser Sermo ist uns durch Augustins Widerlegungsversuch voll-

[57] Eine Sammlung kleinerer, z. T. anonym überlieferter Texte bei Gryson, Scripta Arriana (wie Anm. 46).

[58] Sermo Arrianorum, ed. M. J. Suda, Wien 2000 (CSEL 92), 33–45.

[59] Augustinus, Contra Sermonem Arrianorum, ed. M. J. Suda, Wien 2000 (CSEL 92), 47–113; vgl. M. G. Mara, Arriani, Arrius, AugL 1 (1986–1994), 450–459; H.-J. Sieben, Augustins Auseinandersetzung mit dem Arianismus außerhalb seiner explizit antiarianischen Schriften, ThPh 81 (2006), 181–212; H. C. Brennecke, Auseinandersetzung mit sog. „Arianern", in: Augustinus-Handbuch (wie Anm. 17), 208–212; ders., Augustin und der Arianismus, in: Die christlich-philosophischen Diskurse der Spätantike: Texte, Personen, Institutionen. Akten der Tagung vom 22.–25. Februar 2006 am Zentrum für Antike und Moderne der Albert-Ludwigs-Universität Freiburg, ed. Th. Fuhrer, Stuttgart 2008 (Philosophie der Antike 28), 175–187; Augustinus, Antiarrianische Schriften, ed. H.-J. Sieben, Paderborn 2008 (Opera 48).

ständig überliefert. Die wenigen anderen erhaltenen Texte sind, wie auch der Sermo Arrianorum, anonym oder unter dem Namen eines anerkannt orthodoxen katholischen Autors überliefert und übrigens theologisch erstaunlich wenig aggressiv.[60] Als einzige längere und komplettere Texte aus dem lateinischen homöischen Milieu sind der kürzlich von Kenneth B. Steinhauser, Hildegund Müller und Dorothea Weber in einer ersten kritischen Edition vorgelegte anonyme Hiobkommentar[61] und das leider bisher nicht in einer kritischen Edition zur Verfügung stehende, unter dem Orthodoxie des Inhalts verheißenden Namen des Johannes Chrysostomus überlieferte Opus imperfectum in Matthaeum[62] anzusehen.

In einer Handschrift mit antiarianischen Texten des späten 4. Jahrhunderts (Paris. lat. 8907)[63] findet sich quasi als an den Rand geschriebener Kommentar zu den Akten der Synode von Aquileia ein Text eines Maximinus,[64] in dem auch Fragmente des Palladius[65] und eines uns sonst nicht bekannten Auxentius über den gotischen Bischof Wulfila zitiert sind.[66]

Der Codex Veronensis LI (49) enthält eine Sammlung lateinischer homöischer Texte, zusammengestellt im ostgotischen Verona zu Beginn des 6. Jahrhunderts. Es handelt sich dabei um katechetische Texte, kurze dogmatische, exegetische und ethische Abhandlungen, die alle anonym überliefert sind.[67]

Aus Bobbio haben sich wohl im 7. Jahrhundert überschriebene Palimpseste (heute auf verschiedene Handschriften aufgeteilt) mit einem Lukaskommentar und anderen theologischen Fragmenten erhalten.[68]

Angesichts dieser fast schon literarischen Blüte unter Bedingungen der Illegalität verwundert es dann nicht sonderlich, auch in höheren Beamtenkreisen auf Mitglieder dieser illegalen Kirche und Vertreter dieser eigentlich

---

[60] Gryson, Scripta Arriana (wie Anm. 46); Brennecke, Homoéens (wie Anm. 47).

[61] Anonymi in Iob Commentarius, edd. K. B. Steinhauser - H. Müller - D. Weber, Wien 2006 (CSEL 96).

[62] CPL 707, PG 56, 611–946; die seit vielen Jahren angekündigte kritische Edition von J. van Banning im Corpus Christianorum ist bisher nicht erschienen.

[63] Markschies, Ambrosius (wie Anm. 44), 217.

[64] Dissertatio Maximini, ed. Gryson (wie Anm. 46), 147–196; ders., Scolies ariennes (wie Anm. 23), 25–100. 173–329.

[65] Vgl. Anm. 46.

[66] Gryson, Scripta Arriana (wie Anm. 46), 160–167 (= Gryson, Scolies ariennes [wie Anm. 23], 234–263).

[67] Gryson, Scripta Arriana (wie Anm. 46), 1–145.

[68] Gryson, Scripta Arriana (wie Anm. 46), 197–265.

verbotenen häretischen Theologie zu stoßen, wie beispielsweise Pascentius, der mit Augustin in Briefwechsel stand.[69]

***

Was aber hat das alles mit den Germanen zu tun? Was versteht man in dieser Situation am Ausgang des 4. Jahrhunderts nun unter dem viel diskutierten ‚germanischen Arianismus'?

Durch den eunomianischen Kirchenhistoriker Philostorgios, der um 430 in Konstantinopel seine Kirchengeschichte verfasste, wissen wir von christlicher Missionierung unter den jenseits der Donau im ehemaligen Dacien siedelnden Goten durch verschleppte kappadokische Kriegsgefangene seit Mitte des 3. Jahrhunderts.[70] Auf der Synode von Nicaea war ein gotischer Bischof Theophilos anwesend,[71] und wahrscheinlich noch zu Lebzeiten Constantins wurde anlässlich einer politischen gotischen Gesandtschaft der Lektor Wulfila von Euseb von Nikomedien zum Bischof der Christen im Gotenland (nicht zum Missionsbischof!) ordiniert.[72] Im Zusammenhang einer der sporadisch wiederkehrenden Christenverfolgungen kam Wulfila mit einer Gruppe gotischer Christen ins Römische Reich und wurde von Constantius in Moesien angesiedelt.[73] Seit dieser Zeit war er unbedingter Verfechter der vom Kaiser vertretenen homöischen Theologie und Kirchenpolitik, wie auch seine Teilnahme an den Synoden dieser Zeit deutlich macht.[74] Theologisch muss er als Vertreter der Synodalbekenntnisse von Rimini/Konstantinopel von 359/360 gelten und hat auch in enger Verbindung zu den illyrischen Homöern gestanden. Wulfila, der offenbar dreisprachig war, organisierte im Rahmen der Reichskirche eine gotische Gemeinde. Auf ihn geht für den gottesdienstlichen Gebrauch eine wohl nie vollständig gewesene Übersetzung der Bibel ins Gotische zurück (was im Einzelnen unklar und strittig

---

[69] Aug. epist. 238–241; vgl. die Anm. 59 genannte Literatur.

[70] Philost. hist. eccl. 2, 5; vgl. K. Schäferdiek, Art. Germanenmission, RAC 10 (1978), 492–548, bes. 497–501. Der Artikel von Schäferdiek muss auch nach fast dreißig Jahren als die mit Abstand beste Materialsammlung und Darstellung zum Thema ‚Germanenmission' gelten; vgl. auch seine gesammelten Untersuchungen zu diesem Thema in: K. Schäferdiek, Schwellenzeit. Beiträge zur Geschichte des Christentums in Spätantike und Frühmittelalter, edd. W. A. Löhr - H. C. Brennecke, Berlin-New York 1996 (AKG 64).

[71] Patrum Nicaeorum Nomina, edd. H. Gelzer - H. Hilgenfeld - O. Cuntz - C. Markschies, Leipzig 1995, LXIV. 56f. 70.

[72] K. Schäferdiek, Wulfila. Vom Bischof von Gotien zum Gotenbischof, in: ders., Schwellenzeit (wie Anm. 70), 1–40.

[73] Ebenda.

[74] Wulfila war Teilnehmer der Synode von Konstantinopel 360.

ist). Eine nur fragmentarisch überlieferte gotische Liturgie zeigt Beziehungen zur Liturgie Konstantinopels.[75] Als 376 die Westgoten zum großen Teil bereits als Christen in das Reich kamen, übernahmen sie von der Wulfilagruppe die konfessionelle Option für die im Osten damals übliche homöische Theologie. Die auf Reichsboden angesiedelten Goten wurden in den folgenden Jahrzehnten zum Kristallisationskern der Christianisierung der ins Reich kommenden ganz unterschiedlichen germanischen Gruppen.[76] In den Augen der römischen Christen nach dem Umschwung der kaiserlichen Kirchenpolitik seit Theodosius waren diese Germanen dadurch aber ‚arianische' Häretiker.

Da die Germanen als Foederaten nicht den Religionsgesetzen der Kaiser unterlagen, blieben sie dem christlichen Glauben eben in der Form treu, in der sie ihn vorgefunden bzw. angenommen hatten. So waren germanische Truppenkontingente in römischen Diensten auch nach 381 und ganz offiziell ‚Arianer', bekanntlich der Hintergrund zu dem berühmten Basilikenkonflikt zwischen dem Mailänder Bischof Ambrosius und Justina, der Mutter Valentinians II.[77]

Als die Germanen seit Anfang des 5. Jahrhunderts dann auf bisher weströmischen Gebieten eigene Staaten bildeten, entstanden so ‚arianische' germanische Landeskirchen.[78] Sowohl die germanischen Truppenteile als auch dann etwas später die germanischen Landeskirchen boten nun theologischen Vertretern des als häretisch geltenden und eigentlich verbotenen lateinischen ‚Arianismus' die Möglichkeit, bei ihnen als Priester oder gar Bischöfe quasi unterzutauchen, ohne eben wirklich untertauchen zu müssen. Sie konnten sich in den Schutz dieser Germanen begeben.

Meiner Meinung nach handelt es sich bei dem Bischof Maximinus, der mit Sigisvult 428 in Africa auftauchte und hier eine große öffentliche Disputation mit dem greisen Augustin veranstaltete, die nicht ganz nach Augustins Wünschen verlief, um einen solchen Fall.[79] Gegen einen erheblichen Teil der Literatur halte ich jenen Maximinus nicht für einen Germanen, sondern für einen Römer, eben einen (homöischen) ‚Arianer', der sich in den Schutz

---

[75] Schäferdiek, Wulfila (wie Anm. 72).

[76] Schäferdiek, Germanenmission (wie Anm. 70), 497–519.

[77] Dassmann (wie Anm. 49), 92–108.

[78] Vgl. Anm. 76.

[79] H. C. Brennecke, Art. Maximinus, BBKL 5 (1993), 1082–1084 (irrtümlich ist dieser Artikel zu finden unter ‚Maximilianus'. Offenbar hat diese falsche Einordnung dazu geführt, dass in Bd. 16 [1999], 1092, noch ein Artikel über Maximinus von J. Madey erschien, der allerdings einen wesentlich älteren Forschungsstand repräsentiert).

einer germanischen Obrigkeit begeben hatte, in diesem Fall offenbar als eine Art Militärbischof.[80]

Der sich über mehr als zwei Jahrhunderte hinziehende Prozess der Annahme des Christentums durch verschiedene, im Kontext der sogenannten Völkerwanderung in das Territorium vor allem des ehemaligen weströmischen Reiches eingedrungene Germanen, die hier wiederum zu neuen Völkern wurden, ist ungeheuer faszinierend. In einer Entwicklung von erstaunlicher Dynamik haben mit der einen Ausnahme der Franken alle in das Gebiet des weströmischen Reiches einströmenden Germanen bis zu den Langobarden in der zweiten Hälfte des 6. Jahrhunderts in ganz kurzer Zeit und wahrscheinlich durch gotische Vermittlung den christlichen Glauben in der Form des homöischen ‚Arianismus' angenommen. Seit den spätantiken Historikern hat man darüber gerätselt, warum die Germanen alle Häretiker wurden, und sich das nur durch Betrug oder bzw. und Verführung erklären können. Seit der Mitte des 19. Jahrhunderts taucht vor allem in der deutschen Forschung die Auffassung auf, dass dieser ‚Arianismus' in besonderer Weise germanische Glaubensvorstellungen nun in christlicher Form zum Ausdruck bringen konnte, der Arianismus dem germanischen Glaubensempfinden besonders gemäß (artgemäß) gewesen sei. Diese Interpretation hat keinerlei Anhalt in den Quellen, sondern ist Ausdruck einer ganz bestimmten völkischen Ideologie.[81] Die Goten hatten einfach im Osten diese Ausdrucksform christlichen Glaubens bei ihrem Übertritt ins Reich vorgefunden, übernommen und dann weitervermittelt. Die wenigen gotischen christlichen Fragmente bestätigen dieses Bild.[82]

In der schon genannten Dissertatio Maximini, dem ziemlich polemischen Kommentar über die Ereignisse der Synode von Aquileia in den Randnotizen des Cod. Paris. B. N. lat. 8907, ist auch ein Text des lateinischen ‚Arianers' Auxentius von Dorostorum, eines Schülers des Wulfila, über-

[80] Die immer wieder behauptete Identität mit dem Verfasser der Dissertatio Maximini ist möglich, aber nicht zwingend.

[81] H. C. Brennecke, Der sog. germanische Arianismus als ‚arteigenes' Christentum. Die völkische Deutung der Christianisierung der Germanen im Nationalsozialismus, in: Evangelische Kirchenhistoriker im ‚Dritten Reich', edd. Th. Kaufmann - H. Oelke, Gütersloh 2002 (VWGTh 21), 310–329.

[82] K. Schäferdiek, Die Fragmente der Skeireins und der Johanneskommentar des Theodor von Herakleia, in: ders., Schwellenzeit (wie Anm. 70), 69–87; ders., Das gotische liturgische Kalenderfragment – Bruchstück eines Konstantinopler Martyrologs, in: Schwellenzeit, 147–168.

liefert,[83] der nicht nur eine Vita seines Lehrers,[84] sondern auch ein Glaubensbekenntnis des Wulfila mitteilt, das wohl in die Situation der Religionsgespräche gehört, die Theodosius unmittelbar nach den Synoden von Konstantinopel und Aquileia durchführen wollte.[85] Dieses in lateinischer Sprache überlieferte Bekenntnis zeigt nun Wulfila ganz in der Tradition der griechischen und lateinischen Homöer:

> *Ego Vlfila episkopus et confessor semper sic credidi et in hac fide sola et uera transitum facio ad d(omi)n(u)m meum.*
> *Credo unum esse d(eu)m patrem, solum ingenitum et inuisiuilem,*
> *et in unigenitum filium eius, d(omi)n(u)m et d(eu)m n(ostrum), opificem et factorem uniuerse creature, non habentem similem suum, – ideo unus est omnium d(eu)s pater, qui et d(e)i nostri est d(eu)s,*
> *– et unum sp(iritu)m s(an)c(tu)m, uirtutem inluminantem et sanctificantem, ut ait Cr(istu)s post resurrectionem ad apostolos suos: Ecce ego mitto promissum patris mei in uobis, uos autem sedete in ciuitatem Hierusalem, quoadusque induamini uirtutem ab alto, item et: Accipietis uirtutem superuenientem in uos s(an)c(t)o sp(irit)u, nec d(eu)m nec d(eu)m n(ostrum), sed ministrum Cr(ist)i ... subd⟨i⟩tum et oboedient⟨em⟩ in omnibus fili⟨o⟩, et filium subdit⟨um⟩ et oboedientem e⟨t⟩ in omnibus d(e)o pat⟨ri⟩ ...* [86]

Leider ist der Text besonders beim 3. Artikel über den Hl. Geist ziemlich zerstört. Die Prädikate der negativen Theologie (*ingenitus*; *invisibilis*) dürfen nur von Gott ausgesagt werden. Der Sohn Gottes ist *unigenitus filius, dominus, deus noster; opifex et factor universae creaturae*. Auffällig ist die Aussage *non habentem similem suum*, die natürlich die Gottheit und Einzigartigkeit des Sohnes hervorheben soll.[87] Gott Vater ist der Gott unseres Gottes. Der Sohn ist dem Vater und der heilige Geist eindeutig dem Sohn subordiniert. Mit minimal anderen Formulierungen vertritt Wulfila hier die als ‚Arianismus' inzwischen zur Häresie erklärte homöische Theologie etwa der Synode von Rimini.[88]

---

[83] Gryson, Scripta Arriana (wie Anm. 46), 160–167 (= Gryson, Scolies ariennes [wie Anm. 23], 234–251).

[84] Ebenda.

[85] Gryson, Scripta Arriana (wie Anm. 46), 143–172; Schäferdiek, Germanenmission (wie Anm. 70), 500; ders., Schwellenzeit (wie Anm. 70), 27–29.

[86] Dissertatio Maximini 40, Gryson (wie Anm. 46), 166. In der ebenfalls von Gryson besorgten Edition SC 267 (wie Anm. 23), 250, eine andere Zählung (Kap. 63); hier eine vereinfachte Wiedergabe der diplomatischen Ausgabe der Handschrift bei Gryson.

[87] Diese Aussage bezieht sich also ausschließlich auf alles Geschaffene und nicht etwa auf Gott!

[88] Schäferdiek, Schwellenzeit (wie Anm. 85).

Dass wir diese Theologie auch da, wo sie, wie beispielsweise bei Wulfila, von Germanen übernommen und überliefert worden ist, nur auf Lateinisch haben, sollte hinsichtlich der Rede von einem ‚germanischen Arianismus' zumindest Vorsicht signalisieren.

Ich denke, dass das nordafrikanische Vandalenreich,[89] das durch die deutlichen konfessionellen Konflikte zwischen ‚Arianern' und Katholiken unter den germanischen Staatenbildungen des 5. Jahrhunderts auf bis dahin römischem Boden in mancherlei Hinsicht eine Sonderstellung einnimmt, das nun besonders deutlich zeigt.

Nach allem, was man mit der gebotenen Vorsicht angesichts der sehr spärlichen Überlieferung sagen kann, haben die Vandalen höchstwahrscheinlich in den zwanziger Jahren des 5. Jahrhunderts während ihres Aufenthaltes in Spanien den christlichen Glauben in der Form des homöischen ‚Arianismus' wohl durch westgotische Vermittlung angenommen.[90] Ob es vorher vielleicht auch Kontakte mit Katholiken gegeben hat, wie Teile der überaus fragmentarischen Überlieferung nahelegen könnten,[91] ist unklar. In Africa erscheinen sie jedenfalls als (homöische) ‚Arianer'.[92]

Um die Konflikte zwischen ‚katholischen' Romanen und ‚arianischen' Vandalen, die es in dieser Form in den anderen arianischen Germanenreichen nicht gab, besser einordnen zu können, sei hier noch einmal an Folgendes erinnert:[93] Die Vandalen hatten – anders als die anderen germanischen Stämme – ihr neues Siedlungsgebiet in Nordafrika in einem jahrelangen Krieg erobert. Sie kamen als Eroberer und Besatzer mit dem Ziel einer unabhängigen Staatengründung, wie die jahrelangen Konflikte mit Westrom zeigen. Sie wurden also nicht, wie z. B. die West- und später die Ostgoten, als

---

[89] C. Courtois, Les Vandales et l'Afrique, Paris 1955; H.-J. Diesner, Das Vandalenreich. Aufstieg und Untergang, Stuttgart 1966; L'Afrique vandale et Byzantine, AntTard 10/11 (2002/2003).

[90] Schäferdiek, Germanenmission (wie Anm. 70), 506–508.

[91] Hyd. chron. 89.

[92] Schäferdiek, Germanenmission (wie Anm. 90).

[93] Y. Moderan, Une Guerre de Religion: Les deux églises d'Afrique à la époque Vandale, AntTard 11 (2003; wie Anm. 89), 21–44; ders., Afrika und die Verfolgung durch die Vandalen, in: Der lateinische Westen und der byzantinische Osten (431–642). Geschichte des Christentums, 3, ed. L. Pietri, Freiburg u. a. 2001, 264–299. U. Heil hat auf der Wiener Tagung der Patristischen Arbeitsgemeinschaft im Januar 2007 in ihrer weiterführenden Interpretation zu dem bei Victor von Vita überlieferten Liber fidei catholicae auch einen Forschungsüberblick gegeben, vgl. U. Heil, Homöisches und ‚katholisches' Bekenntnis im Rahmen der Synode von Karthago 484 n. Chr. (die Untersuchung wird in den Veröffentlichungen der Wiener Tagung der PAG erscheinen).

Foederaten angesiedelt. Eine besondere Stärke des Vandalenreiches war seine politische Stabilität. Während die weströmischen Kaiser häufig wechselten, immer mehr Einfluss und Macht verloren, um am Ende ganz zu verschwinden, hat Geiserich, der erste vandalische König in Africa, fast 50 Jahre (428–477) regiert.[94] Besonders die katholische römische Oberschicht stand auch in politischer Opposition zur Vandalenherrschaft. Die eingehend untersuchten und oft beschriebenen religiösen Konflikte, über die wir für die Zeit der Herrschaft Geiserichs und Hunerichs (477–484) durch Victor von Vita[95] und für die Zeit Thrasamunds (496–523) vor allem durch Fulgentius von Ruspe[96] informiert sind, müssen so als religiös motivierte und ausgetragene politische Loyalitätskonflikte zwischen Römern und Vandalen begriffen werden. Das sollte allerdings nicht dazu verführen, die religiösen Konflikte auf beiden Seiten nicht ernst zu nehmen. Beiden ging es auch um Glaubenswahrheiten, wie für die Seite der arianischen Vandalen gerade auch theologische Thesen Thrasamunds zeigen.[97]

Die unmittelbaren Folgen dieser Konflikte (dazwischen gab es durchaus auch tolerante und friedliche Phasen) waren regelrechte Katholikenverfolgungen, in deren Verlauf mehrmals katholische Kleriker ins Exil mussten. Vor allem Hunerich hatte die Häretikergesetze der römischen Kaiser auf die römischen Katholiken angewandt.[98] Im Grunde gingen die vandalischen Könige gegen die Katholiken nicht anders vor als die römischen Kaiser gegen Häretiker. Das prominenteste Opfer der antikatholischen Maßnahmen Thrasamunds, der Neuweihen katholischer Bischöfe verboten hatte, war Fulgentius von Ruspe. Gerade an seiner Person kann man zeigen, dass es bei den religiösen Konflikten zwischen Katholiken und Arianern eben auch um einen politischen Loyalitätskonflikt zwischen Römern und vandalischen

---

[94] PLRE 2, 496–499; M. Meier, DNP 4 (1998), 865f. (Lit.!). Zur Herrschafts- und Herrscherchronologie der Könige des afrikanischen Vandalenreiches vgl. M. Schottky, in: Herrscherchronologien der antiken Welt, edd. W. Eder - J. Renger, DNP S 1 (2004), 301f.

[95] Victor von Vita, Historia persecutionis Africanae provinciae, ed. C. Halm (MGH auct. ant. 3/1), Berlin 1879 (= München 1981); Victor de Vita, Histoire de la persécution vandale en Afrique. La passion des sept martyrs. Registre des Provinces et des cités d'Afrique, textes établis, trad. et comm. S. Lancel, Paris 2002; vgl. die Anm. 89 und 93 angegebene Literatur, vor allem den noch unveröffentlichten Aufsatz von U. Heil.

[96] U. Heil, Augustinus-Rezeption im Reich der Vandalen, ZAC 11 (2007), 95–118; zu Fulgentius vgl. H. Schneider, Art. Fulgentius von Ruspe, LACL ³2002, 274–276.

[97] Das betont besonders Heil, Augustinus-Rezeption (wie Anm. 96). Zu den Thesen des Vandalenkönigs Thrasamund vgl. Fulg. Rusp., Dicta regis Thrasamundi (c. Arian.); Ad Thrasamundum regem, ed. J. Fraipont, Turnhout 1968 (CC 91).

[98] Vict. Vit. 2, 13, 39; zu Hunerich PLRE 2, 572f.; M. Meier, DNP 5 (1998), 758.

Eroberern ging. Fulgentius entstammte einer senatorischen Familie, die durch die vandalische Eroberung Africas um Ämter und Besitz gekommen war; sein Großvater und etliche Verwandte hatten vor den Vandalen ins Exil flüchten müssen.

Nach dem Vorbild einiger römischer Kaiser wie etwa Theodosius hatten Hunerich und Thrasamund große Religionsgespräche[99] zwischen ‚Arianern' und Katholiken veranstaltet, bei denen natürlich wie einst bei Theodosius die Sieger von vornherein feststanden; nun waren es die vandalischen ‚Arianer'. Interessant erscheint, dass diese theologischen Debatten nicht nur auf Latein stattfanden (schließlich war man in einem vandalischen Reich!), sondern auch ganz bewusst auf die lateinische theologische Tradition zurückgriffen. Dass es sich bei den ‚Arianern' hier um Germanen handelte, spielte faktisch keine Rolle.

Vigilius von Thapsus, dem der fiktive Dialog zwischen Augustin und Pascentius lange zugeschrieben wurde,[100] war Teilnehmer des Religionsgespräches von 484. Faktisch alle unter seinem Namen überlieferten Schriften gegen die Arianer[101] stützen sich ganz auf die antiarianischen katholischen Autoritäten der Vergangenheit: Athanasius, Ambrosius, Augustin.[102] Die Collatio als fiktiver Dialog zwischen Augustin und Pascentius, die es ja als theologische Kontrahenten gegeben hatte,[103] steht in derselben Tradition. Ähnliches kann man dann auch bei Fulgentius beobachten, in dessen Besitz sich vielleicht ein Codex mit Werken des Hilarius von Poitiers befunden hat, wie Randnotizen wahrscheinlich machen.[104] Hier finden theologische Debatten lateinischer Theologen unter Rückgriff auf das theologische Erbe des 4. Jahrhunderts statt. Die germanische Herkunft zumindest einiger der Beteiligten spielt faktisch keine Rolle; auch sie stehen offenbar ganz in dieser Tradition.

Die Reiche der Vandalen und Ostgoten sind von Byzanz militärisch liquidiert worden,[105] ihre Geschichte bricht mit der byzantinischen Erobe-

---

[99] Heil, Homöisches und ‚katholisches' Bekenntnis (wie Anm. 93)

[100] Heil, Augustinus-Rezeption (wie Anm. 96). Bei der Untersuchung von Uta Heil handelt es sich um die eigentlich überhaupt erste historische und theologische Analyse dieses Textes.

[101] CPL 806–812; eine kritische Edition steht noch aus, seine Verfasserschaft ist oft unklar.

[102] Heil, Augustinus-Rezeption (wie Anm. 96).

[103] Brennecke, Augustin und der Arianismus (wie Anm. 59); Heil, Augustinus-Rezeption (wie Anm. 96). Weber (im vorliegenden Band, S. 10–14).

[104] Es handelt sich um den Basilicanus D 182 (Hil. trin.).

[105] Prokop, Vandalenkriege, Prokop Werke 4, ed. O. Veh, München 1971.

rung ab. Über das Schicksal ihrer ‚arianischen' Landeskirchen ist weiter nichts bekannt. Sie verschwinden mit diesen germanischen Reichen. Alle anderen arianischen germanischen Reiche sind in einem im Einzelnen nicht immer ganz durchschaubaren Prozess von der Mitte des 6. Jahrhunderts bis zu Beginn des 7. Jahrhunderts vom ‚Arianismus' zum ‚Katholizismus' konvertiert. Ich habe vor einigen Jahren zu zeigen versucht, dass der für die Germanen zunächst identitätsstiftende konfessionelle Gegensatz zu den Romanen mit dem Entstehen neuer Völker aus Germanen und Romanen am Beginn des Mittelalters immer mehr verblasste, der ‚Arianismus' in seinem Konservativismus als zunehmend steril empfunden und den gewandelten Bedürfnissen einer neuen Frömmigkeit nicht mehr gerecht wurde.[106]

***

Am Ende steht nun gerade auch angesichts der religiösen Konflikte im Vandalenreich die Frage: Kann man überhaupt von einem ‚germanischen Arianismus' sprechen, wie es die Forschung selbstverständlich tut?

Wulfila steht trotz seiner sprachlichen Vermittlung christlicher Überlieferung an die Goten ganz und gar in der griechischen und lateinischen theologischen Tradition; sein Schüler Auxentius ist ein Romane. Die arianische Textsammlung des Cod. Veron. LI, eine Sammlung lateinischer ‚arianischer' Autoren des späten 4. und frühen 5. Jahrhunderts, ist im Ostgotenreich wohl Anfang des 6. Jahrhunderts zusammengestellt worden, vermutlich von ostgotischen Klerikern, wie gotische Randglossen wahrscheinlich machen.[107] Auch die theologischen Auseinandersetzungen im Vandalenreich finden innerhalb der lateinischen Tradition und mit Berufung auf sie statt. Der (homöische) ‚Arianismus' der germanischen Kirchen auf dem Boden des ehemaligen weströmischen Reiches hat, jedenfalls soweit wir erkennen können, nichts spezifisch ‚Germanisches' an sich. Dasselbe lässt sich über die archäologischen Überreste des Ostgotenreichs in Ravenna sagen.

Die Rede vom ‚germanischen Arianismus' ist dagegen letztlich ein Produkt der völkischen Ideologie des ausgehenden 19. und frühen 20. Jahrhunderts, indem hier der ‚Arianismus' als in besonderer Weise dem Germanentum wesensgemäß bzw. artgemäß gesehen wurde. In der extremen Zuspitzung dieser Auffassung während der Zeit des Nationalsozialismus hatte das zur historisch mehr als fragwürdigen Konstruktion einer ariani-

---

[106] H. C. Brennecke, Christianisierung und Identität – das Beispiel der germanischen Völker, in: Missionsgeschichte – Kirchengeschichte – Weltgeschichte, edd. U. van der Heyden - H. Liebau, Stuttgart 1996, 239–247.

[107] Vgl. Anm. 67.

schen Wulfila-Schule geführt, der alle lateinischen ‚arianischen' Texte zugeordnet wurden.[108] Das höchst handfeste ideologische Ziel dieser Konstruktion war, zumindest den gesamten lateinischen Arianismus als dem Germanentum nicht nur nah, sondern überhaupt als Produkt germanischer Religiosität und germanischen Wesens zu behaupten, um so in der Gegenwart des 20. Jahrhunderts den tradierten römisch-katholischen oder protestantischen Glauben als allem Germanischen wesensfremd zu erweisen und seine Abschaffung und Ersetzung durch einen als germanischen Arianismus kostümierten völkischen Führerglauben zu postulieren.[109]

Auch hinsichtlich des ‚Arianismus' der germanischen Kirchen vom 4.–7. Jahrhundert gilt also, dass es sich letztlich um lateinische Theologie (mit selbstverständlich griechischen Wurzeln) gehandelt hat, die bei ihrer Rezeption durch die Germanen erstaunlich konstant geblieben ist, am allerwenigsten aber germanisiert wurde.[110]

---

[108] Vor allem H.-E. Giesecke, Die Ostgermanen und der Arianismus, Leipzig 1939; dazu Brennecke, Der sog. germanische Arianismus (wie Anm. 81).

[109] Brennecke, ebenda.

[110] Vgl. K. Schäferdiek, Art. Germanisierung des Christentums, TRE 12 (1984), 521–524.

Die Sprache der Wandalen in Afrika und „Auch Römer dürfen *froia arme* für *domine miserere* sagen"

Hermann Reichert

Si enim licet dicere non solum barbaris lingua sua, sed etiam Romanis 'Froia arme' quod interpretatur 'Domine miserere', cur non liceret in conciliis patrum in ipsa terra Graecorum, unde ubique destinata est fides, lingua propria homousion confiteri? (coll. Pasc. 15, 201–205)

Problemlage und Zielsetzung

Ferdinand Wrede veröffentlichte 1886 eine Diskussion des gesamten damals bekannten sprachlichen Materials der Wandalen.[1] Seine Monographie blieb bis heute die einzige unter dem hier relevanten Gesichtspunkt zum Wandalischen.[2] Seither hat sich an der Materialbasis einiges geändert; inwieweit das Konsequenzen für unsere Kenntnis der wandalischen Sprache hat, ist hier zu untersuchen.

Eine Vermehrung der Materialbasis ergab sich durch:

- die Edition früher unbekannter Inschriften der Wandalenzeit (die bis 1954 bekannten zusammengefasst bei Courtois;[3] seither Nachträge in den jährlichen Bänden von L'Année épigraphique),[4]

[1] F. Wrede, Über die Sprache der Wandalen, Straßburg 1886 (Quellen und Forschungen zur Sprach- und Culturgeschichte der germanischen Völker 59). – Allgemeine Literatur: H. Castritius, Art. Wandalen, Reallexikon der germanischen Altertumskunde 33 (2006), 168–209; N. Francovich Onesti, I Vandali. Lingua e storia, Roma 2002; K. Vössing, Die Anthologia Salmasiana, das vandalische Karthago und die Grenze der Stilanalyse, in: Der Stilbegriff in den Altertumswissenschaften, ed. K. Zimmermann, Rostock 1993, 149–155; N. Wagner, Namen von Germanen bei Fulgentius von Ruspe, Beiträge zur Namenforschung N. F. 17 (1982), 361–368; H. Wolfram, Das Reich und die Germanen. Zwischen Antike und Mittelalter, Berlin ²1991.

[2] Die Monographie von Francovich Onesti (wie Anm. 1) erfasst auch Belege, bei denen wandalische Herkunft nur geringe Wahrscheinlichkeit besitzt, und ist daher für den Zweck vorliegender Arbeit, die sprachlichen Charakteristika nur sicher wandalischen Materials zu ermitteln, als Materialbasis ungeeignet. Eine erweiterte Fassung meines vorliegenden Beitrags, die die Ausscheidung einzelner von Francovich Onesti aufgenommener Belege näher begründet, wird in den Akten der Tagung „Namen des Frühmittelalters als sprachliche Zeugnisse und als Geschichtsquellen" (Magdeburg, 25.–29. 10. 2007) erscheinen.

[3] C. Courtois, Les Vandales et l'Afrique, Paris 1955.

[4] Bibliographische Angaben zu den Inschriften sind jetzt auch abfragbar unter http://www.manfredclauss.de/ (29. Juli 2008).

- die vollständige Edition der wandalischen Münzen durch Hahn.[5]

Korrekturen der Materialbasis ergeben sich durch:

- die Neuedition eines bekannten Textes: Pseudo-Augustinus, Collatio Aurelii Augustini cum Pascentio Arriano,
- Neubewertung bekannter Erscheinungen.

Von den genannten Neuerungen hat die Vermehrung des inschriftlichen und numismatischen Materials, trotz ihrer immensen Bedeutung für Sozialgeschichte und politische Geschichte, für die Sprachgeschichte wenig Folgen, da die neu zu Tage gekommenen Inschriften an wandalischen Sprachresten fast nur die Namen der Könige in bereits bekannten Schreibungen enthalten. An neuen Namen bieten sie nur wenige; diese sind unten zu besprechen.

Das Ergebnis der folgenden Untersuchung wird sein, dass Wrede nur in Details zu korrigieren ist, und dass wir mit ziemlich großer Sicherheit sagen können, dass man keine Unterschiede zwischen Wandalisch und Gotisch nachweisen kann. Als vom 5. Jh. an sich Ostgotisch und Westgotisch in der Behandlung der alten Diphthonge *ai* und *au* zu unterscheiden begannen, verblieb das Wandalische in dieser Hinsicht konservativ wie das Westgotische, während das Ostgotische anscheinend Änderungen unterworfen war, die sich allerdings nicht so sicher rekonstruieren lassen, wie man gemeinhin annimmt, da wegen der ‚Vokalverwirrung' in der romanischen Sprache der Schreiber in den erhaltenen Handschriften auch in genuin lateinischen Wörtern in der Schreibung der Vokale ein Chaos herrscht.

Die Sprache von Gotenvölkern in Wandergemeinschaften

Dass Wandalen und Goten dieselbe Sprache sprachen, ist insofern erstaunlich, als beide Völker weite Wanderungen in Wandergemeinschaften mit anderen Völkern machten und die Heereszüge der Barbaren oft kurzlebige Zufallsgemeinschaften waren. So waren die Wandalen, Ostgermanen, als sie im Jahr 429 nach Afrika eindrangen, in Wandergemeinschaft mit iranischen Alanen; als sie 406 Gallien plünderten, außerdem in Wandergemeinschaft mit Sueben, die Westgermanen waren. Der Historiker resümiert: „Die *gentes* waren aufnahmebereit für Einzelne oder ganze Gruppen. Die Frage nach Sprache, Hautfarbe oder selbst Religion war nicht das Thema."[6] Daher könnte man der Ansicht sein, es sei unmöglich, dass die Wandalen Gotisch gesprochen hätten, und man müsse den unten vorzustellenden Befund durch

[5] W. Hahn, Moneta Imperii Byzantini, 1, Wien 1973.

[6] R. Steinacher, Studien zur vandalischen Geschichte. Die Gleichsetzung der Ethnonyme Wenden, Slawen und Vandalen vom Mittelalter bis ins 18. Jahrhundert, Diss. Wien 2002, 10f.

Zufälle zu erklären suchen; etwa, sowohl die Schreibung *froia arme* in der Collatio als auch die des gotischen Sätzchens in De Conviviis Barbaris seien durch oberitalienische Schreiber an das ravennatische Ostgotisch des späten 6. Jhs. angeglichen worden; die auffallend vielen Wandalen und Goten gemeinsamen Personennamen seien aus den politischen Umständen des 5. Jhs. bedingt. Der gotische Lautstand der in Afrika aufgezeichneten Namen bliebe trotzdem unerklärbar. Man wird daher besser auch für die Fälle, in denen Beeinflussung durch ostgotische Schreiber zwar unwahrscheinlich, aber theoretisch möglich wäre (diese Möglichkeit gälte für *froia arme*), die insgesamt, obwohl erstaunliche, doch wahrscheinlichste Lösung vorziehen, nämlich dass die Wandalen Gotisch sprachen.

Wandergemeinschaften sind bei alten Wandervölkern nicht selten, auch außerhalb des Germanischen. Der erste Beleg für ein germanisches Wort überhaupt steht auf einem Denkmal, das eine Wandergemeinschaft mit einem nicht germanischen Volk bezeugt: Auf der Protogenes-Inschrift in Olbia[7] (an der Nordküste des Schwarzen Meeres, östlich von Odessa), einer Inschrift der Zeit um 240–200 v. Chr.,[8] steht: Protogenes ließ die Mauern der Stadt verstärken wegen der Einfälle von Σκιρους und Galatern. Die Galater sind ein keltisches Volk. Das Wort ‚schier' (germ. **skīraz*) ist heute selten, aber noch nicht ausgestorben: ‚schier gar nichts' für ‚rein gar nichts' oder ‚schieres Fleisch' (ohne Knochen) ist geläufig. Wenige Jahrzehnte später, um 180 v. Chr., tritt ein anderes Volk zusammen mit Galatern in Griechenland und an der nördlichen Schwarzmeerküste plündernd auf: die Bastarnen. Dieser Name gehört wahrscheinlich zu englisch *bastard* (‚uneheliches Kind'; das englische Wort ist erst ab dem 11. Jh. belegt, daher gibt es auch andere Deutungsversuche des Namens ‚Bastarnen', z. B. aus dem Griechischen, aber jeder ist mit noch größeren Problemen verbunden), ist demnach wahrscheinlich ebenfalls germanisch und steht vermutlich in semantischer Opposition zu den ‚Reinen', wie die Skiren anscheinend wegen ihrer Nichtvermischung mit Kelten heißen. Die Bastarnen heißen möglicherweise so, weil sich ihre germanischen Elemente mit Kelten vermischten (nach Tac. Germ. 46, 1 sprechen sie eine germanische Sprache, sind aber *conubiis mixtis* mit Sarmaten vermischt). Die wenigen Personennamen einzelner Bastarnen, die uns antike Schriftsteller (z. B. Livius) überliefern, sind dem Lautstand

---

[7] CIG Nr. 2058; neuere Ausgabe: B. Latyschev, Inscriptiones antiquae orae septentrionalis Ponti Euxini Graecae et Latinae, 1, Petropoli ^{2}1916, 32.

[8] Das ist die ‚klassische' Datierung. In jüngerer Zeit wurde mehrfach versucht, die Inschrift schon in die 1. Hälfte des 3. Jhs. zu setzen, doch ohne allgemeine Zustimmung. Kaum je aber wurden Versuche unternommen, sie jünger als ca. 200 v. Chr. zu datieren.

nach keltisch (was teilweise durch keltische Gewährsleute bedingt sein könnte), aber semantisch sowohl aus dem Germanischen wie aus dem Keltischen deutbar: ein deutliches Zeichen für eine Mischkultur. Völkerwanderungszeitlich ist die bedeutendste Wandergemeinschaft wohl der gotische Heereszug. Obwohl wir von Ammianus Marcellinus bis Jordanes immer wieder von Kontakten von Goten mit Hunnen erfahren, ist es niemandem gelungen, in der Sprache gotischer Bibeltexte ein hunnisches Wort nachzuweisen. So wie nicht alle Skiren durch die Wandergemeinschaft mit den Galatern teilweise keltisiert und zu Bastarnen wurden, sondern noch zur Zeit Odoakars als ostgermanische Skiren existierten, behielt das Gotische seinen ostgermanischen Wortschatz und seine ostgermanische Grammatik. Prokop[9] (Vand. 1, 2, 2) konnte feststellen, dass die barbarischen Eindringlinge ins Reich meist gotische Völker, Γοτθικὰ ἔθνη, waren, und die berühmtesten von ihnen Γότθοι (Ostgoten), Wandalen, Οὐισίγοτθοι (Westgoten) und Gepiden. Doch dann setzt er fort: „Früher nannte man sie Sauromaten und Melanchlainoi, bei einigen heißen sie Geten. ... Auch haben sie eine Sprache, die gotische." Ähnlich nennt er noch Goth. 4, 5, 5 „Tetraxitische Goten, Goten (Ostgoten), Westgoten, Wandalen und die anderen Γοτθικὰ ἔθνη, die man früher Skythen genannt habe, wie alle Völker dieser Gegenden." Was er „früher" nennt, ist teilweise aus sehr alter Literatur; die Melanchlänen hatte er vielleicht aus Herodot. Dass diese Völker nicht Gotisch gesprochen hatten, konnte er nicht wissen. Aber Goth. 1, 1, 3 zählt er neben den Skiren auch die Alanen zu den Gotenvölkern. Prokop machte selbst den Wandalenkrieg mit; ob er dabei auch mit Alanen in Kontakt kam, wissen wir nicht; bezüglich der Völker, mit denen er selbst viel Kontakt hatte, glauben wir ihm vertrauen zu dürfen, wenn er angibt, sie sprächen alle die gotische Sprache: Ostgoten, Wandalen, Westgoten und Gepiden. Die Rugier nennt er Goth. 2, 14, 24 ἔθνος Γοτθικόν; Agathias zählt 1, 3, 3 auch die Burgunder dazu, doch hatte Agathias nicht dieselbe Sachkenntnis wie Prokop. Walter Pohl stellt fest: „Die Kultur der ‚gotischen Völker' war in vieler Hinsicht schon am Beginn der Wanderung recht einheitlich";[10] wir werden Entsprechendes für die Sprache der Wandalen und Goten der Zeit um 500 feststellen. Die Franken zählt Prokop nicht zu den Gotenvölkern. Für einen Griechen waren Gotisch und Wandalisch dieselbe Sprache, Gotisch und Fränkisch verschiedene Sprachen. Trotz unterschiedlicher Wandergemeinschaften haben sich also die Charakteristika des Ostgermanischen erhalten.

---

[9] Procopii Caesariensis Opera omnia, 4 Bde., ed. J. Haury, Leipzig 1905–1913 (Neudruck mit Ergänzungen und Korrekturen von G. Wirth, Leipzig 1962–1964).

[10] W. Pohl, Die Völkerwanderung. Eroberung und Integration, Stuttgart 2002, 80f.

Personennamen als Hauptquelle

Wenn wir wissen wollen, wie eng das Wandalische mit dem Gotischen verwandt war, müssen wir Gemeinsamkeiten und Abweichungen feststellen und die Abweichungen bewerten. Detailkritik ist nötig, da bei der Spärlichkeit der Belege schon die vorschnelle Interpretation eines einzigen Beleges das Bild stark verfälschen kann. Die einzige quantitativ nicht ganz winzige Gruppe sind die Personennamen. Die Namenelemente der Personennamen von Wandalen und Goten sind zu einem großen Teil gleich; es gibt mehr gemeinsame Namen zwischen Goten und Wandalen als zwischen Goten und Franken. Das allein sagt nicht viel über Sprachverwandtschaft: es könnte auch politische Gründe haben; wenn man sich eine Identität als gotischer Stamm gibt, bringt man das durch die Namengebung zum Ausdruck. Es hätte auch keinen Sinn, hier einen numerischen Vergleich vorzuführen: Die meisten erhaltenen Namen sind solche der Königsfamilien, und diese sind durch Heirats- und sonstige Politik am stärksten beeinflussbar. Der beste Beweis dafür ist: In den westgotischen, wandalischen und ostgotischen Königshäusern trat im 5. Jh. der Name ‚Theoderich' mehrfach auf, dann auch bei den Franken, obwohl er früher nirgends belegt ist. Wir haben vor dem 5. Jh. sicher weniger Belege von germanischen Namen, als es verschiedene Personennamen gegeben haben wird; ein Argumentum ex silentio, diesen Namen habe es früher nicht gegeben, ist daher nicht zulässig. Aber einer der häufigsten Namen kann Theoderich früher nicht gewesen sein; sonst hätten wir zumindest einen Träger des Namens vor dem 5. Jh. belegt. Wenn ein Königshaus mit der Vergabe eines Namens begann und andere nachfolgten, war das eine politische Aussage. Man betonte aber damit nicht unbedingt eine gemeinsame Sprache, die hatte sicher untergeordnete Bedeutung. Auch bei Eigennamen weniger hoch gestellter Persönlichkeiten kann der Wunsch, gemeinsame Abstammungstraditionen mit den Goten zu besitzen, die Verwendung gotischer Personennamen begünstigen, die dann eine sprachliche Verwandtschaft vorspiegeln könnten, die in Wirklichkeit nicht gegeben war. Am geringsten ist diese Gefahr, wenn sich Namen finden, die bei beiden Völkern belegt sind, aber ausschließlich von politisch unbedeutenden Personen getragen wurden. Obwohl uns solche naturgemäß höchst selten überliefert sind, besitzen wir ein solches Namenpaar zwischen Gotisch und Wandalisch: Den Namen *Andvit* tragen sowohl ein Bittsteller beim Ostgotenkönig Theoderich (Cassiod. var. 5, 29, 1), also höchstwahrscheinlich ein Ostgote, als auch *quidam presbyter eorum* (der arianischen Wandalen) *Andvit* (Vict. Vit. 1, 41). So etwas ist immerhin ein kleines Indiz dafür, dass Goten und Wandalen

eine gemeinsame Sprache sprachen; viele weitere Beobachtungen müssen dazukommen, um eine gesicherte Aussage zu ermöglichen.

Nun zu den Wrede noch unbekannten Namen:

1. *Arifridos* (Courtois [wie Anm. 3], Nr. 127; Nominativ), aus Thuburbo Maius, ist sicher aus der wandalischen Epoche. Beide Elemente des Namens sind sowohl im Ostgermanischen als auch in anderen germanischen Sprachen gut belegt. Das Erstglied *Ari-* tritt auch bei einem Ostgoten auf, einem *comes* Theoderichs des Großen namens *Arigernus*, der in Cassiodors Variae (und anderen Quellen)[11] mehrfach genannt wird; außerdem bei einem Westgoten Ἀριμηρίῳ (Dat.) der Zeit um 370.[12] Namen mit dem Erstglied *Ari-* findet man jedoch auch bei anderen germanischen Stämmen, besonders wenn man die Variante *Aria-*, die auch im Namen des Suebenkönigs *Ariamir* in Spanien belegt ist (anscheinend, der Herkunft der Quelle entsprechend, in gotischer Lautung), und verschiedene außergermanische mit *Ari-* anlautende Namen hinzurechnet, die von den germanischen nicht immer sicher getrennt werden können, sowie anscheinend germanische, aber nicht unbedingt wandalische Namensträger, wie der von Coripp genannte Waffenträger des Feldherrn Johannes namens *Ariarith*. Das Zweitglied *-fridus* ist anscheinend allen germanischen Stämmen gemeinsam; der Name ermöglicht daher keine neuen Einsichten in der Frage, mit welchen anderen germanischen Sprachen das Wandalische enger verwandt ist.

2. *Guitifrida* (Courtois [wie Anm. 3], Nr. 160; Nominativ), aus Haidra (Ammaedara), könnte aber aus nachwandalischer Zeit stammen: in Année Épigraphique 1968, Nr. 640, wird die Entstehungszeit mit 6./7. Jh. angegeben. Der Name *Guitifrida* zeigt zwar, wie vieles am von Courtois gesammelten Material, die vulgärlateinisch-romanische Schreibung *Gu-* für *W-*, ein Indiz für allmähliche Romanisierung,[13] doch sind Namen sowohl mit dem Erstglied *Viti-* als auch das Zweitglied *-frida* in Frauennamen in der ganzen Germania häufig, so dass auch er nichts darüber sagt, mit welchen anderen germanischen Sprachen das Wandalische enger verwandt war. Gleich ob wandalisch oder nicht: der Name enthält nichts Auffälliges.

---

[11] Vollständiges Verzeichnis der Belege bei H. Reichert, Lexikon der altgermanischen Namen, 1, Wien 1987, 64.

[12] Genaue Belegangabe für diesen und die im Folgenden genannten Namen bei Reichert (wie Anm. 11), 64f.

[13] Nur Indiz, nicht Zeugnis: Als Einzelbeleg würde das *Gu-* gar keine Aussage erlauben, da der Steinmetz die Schreibung wählte (der sicher kein Wandale war) und nicht die Auftraggeber. Da derartige Schreibungen häufiger vorkommen, kann das *Gu-* aber als Indiz dafür gelten, dass es doch auch der Sprache der Auftraggeber entsprach.

3. *Guiliaruna presbiterissa* (verzeichnet in Année Épigraphique 1958, Nr. 290), aus Hippo Regius, 2. Hälfte 5. Jh., ist ein in anderer Hinsicht für die altgermanische Namenkunde hochinteressanter Name. Das Zweitglied dieses Namens gehört offensichtlich zu urgerm. **rūnō* ‚Geheimnis'; wenn eine Priesterin einen solchen Namen trägt, kann man vermuten, dass es sich nicht um einen Personennamen im engeren Sinn handelt, wie sie unmittelbar nach der Geburt verliehen werden, sondern um eine Art ‚Berufsnamen'. Aus heidnischer Zeit gehören zu den wenigen Namen von Frauen, die wir insgesamt überliefert haben, gleich drei solche ‚Berufsnamen' von Seherinnen. Eine ist die bei Tacitus genannte Brukterin *Velaeda* (verwandt mit altir. *fili* „Dichter"; entweder urverwandt oder als Entlehnung aus dem Keltischen);[14] eine zweite eine semnonische Seherin Βαλουβουργ (zu germ. **walu-* ‚Zauberstab');[15] eine dritte, bei Tacitus, Germ. 8, 2, überlieferte, trägt einen Namen, der in den Handschriften leider sehr unterschiedlich und vermutlich entstellt wiedergegeben wird. Im 19. Jh. konjizierte man aus den bei Tacitus überlieferten Formen *auriniam, fluriniam, albriniam* (und anderen Varianten) **Albrunam* und hielt das für ziemlich sicher, weil das graphematisch als Quelle der Varianten verständlich (in *albriniam* wären nur die i-Punkte Fehlinterpretation eines Abschreibers) und außerdem sinnbehaftet wäre: ‚die mit den Alben raunt' wäre ein guter Berufsname für eine Seherin. Da damals kein zweiter altgermanischer Name mit dem Zweitglied *-runa* belegt war, stellte er allerdings eine ungesicherte Konjektur dar, und Lena Peterson ist im Recht, wenn sie ihn als „zählebigen Geisternamen" bezeichnet, der seine Existenz nur einer phantasievollen Konjektur verdankt.[16] Die wandalische christliche Priesterin *Guiliaruna* kann aber ihren Namen nicht aus genuin christlichen Vorstellungen haben; christliche Frauennamen mit dem Sinngehalt ‚prophetissa' gibt es nicht. Allerdings gibt es die Erscheinung, dass in erst kürzlich christianisierten germanischen Kulturen heidnische Vorstellungen nachwirken. Dadurch wird dieser Name sowohl für unsere Kenntnis der wandalischen Kultur und des Wandalischen in Afrika relevant, und nebenbei auch für den in der Germania des Tacitus genannten Namen, da nun die Konjektur **Albruna* für das Zweitglied eine Parallele in einer tatsächlich belegten Form bekommt. Das enthebt zwar nicht der Verpflichtung, sie entsprechend als Konjektur zu kennzeichnen, damit hat Peterson Recht, aber der Grad der „Geisterhaftigkeit" hat sich doch durch die Parallele *Guiliaruna*

---

[14] Reichert (wie Anm. 11), 770.

[15] Reichert (wie Anm. 11), 115.

[16] L. Peterson, ALBRUNA (Tacitus) – ett seglivat spöknamn, in: Venneskrift til G. Alhaug, edd. T. Bull - E. Mørck - T. Swan, Tromsø 2002, 148–152.

verringert. Das anlautende *Gu-* in *Guiliaruna* zeigt die typisch vulgärlateinisch-romanische Schreibung für *W-* aller germanischen Sprachen; das *.ia.* der Kompositionsfuge zeigt gute Erhaltung des ostgermanisch-gotischen Zustands; man vergleiche ostgotisch *Wiliarit*. Es ist ein weiterer Beleg in der Reihe derer, die keine Unterschiede zwischen Gotisch und Wandalisch zeigen; aber für die Laute, bei denen der Verdacht einer Differenzierung innerhalb des Ostgermanischen besteht, gibt der Name *Guiliaruna* nichts her.

4. *Gilesa* (Année Épigraphique 1952, Nr. 209), aus Tebessa, Numidien. In einer Verkaufsurkunde von a. 494 wird angegeben, dass sie *uxor* eines Iulius Quintianus ist und wie ihr Gatte *litteras nescit*. Sie gehört also einer Schicht von nur mäßig gebildeten provinzialen Grundbesitzern an; Namen mit *Gil-* sind unter Wandalen belegt; *s*-Suffixe zur Bildung eingliedriger Namen gibt es im Ostgermanischen ziemlich oft; es spricht nichts dagegen, den Namen als wandalisch anzusehen. Aber: Wer kann mit Sicherheit sagen, dass es nicht in irgendeiner anderen Sprache dieses Landes ebenfalls mit *Gil-* anlautende Namen und *s*-Suffixe gab? Solange der Gatte einen romanischen Namen trägt, können wir uns der germanischen Herkunft des Namens der Frau nicht sicher sein, wenn es sich nicht um zweigliedrige Namen handelt, deren jedes Glied als typisch germanisch bekannt ist. Manchmal erlebt man Überraschungen; z. B. ist das häufige germanische Zweitglied *-meres* nicht ausschließlich germanisch, ein homographes Element findet sich auch im Iranischen. Dass man in einem zweigliedrigen Namen einem Zufallsbefund aufsitzt, ist allerdings sehr unwahrscheinlich; dass beide Glieder eines zweigliedrigen Namens sowohl aus dem Germanischen als auch einer uns unbekannten Sprache kommen könnten, wird doch nicht oft vorkommen. Bei zweigliedrigen Namen, deren beide Glieder gut aus dem Germanischen deutbar sind, können wir daher auch ohne weiterhelfende Angaben zur Person annehmen, dass es sich um Germanen handelt. Ebenso wird man bei Personen, von denen im Kontext angegeben wird, dass sie Germanen sind, wenn sie eingliedrige Namen tragen, die sich problemlos germanisch deuten lassen, vernünftigerweise als sicher gelten lassen, dass der Name germanisch ist. Wenn wir uns aber auf einen eingliedrigen Namen ohne weiteren Hinweis auf germanische Herkunft der Person verlassen müssten, bezeichnen wir ihn als ‚möglicherweise germanisch', und verzichten darauf, ihn als Beweismittel für irgendeine sprachliche Erscheinung zu gebrauchen. Da wäre doch mit allerlei Zufällen zu rechnen. Bei *Gilesa* kommt noch dazu, dass es sich, falls sie Wandalin wäre, nicht um eine wandalische Monophthongierung von *Geil-* zu *Gil-* handeln könnte, sondern um eine vulgärlateinische Erscheinung, für die ihre romanische Umgebung zuständig wäre, da der Name von König

Geilamir in zuverlässigen lateinischen Quellen immer mit Diphthong geschrieben wird, hingegen a. 693, als das Westgotische in Spanien schon zumindest beinahe, vielleicht sogar ganz ausgestorben war, ein Bischof von Gerona *Gilimirus* heißt.[17] Die Monophthongierung ist in *Gilimirus* sicher ein Zeichen der Romanisierung, nicht einer spätgotischen Lautentwicklung, und ebenso ist *Gilesa* zu beurteilen, für den Fall, dass es wandalisch ist.

5. *Ermengon Suaba ... conivves* (= *coniux*) *Ingomaris* (Courtois [wie Anm. 3], Nr. 70 = Année Épigraphique 1951, Nr. 267; = 1958, Nr. 292 = 1962, Nr. 347; Abbildung bei Courtois Tafel V, nach S. 198), aus Hippo Regius, *ANN XXXV*, von Courtois gedeutet als Jahresangabe der wandalischen Ära (= a. 474), von Marec als ‚30jährig' (das *V* ergänzt Marec zu *vixit*),[18] zeigt, dass mit den Wandalen auch Sweben gezogen waren, ohne ihre Sprache an das Wandalische anzupassen: Während das Wandalische wie das Gotische urgermanisches *ē* zu *ī* hebt und daher die Namen auf *-mēr* Richtung *-mīr* tendieren, wird es im Westgermanischen zu *ā*. *Suāba* und *Ingomār* zeigen diesen Lautwandel so wie deutsch ‚Schwaben' und die Personennamen auf *-mar*. *Conivves* für *coniux* zeigt, dass der Steinmetz des Lateinischen nicht ganz mächtig war.

Diese Wrede noch nicht bekannten wandalischen Namen stimmen zu dem Befund, dass der Namenschatz der Wandalen weitgehend dem der Goten glich, ohne neue Akzente zu setzen. Erst die Übereinstimmung der Beobachtung, dass es zahlreiche Goten und Wandalen gemeinsame Personennamen gibt, mit der Tatsache, dass die beiden wandalischen Sätzchen, die wir besitzen, nur gotische Wörter enthalten, lässt keine Möglichkeit mehr für vernünftige Zweifel daran, dass die Wandalen ein ziemlich reines Gotisch sprachen. Das eine der beiden Sätzchen, das in Pseudo-Augustinus, Collatio cum Pascentio, ist der Liturgie entnommen und daher vielleicht nicht Alltagssprache. Das zweite jedoch, in De conviviis barbaris, ist gesprochenes Wandalisch, und ebenfalls gotisch. Dieses ist ein Fall, in dem man den Beleg zwar schon lange kennt, aber irrige Suppositionen oft zu falschen Interpretationen führen. Mit ihm müssen wir uns daher genau beschäftigen.

De conviviis barbaris: gesprochenes Gotisch/Wandalisch

Das Epigramm De conviviis barbaris (Anth. 285 Riese = 279 Shackleton Bailey) enthält einen gotischen Satz. Es lautet im Codex Salmasianus:

---

[17] Reichert (wie Anm. 11), 356.

[18] E. Marec, Monuments chrétiens d'Hippone, Paris 1958, 59f.

Inter eils goticum scapia matzia ia drincan
non audit quisquam dignos edicere versos.

In den maßgeblichen Editionen von Riese und Shackleton Bailey ist der Text wie folgt konstituiert:

Inter 'eils' Goticum 'scapia matzia ia drincan'
non audet quisquam dignos edicere versus.

„Unter dem gotischen ‚Heil! Schaffen wir uns Essen und Trinken!' (oder: ‚Heil! Schaff sowohl Essen als auch Trinken!'; in wulfilanischer Orthographie: ‚*Hails! Skapiam matjan iah drigkan*' oder: ‚*Hails! Skap iah matjan iah drigkan*') wagt niemand, würdige Verse zu zitieren."

Dieser Beleg wird kontrovers datiert, entweder schon bevor die Wandalen nach Afrika kamen, oft aber auch erst nach dem Ende der Wandalenherrschaft. Kay kommt jedoch zu dem Schluss,[19] dass mehrere Indizien dafür sprechen, dass die ganze Sammlung (nicht nur die von ihm edierten Teile) um 500, wahrscheinlich noch während der Wandalenherrschaft, entstanden ist, und kein Indiz gegen diese Datierung der Sammlung spricht. Die irrige Supposition bei den Extremdatierungen ist: Man meint, *Goticum* könne nicht ‚Wandalisch' bedeuten; da dieser Teil der Anthologia Latina sicher in Nordafrika entstanden ist, müsse es sich um vor oder nach der Wandalenzeit in Nordafrika anwesende Goten gehandelt haben; in der Wandalenzeit selbst hätten hier ja nur Wandalen in den Wirtshäusern gegrölt. Der Irrtum ist: *Convivium* heißt nicht, dass eine Gruppe von Barbaren, vielleicht irgendwelche ihrer ethnischen Herkunft nach nicht näher bestimmbare Hilfstruppen einer römischen Einheit, also zufälligerweise tatsächlich Goten, in ein Gasthaus stürmte, in dem der Dichter gerade lateinische Verse vortragen wollte, durch die Ankömmlinge gestört wurde und die Worte aufschnappte, die sie beim Eintritt riefen. Ein *convivium* ist eine Veranstaltung von hochgestellten Persönlichkeiten für geladene Gäste. Um vor den Gästen mit seiner Bildung zu protzen, lädt der Gastgeber einen gebildeten Dichter ein, der die Gäste mit seinen Versen zu unterhalten hat. Germanische Barbaren in politischer Stellung, die solche *convivia* veranstalten konnten, waren in Nordafrika nur die Wandalen, und diese nur während der Zeit ihrer Herrschaft.

Dass die Gäste wegen des Essens und Trinkens kamen und die Verse missachteten, traf nicht nur römische Dichter im Wandalenreich. Germanisten denken an Walther von der Vogelweide, der sich beklagte, dass er unter den betrunkenen Rittern am Landgrafenhof in Thüringen seine Gedichte nicht

[19] N. M. Kay, Epigrams from the Anthologia Latina, London 2006, 7.

vortragen konnte; in anderen Epochen war es nicht anders. Der Dichter dieses Epigramms aber schiebt es auf die Unkultur der Wandalen, mit denen er persönlich zu tun hat und deren Worte er hört und wiedergibt, deren Sprache er als ‚Gotisch' bezeichnet. Zu Beginn der Wandalenherrschaft unterhielt man sich sicher beim Gastmahl auf Wandalisch/Gotisch. Aber später? Dass man überhaupt einen römischen Dichter einlud, zeigt vermutlich, dass der Gastgeber erwartete, alle Gäste könnten Latein, und dass sie nichts gegen lateinische Dichtung hatten. Das zeigt die Wandalen auf dem Weg der Romanisierung, auch wenn sie noch gotisch grölten, wenn es um Essen und Trinken ging. Ein Gastmahl an einem germanischen Fürstenhof stellen wir uns so vor, dass ein Sänger Heldenlieder über die Taten der Vorfahren vortrug und alle begeistert zuhörten oder mitsangen, wenn auch mit rauen Stimmen und ungeordnet, wie der Augen- und Ohrenzeuge Ammianus Marcellinus den Schlachtgesang der Goten bei Beginn der Schlacht von Marcianopolis beschreibt (31, 7, 11; zu a. 377): *maiorum laudes clamoribus stridebant inconditis* („sie kreischten das Lob ihrer Vorfahren in ungeordnetem Geschrei"). Diese Lieder schriftlich aufzuzeichnen und vorzulesen, wäre vermutlich als Sakrileg empfunden worden, denn die altgermanische Kultur war nicht schriftlos, weil man Schrift nicht gekannt hätte, sondern weil in Kunst und Religion die Schriftlichkeit für sie nichts verloren hatte. Mit der Christianisierung begann für die Germanen die Schriftlichkeit; aber ihre eigenen alten Traditionen aufzuschreiben, verstieß gegen die Sitte der Väter. Wann innerhalb der wandalischen Epoche diese Sitten aufzuweichen begannen, können die spärlichen Sprachreste keine Auskunft geben; der Sprachwissenschaftler ist auf die Vermutungen der Kulturhistoriker angewiesen. Wenn ein römischer Autor der wandalischen Epoche über einen Wandalen schrieb, dass dieser nicht nur in der Schriftlichkeit ungeübt, sondern ihr feindlich gesinnt sei, so verstand dieser zwar, dass es als Beleidigung gemeint war, rechnete es sich selbst aber wahrscheinlich als Lob an.

Dialektale Unterschiede zwischen Gotisch und Wandalisch?

Das Problem der Diphthonge

Das genannte Epigramm ist, wie ausgeführt, ein Zeugnis dafür, dass die Sprache der Wandalen in Afrika von den Zeitgenossen als ‚Gotisch' bezeichnet wurde. Es empfiehlt sich daher auch für uns zu sagen, die Wandalen sprachen Gotisch. Da bleibt noch die Möglichkeit, dass es Dialektunterschiede gegeben haben könnte, die sich in für uns feststellbarer unterschiedlicher Wahl lateinischer Schriftzeichen für wandalische und gotische Aussprache mancher Laute niedergeschlagen hätten. Nun gibt es eine Eigenheit des von

Wulfila für die gotische Bibelübersetzung neu geschaffenen Schriftsystems, die schon seit dem 19. Jh. für Diskussion sorgt, und die durch den Strukturalismus der 1960er Jahre neu belebt wurde: die Frage der Vokalquantitäten und des Überganges von Diphthongen in Monophthonge im Gotischen.

Sicher ist, dass das Gotische Kurz- und Langvokale deutlich unterschied. Wulfila benutzte die Zeichen für o 𐍉 und *e* 𐌴 für die Langvokale; für die Kurzvokale musste er sich daher um neue umsehen. Im Griechischen waren αι und αυ mit ε und ο in der Aussprache zusammengefallen; die griechische Orthographie blieb aber konservativ und schrieb weiterhin diejenigen Wörter mit αι und αυ, die man altgriechisch so geschrieben hatte. Nach diesem Vorbild benutzte Wulfila die Digraphen *au* 𐌰𐌿 und *ai* 𐌰𐌹 für kurzes *o* und *e*; er musste also *apaustaulaus* für αποστολος und *Paitraus* für Πετρος schreiben. Ebenso schrieb er in gotischen Wörtern *wairþan*, das deutsch ‚werden' entspricht und immer kurzes *e* hatte, gegen *jer* deutsch ‚Jahr', das immer einen Langvokal (got. *ē* gegen deutsch *ā*) hatte. Aber es gab im Gotischen auch Wörter, die in allen germanischen Sprachen Diphthonge hatten: *stains*, dt. ‚Stein', und *hlaupan*, dt. ‚laufen', waren ursprünglich diphthongisch, und falls dieses *ai* oder *au* einmal monophthongisiert worden wäre, in einer germanischen Sprache doch eher zu einem Langvokal, wie im Deutschen (z. B. gotisch *raus*: deutsch ‚Rohr'), nicht zu einem Kurzvokal. Anders im Romanischen, wo es keine Differenzierung von Längen und Kürzen gab. Daher nahm man bis 1960 meist an, Wulfila habe in seinem neuen Alphabet die Zeichen *ai* und *au* für je zwei verschiedene Laute benutzt, nämlich für Diphthonge in Wörtern vom Typ *stains* und *hlaupan* und für Kurzvokale in Wörtern vom Typ *wairþan* (dt. ‚werden'), *waurd* (dt. ‚Wort'). Ist es denkbar, dass jemand ein neues Alphabet entwirft und dabei Inkonsequenzen begeht? Die in der 2. Hälfte des 20. Jhs. in der linguistischen Diskussion wortführenden Strukturalisten sagten: Nein, und die Neuauflagen der Gotischen Grammatik, die ab 1961 von Ernst A. Ebbinghaus bearbeitet wurde, ab 2004 von Frank Heidermanns,[20] geben an, Wulfila hätte die Stammsilbenvokale in *wairþan* und *stains* zwar nicht gleich ausgesprochen, aber als kurzes bzw. langes offenes *e*, während das Zeichen *e* 𐌴 ein langes geschlossenes *e* bezeichnet hätte. Dazu muss man das Zeugnis der Namen herunterspielen; die Angabe bei Heidermanns, „solche Schreibungen" seien „traditionell und zählebig"[21] ist irreführend, da Namen wie der des Goten *Gaina* um 400 neu in den Gesichtskreis der Antike kamen und daher keinen älteren Sprachzustand

[20] F. Heidermanns, Neubearbeitung von: W. Braune, Gotische Grammatik, Tübingen ^{20}2004.

[21] Heidermanns (wie Anm. 20), 40.

als den Wulfilas repräsentieren können. Der Weg derjenigen Strukturalisten ist aber prinzipiell falsch, die bei der Rekonstruktion nicht oder nur trümmerhaft belegter Sprachstufen annehmen, synchron widerspruchsfreie Systeme seien wahrscheinlicher als synchron widersprüchliche: Das menschliche Denken knüpft an überkommene Strukturen an; die für neue Situationen nötigen Veränderungen werden nicht genau mit dem Übernommenen übereingestimmt; man bemüht sich eher, mit möglichst wenigen diachronen Veränderungen auszukommen. Daher sind alle natürlichen Systeme, seien es Sprachen oder schriftliche Zeichensysteme, irgendwie in sich widersprüchlich. Ich glaube prinzipiell keine linguistische Theorie, die ein synchron widerspruchsfreies System für irgendeine rekonstruierte Sprachstufe oder Schrift annimmt. Wulfila hatte sicher andere Sorgen, als sein Alphabet bis ins letzte Detail der Sprachstruktur anzugleichen. Die Belege für die Namen der Goten *Gainas* und *Radagaisus* in lateinischen Quellen zeigen durchgehend die Digraphe *ai*, wie auch für den Wandalenkönig *Gaisericus* oder *Geisericus* (*ai* oder *ei* macht keinen wesentlichen Unterschied).[22] Für das Gotische ist außerdem das *hailag* (entspricht etymologisch, wenn auch nicht im Bedeutungsumfang, deutsch ‚heilig') in der Runeninschrift auf dem Ring von Pietroassa beweisend, wenn auch nicht unbedingt für die Entstehungszeit, da die Aussprache einer sakralen Formel konservativ gewesen sein kann. Die kunstgeschichtlich datierbaren Teile des Pietroassa-Schatzes wurden früher allgemein in die Zeit um 360 datiert; insbesondere eine Schüssel (*patera*) mit neuplatonischen Götterdarstellungen ist sicher in die Zeit Julian Apostatas zu stellen.[23] Man nahm daher an, dass die Deponierung mit der Auswanderung der Westgoten zu Beginn der Völkerwanderung zu tun hat. Einige Objekte weisen jedoch Stilmerkmale auf, die für die erste Hälfte des 5. Jhs. kennzeichnend sind; daher wurde der Fund neuerdings mehrfach in diese Zeit gestellt.[24] Die gotische Siedlung nahe Pietroassa wurde allerdings bald nach 370 aufgelassen;[25] es finden sich dort keine Spuren einer Siedlung des 5.

[22] Das Schwanken zwischen *a*, *e*, und *i* in der Kompositionsfuge (z. B. *Geila-*, *Geili-*, *Geile-*) ist wahrscheinlich darauf zurückzuführen, dass diese unbetont war und daher die Vokalqualität vor allem für Nicht-Muttersprachler schwer erkennbar war. Darauf gehe ich daher hier nicht weiter ein.

[23] Genaueste Untersuchung von M. von Heland, The Golden Bowl from Pietroasa, Stockholm 1973 (Acta Univ. Stockholm. Stockholm Studies in History of Art 24), überzeugende Argumente für die Datierung in die Zeit Julians 86–101.

[24] So von R. Harhoiu, Art. Pietroassa § 1, Reallexikon der germanischen Altertumskunde 23 (2003), 147–153.

[25] So datiert sie auch Harhoiu (wie Anm. 24), 147f. Dass er trotz des frühen Endes der Siedlung auf Grund der doch nur mit großem Spielraum datierbaren Stilmerkmale der

Jhs. Da die stilistischen Datierungen einen großen Spielraum erlauben, ist es sinnvoll, bei der alten Datierung und bei der Zuweisung an die Westgoten zu bleiben.

Das Schwanken zwischen *ai* und *ei* in den Namen von Goten und Wandalen in lateinischer Schrift ist nicht weiter interpretationsbedürftig; wichtig ist nur, dass es sich in jedem Fall um die Wiedergabe eines Diphthongs gehandelt haben muss. Man darf nicht mit dem monophthongierten altlateinischen *ae* argumentieren, das in der Schrift meist mit *e* oder *ę* wiedergegeben wurde, nicht mit *ai* oder *ei*. Für den anderen Diphthong, *au*, sind die Belege in gotischen Namen zahlenmäßig gering, aber immerhin vorhanden. Erhaltenes *au* zeigt beispielsweise *Gauterit*, der Name eines Westgoten, der 470 aus Gallien nach Spanien einfiel. Überliefert ist er nur in der gallischen Chronik von 511.[26]

Die Korrumpierungen der Vokale von Namen in den Handschriften sind allgemein und betreffen nicht nur Germanisches. Mommsen nimmt z. B. an, dass Hydatius *Callaecia* schrieb; die beste Handschrift schreibt meist *Gallec-*, bisweilen aber auch *Gallic-*, selten *Gallac-*;[27] die Barbarei im Umgang mit Vokalen ist eine romanische. Generell empfiehlt es sich, vor der Bewertung einzelner Handschriftenlesarten von germanischen Namen in den Apparaten der Ausgaben zu kontrollieren, wie die betreffende Handschrift mit lateinischen Wörtern umgeht, was ein Zeichen für den Grad der Romanisierung der Sprache des Schreibers ist. Z. B. hat die Hydatius-Handschrift *F* auch Schreibungen wie *Ocianum* für *Oceanum* und umgekehrt *mare Terrenum* statt *Tirrenum* für das Tyrrhenische Meer; das heißt, dem Schreiber war der Gebrauch von *e* und *i* prinzipiell gleichgültig, nicht nur in germanischen Namen, und diese Handschrift (wie auch viele andere) kommt für die Beurteilung des Vokalismus der Barbarensprache gar nicht in Betracht. Dass die Überreste germanischer Diphthonge gering sind, erstaunt daher nicht. Trotzdem ist für *au* noch *Audemundus* in den westgotischen Konzilsakten zu a. 683 bis 693 überliefert. Wenn Jordanes einen Ahnherrn der Amalergenealogie *Augis* nennt, wird er wohl die ostgotische Aussprache zur Zeit Cassio-

Fibeln den Schatzfund nach 400 datiert, erscheint mir nicht einsichtig. Man wird doch den Schatz nicht unabhängig von der Siedlung betrachten, besonders, wenn Stücke klar datierbar sind, wie die Patera in die Zeit Julians.

[26] Chron. Gall. chron I p. 664, 651 (Chronica minora saec. IV. V. VI. VII, Bd. 1, ed. Th. Mommsen, Berlin 1892 [MGH auct. ant. 9]), nur in einer Madrider Handschrift des 13. Jhs. erhalten.

[27] Mommsen im Apparat, Chron. min. (wie Anm. 26), Bd. 2, Berlin 1894 (MGH auct. ant. 11), 13 zu Zeile 12.

dors wiedergeben. Das *ē* im Namen *Auredus*, a. 693 Bischof von Lerida,[28] zeigt, dass es sich um einen gotischen, nicht etwa fränkischen Namen handelt; auch in ihm liegt gotisches *au* vor.

Wenn man die Beibehaltung der diphthongischen Aussprache des alten *ai* im Gotischen wegen *Gainas* und *Radagaisus* für erwiesen hält, wird man auch Entsprechendes für das alte *au* annehmen. Ein Indiz dafür könnte sein, dass noch der sogenannte Trebellius Pollio (Hist. Aug. Claud.), vermutlich zur Zeit Wulfilas, den Volksnamen der Ostgoten *Austrogothi* schreibt. Im Westgotischen sind bis zum Ende des Westgotenreiches, vor allem in den westgotischen Konzilsakten, zahlreiche Belege für erhaltenes *au* überliefert. Im Ostgotischen scheint sich aber bereits im 5. Jh. *au* zu *o* entwickelt zu haben, wie man seit Wrede allgemein annimmt.[29] Hinlänglich sicher bezüglich der Etymologie und auch mehrfach belegt ist das Namenelement *ostro-*, bei Jordanes sowohl im Namen der Ostgoten als auch im Namen der *Ostrogotha*, einer Tochter Theoderichs. Die fränkische Prinzessin, die der Ostgote Theoderich heiratete, wird in zwei Quellen namentlich genannt: im Anonymus Valesianus als *Augoflada*, mit fränkischem *au* und *ā*, bei Jordanes (wohl aus Cassiodor) als *Audefleda*, mit gotischem *ē*, aber seltsamerweise mit *au*, das eigentlich nur fränkisch, nicht ostgotisch sein dürfte.[30] Man muss entweder annehmen, dass der Name bei der Verehelichung der Prinzessin nur halb der neuen Sprache angeglichen wurde, oder dass auch im Ostgotischen um 500 die Variante mit *au* noch als prinzipiell möglich galt.

Interessant ist, wie man im ostgotischen Italien mit wandalischen oder westgotischen Namen umging, die in diesen Sprachen einen der Diphthonge *ai* oder *au* enthielten. Sichere Belege haben wir für *ai*: Wandalisch *Geisericus* erscheint bei Cassiodor als *Gensericus*; ein früherer König, auf den Cassiodor verweist, als *Gensimundus* (Variante *Gesimundus* nur in schlechteren Handschriften); der Letztgenannte scheint dieselbe Person zu sein wie der bei Jordanes als Sohn des Hunimundus bezeichnete *Gesimundus* (schlechtere Jordanes-Hanschriften *Gise-*). Einen Ostgoten, dessen Name sicher dasselbe Namenelement enthält, nennt Cassiodor *Gesila*. Daraus ist zu schließen, dass Cassiodor der Diphthong *ai* nicht geläufig war und er versuchte, die wandalischen Namen stattdessen mit nasaliertem *e* wiederzugeben. Weniger auf Genauigkeit bedachte Abschreiber machten daraus einfaches *e*. In ostgoti-

[28] Beleg bei Reichert (wie Anm. 11), 101.

[29] F. Wrede, Über die Sprache der Ostgoten in Italien, Straßburg 1891 (Quellen und Forschungen zur Sprach- und Culturgeschichte der germanischen Völker 68), 165f.

[30] Dass einer der beiden Autoren *d* oder *g* verhörte, ist hier irrelevant. Belege bei Reichert (wie Anm. 11), 95, s. v. Audefled.

schen Namen gibt es in den Cassiodor-Handschriften keine Schwankungen; sie zeigen generell das *e*. Das Wandalische scheint die speziell ostgotischen Neuerungen nicht mitgemacht zu haben und in diesem Punkt wie das Westgotische konservativer gewesen zu sein.

In einigen Fällen könnte bei lateinischen Autoren mit (mittelbar) griechischen Zwischenquellen die Schreibung *apt* für *aud* stehen; z. B. *Gapt* bei Jordanes, für einen Namen, den man sinnvoll nur als gotisch *Gaut* interpretieren kann. Eine Eigenheit der griechischen Orthographie ist, dass πτ für [wt] geschrieben wird; [gawt] kann man als Lautsubstitution für [gaut] durch jemanden auffassen, der die diphthongische Natur des *au* wiedergeben wollte und das griechische αυ als ungeeignet empfand, weil es als [o] ausgesprochen worden wäre. Da zeigt sich der Nachteil der Namen: Wir wissen nicht, was der Name eines bestimmten Germanen bedeuten sollte; im Fall *Gapt* haben wir keine sinnvolle Alternative zum *au*; die anderen Fälle von griechischem απτ in germanischen Namen sind leider doppeldeutig: Ῥαπτος bei Cassius Dio 71, 12, 1 wird üblicherweise zu deutsch *Raft* gestellt, obwohl es auch zu germanisch **raud-* ‚rot' gehören könnte, wenn man mit der Möglichkeit der Schreibung απτ für *aud* rechnet. Der Mörder des Ostgotenkönigs Theodahad heißt nach Prokop (Got. 1, 11, 6) Ὀπταρις. Wie soll man den Namen herstellen, wenn man über die Etymologie nicht informiert wird? Hätte Prokop versuchen können, so ein gotisches **Autharit* wiederzugeben? Gregor von Tours hat, aus uns unbekannter schriftlicher Quelle und daher durch uns unbekannte Zwischenglieder bedingt, die Schreibung *Aptacharius* für den Langobardenkönig *Autharit* (oder *Authari*). Dass wir im Langobardischen *aut* anzusetzen haben, ist sicher. Dann könnte *apt* in gotischen Namen ebenfalls für *aut* stehen. Die anderen Namen mit απτ sind jedoch jeweils bei nur einem Schriftsteller belegt; wir haben also keine Vergleichsmöglichkeit, die uns die richtige Etymologie sichern könnte. Die Möglichkeit, dass einige verkappte gotische *au* in der Schreibung απτ überleben, ist also nicht unwahrscheinlich, aber im Einzelfall kaum je beweisbar.

Was das Wandalische betrifft, haben wir für den Diphthong *ai* einen sicheren Beleg: Die in Italien (Fonzaso bei Feltre?) aufgefundene Silberschüssel mit dem Namen *Geilamir* (CIL 8, 17412 = Courtois [wie Anm. 3], Nr. 111) ist sicher eine Quelle, deren Anfertigung von einem Wandalen überwacht wurde, auch wenn der Graveur vermutlich Vulgärlatein sprach; auch die prinzipiell weniger zuverlässigen (weil in der Ausführung oft nicht überwachten) Münzbelege dieses Herrschers und die Nennungen in der Johannis des Coripp zeigen dieselbe Schreibung, *Geilamir*. Für diesen Namen kann damit die tatsächliche Aussprache als gesichert gelten. Auch das *ei*,

das der lateinische Dichter von De conviviis barbaris in *eils* hörte – in wulfilanischer Orthographie hieße es *hails* –, ist, trotz verschiedener Versuche von Strukturalisten, kaum anders denn als Diphthong erklärbar. Die Aussprache des germanischen Diphthongs *ai* als wandalisches *ei* entsprach also in etwa der im Gotischen in den Namen *Gainas* und *Radagaisus*, sowie in *hailag* in der Runeninschrift auf dem Ring von Pietroassa. Unterschiede zwischen Gotisch und Wandalisch sind also auch im Bereich der Diphthonge, der bei der Gliederung einer Sprache in Dialekte sehr sensibel ist, nicht feststellbar, jedenfalls nicht beweisbar. Für das späte Ostgotische sind jedoch keine sicheren Belege auszumachen, weder für erhaltenes *ai* noch für Monophthongierung zu *e*, da die wenigen Belege etymologisch unsicher sind. Es könnte jedoch sein, dass, wie Wrede annimmt,[31] das späte Ostgotische auch hier monophthongierte. Das Wandalische behielt jedoch den alten Lautwert.

Unterschiede zwischen der Wiedergabe im Griechischen und Lateinischen als Mittel zur genaueren Bestimmung des Lautwertes

Nicht verwertet werden in der Diskussion um den Lautstand des Gotischen üblicherweise Belege gotischer bzw. wandalischer Namen bei griechisch schreibenden Autoren. Die Schreibungen in den griechischen Texten weichen nämlich nicht selten von den lateinischen ab. Manchmal liegt das daran, dass die Griechen weniger direkten Kontakt mit Germanen hatten als die Römer in Italien, Spanien oder auch Nordafrika, und Zwischenquellen eine zusätzliche Fehlermöglichkeit bedeuten. Aber es gab auch griechische Schriftsteller mit bester Sachkenntnis und direkten Berührungen mit Germanen, vor allem Prokop, der als Geheimschreiber Belisars sowohl den Wandalenkrieg als auch große Teile des Gotenkrieges mitmachte. Wrede glaubte sich daher berechtigt zu konstatieren, dass die Griechen „für den germanischen Consonantismus wie Vocalismus (zumal die Diphthonge) gar kein Gehör“[32] hatten. So ähnlich formuliert man bis heute, obwohl sich zumindest bei einigen der Abweichungen zeigen lässt, dass sie auf genau beschreibbarer Lautsubstitution für germanische Laute, die das Griechische nicht besaß, beruhen, und daher gerade die Differenzen zwischen lateinischer und griechischer Wiedergabe ein genaueres Bild der germanischen Sprache vermitteln als die lateinischen Quellen allein.

Ein wesentlicher Punkt ist: Prokop schreibt Γιζέριχος für **Gaisarix* (Hydatius: *Gaisericus*) und Γελίμερ für *Geilamir*. Den Namen des Vaters des *Geilamir*/Γελίμερ schreibt er jedoch (im Gen.) Γειλάριδος. Was wir für die Aus-

[31] Wrede, Sprache der Ostgoten (wie Anm. 29), 165.
[32] Wrede, Sprache der Wandalen (wie Anm. 1), 5.

sprache des Wandalischen verwerten können, sind die Vokale der Stammsilben der beiden Glieder jedes dieser Namen; der Vokal der dazwischen liegenden ‚Kompositionsfuge' ist für Rekonstruktionen aus folgendem Grund nicht geeignet: Der Vokal der Mittelsilben der zweigliedrigen Namen war in allen germanischen Sprachen sehr schwach betont; die Hörer waren sich dementsprechend unsicher, ob er als *a*, *e* oder *i* geschrieben werden sollte. Dieser Befund ergibt sich aus den Schreibungen aller germanischen Namen in spätantiken Quellen (die Akzente im griechischen Text sind jüngere Zutat: Die Prokop-Handschriften gehen, wie die Abschreibfehler in griechischen Wörtern zeigen, auf eine Majuskel-Vorlage zurück; da über Majuskeln keine Akzente gesetzt werden, entsprechen diese nur der neueren griechischen Orthographie der Minuskelzeit, aber weder der Betonung im Wandalischen noch der Prokops, der sicher entsprechend seinen Gewährsleuten *Gíserìchos*, *Gélimèr* usw. betonte). Wir können daher nur die Vokale der Haupttonsilben zu unserer Untersuchung heranziehen. Die Lateiner hatten einen dem germanischen *ai* ähnlichen Laut nur in Formen wie *Traianus*, also mit intervokalischem *j*, während das germanische *ai* auch vor Konsonanten steht; aber sie waren in der Lage, es auszusprechen. Die Griechen in Prokops Umgebung konnten den Diphthong *ai* sicher nicht ordentlich aussprechen. Da das *ai* in der lateinischen Schreibung *Gaisaricus* nicht für einen wandalischen Monophthong *e* stand (für den man eine Variante des *e*-Zeichens gewählt hätte, s. o.), sondern eben für den Diphthong [ai], ist das ein beschreibbarer Fall von Lautsubstitution für einen in Prokops Sprache nicht vorhandenen Diphthong, wie sie ja auch heute etwa zwischen Deutsch und Englisch selbstverständlich ist, kein Fall von ‚weniger feinem Ohr'. Wenn das Lateinische und das Griechische denselben germanischen Namen unterschiedlich wiedergeben, ist zu schließen, dass es sich um einen Laut handelte, der in einer der beiden Sprachen reproduzierbar war, in der anderen nicht und in ihr daher durch einen anderen substituiert wurde; dafür kommt nur der germanische Diphthong in Frage. Außerdem hatte Prokop die zusätzliche orthographische Schwierigkeit, dass er nicht αι schreiben durfte, weil dies als kurzes *e* missverstanden worden wäre – oder sogar von ihm missverstanden wurde, falls ihm der Name *Gailamir* zuerst in einem schriftlichen Dokument eines Griechen zukam: warum schrieb er Γελ- für *Gail-* in Γελιμερ, aber Γειλ- in Γειλαριδος? Wir wissen es nicht; der einzige Unterschied, den wir feststellen können, ist, dass *Gailamir* Zeitgenosse Prokops war, **Gailaris* jedoch nicht; die Wahrscheinlichkeit, dass er den Namen nicht hörte sondern las, ist daher für den zweiten Namen etwas größer als für den ersten; aber ob der Unterschied auf einen wandalischen Lautwandel

um 500 oder nur unterschiedliche orthographische Traditionen der Gewährsleute zurückgeht, ist unbestimmbar.

Zu den Schwierigkeiten bei der direkten Übernahme aus dem Germanischen, die schon groß genug waren, kam für den Griechen noch die weitere Schwierigkeit hinzu, dass die Verkehrssprache in Nordafrika Latein war und kaum jemand Griechisch konnte. Ein Grieche in Belisars Armee hörte wandalische Namen normalerweise nicht von einem nordafrikanischen Griechen, der mit Wandalen zu verkehren gewohnt war (denn es lebten praktisch keine Griechen in Nordafrika), sondern von einem Vulgärlatein sprechenden Provinzialen. Das Vulgärlatein in Nordafrika hatte einen gegenüber dem klassischen Latein veränderten Vokalismus und differenzierte Längen und Kürzen nicht. Augustinus beklagt (doctr. christ. 4, 10, 24): *Afrae aures de correptione vocalium vel productione non iudicant.* Das war nicht nur in Afrika so; das Vulgärlatein unterschied auch anderswo Längen und Kürzen nicht. Stattdessen unterschied man den Öffnungsgrad: die ehemals langen *e* und *o* wurden dem *i* bzw. *u* angenähert; die kurzen eher der Aussprache von Diphthongen (Servius gramm. IV 421, 16–21; Servius meint wohl nicht, dass die Kurzvokale zu Diphthongen wurden, sondern dass der Öffnungsgrad der ehemaligen Kurzvokale dem der ehemaligen Diphthonge glich).[33] Das Latein in Nordafrika hatte vielleicht noch seltsamere Vokale (der Name von Augustins Mutter, *Monica*, ist punisch!). Bei verzerrter Aussprache durch die lateinischen Gewährsleute sind noch viel mehr Hörfehler der Griechen möglich.

Aber in einem Fall gibt Prokop an, einen Namen von einem Wandalen gehört zu haben, und gerade diesen überliefert er wahrscheinlich falsch. Wenn Prokop angibt, etwas von einem Wandalen persönlich gehört zu haben, muss das zwar nicht unbedingt bedeuten, dass er direkt die Worte des Wandalen vernahm, der Wandale könnte auch zu einem Dolmetscher gesprochen und Prokop dessen latinisierte Aussprache ins Griechische übertragen haben; in der Antike wird die Anwesenheit von Dolmetschern bei Gesprächen üblicherweise nicht erwähnt. Aber es ist tatsächlich möglich, dass Prokop sich mit einem Wandalen direkt unterhielt, da sowohl Prokop als auch der Wandale Latein können mussten. Prokop musste in seinem Amt so gut Latein können, dass er sich ohne Dolmetscher unterhalten konnte, und die Wandalen konnten als Minderheit sicher auch Latein (falls sie zur Zeit

[33] Weitere Belege für den geschlossenen, *i*-nahen Charakter des ehemals langen *ē* gegen das offenere ehemals kurze *e*, dessen Öffnungsgrad dem des ehemals diphthongischen *ae* glich (mit dem es daher von Sprechern bzw. Schreibern, die versuchten, klassisches Latein zu schreiben, oft verwechselt wurde), bei E. Seelmann, Die Aussprache des Latein nach physiologisch-historischen Grundsätzen, Heilbronn 1885, 175–191.

des Prokop außerhalb des Gottesdienstes noch Wandalisch sprachen); sie hätten sich sonst kaum auf dem Markt etwas kaufen können, denn die Wandalen waren eine Krieger- und Herrenschicht; die bäuerliche Bevölkerung sprach das oben charakterisierte Vulgärlatein. Auf den von Prokop wahrscheinlich falsch überlieferten Namen müssen wir daher eingehen: Prokop behauptet (Vand. 1, 3, 33), persönlich von einem Wandalen eine Information über den Tod des Γόνθαρις (belegt im Nom., sowie im Akk. Γόνθαριν) erhalten zu haben, der 428 in Spanien gestorben war, den Hydatius *Gundericus* nennt. Hydatius (ca. 394–469) war Zeitgenosse und von den Vorgängen in Spanien unmittelbar betroffen; er gab den Namen des Wandalenkönigs sicher ziemlich richtig wieder; es gibt keine nennenswerten Handschriftenvarianten. Das *u* des Hydatius in *Gundericus* lag vermutlich näher an der Klangfarbe des Wandalischen als das *o* Prokops; das θ Prokops lag dagegen vermutlich näher am *þ* des Wandalischen als das *d* des Hydatius. Das sind beides keine großen Unterschiede; es sind für das Griechische bzw. Lateinische selbstverständliche Lautsubstitutionen. Für Verwirrung sorgt aber der Auslaut des Zweitgliedes: die beiden bei Prokop belegten Kasus lassen den Gen. Γονθάριδος und den Dat. Γονθάριδι erwarten. So gebraucht sie Prokop für einen bei Coripp *Guntharith* genannten (ostgermanischen, aber nicht notwendig wandalischen) Rebellen (545–547). Dessen Name müsste auf Gotisch/Wandalisch im Nominativ **Gunþa-rīþs* oder **Gunþarīþ* gelautet haben (je nachdem, ob das auslautende *s* im Wandalischen erhalten war), im Akkusativ **Gunþarīþ*, im Genitiv und Dativ **Gunþarīd-* + Vokal. Da können wir sowohl die Substitution Coripps, *th* für *þ*, verstehen, als auch die Zuordnung Prokops zur griechischen Deklination auf -ρις, -ριδος. Der 428 verstorbene König hatte aber **Gunþirīx* geheißen, wenn wir Hydatius (und späteren Quellen aus Spanien und Frankreich, die aber direkt oder indirekt von Hydatius beeinflusst sein könnten) Glauben schenken; und das müssen wir wohl. Der erst Jahre später auftauchende Name **Gunþa-rīþ(s)* kann Prokop nicht beeinflusst haben, als er zu Beginn des Wandalenkrieges den Namen des schon 428 verstorbenen *Gundericus* aus dem Mund eines Wandalen hörte, der wohl wie **Gunþirīks* geklungen haben muss, und den Prokop nach griechischer Gewohnheit hätte mit Γουνδέριχος, Γουνθέριχος oder Γονθάριχος wiedergeben sollen.[34] Dass er ihn falsch wiedergab, kann ver-

[34] Das Problem der Kompositionsfuge können wir hier beiseite lassen: in germanischen Quellen ist von Anfang an ein Nebeneinander von **Gunþi-* und **Gunþa-* feststellbar. Wenn der Fugenvokal bald als *e*, bald als *a* erscheint, kann die Ursache bei den *Gunþ*-Namen auch bei den germanischen Sprechern liegen, abgesehen von den Anm. 22 erwähnten Unsicherheiten der nicht germanischen Hörer. Die Verschiebung der Klang-

schiedene andere Gründe haben. Unsere Chancen, den richtigen zu erraten, sind gering, doch ist es wichtig, auch dort, wo man keine Hypothese anbieten darf, weil keine bewertbaren Indizien vorhanden sind, Szenarien anzubieten, welche Arten von Irrtümern eine konkrete Schreibung wie -ρις statt -ριχος verursacht haben könnten. So wäre es denkbar, dass Prokop in späteren Jahren den Namen **Gunþarīþ* mehrfach hörte, und zwar nicht nur als den Namen des nordafrikanischen Rebellen, sondern auch als den eines Anführers von Erulern im Jahr 538 (Goth. 2, 4, 8), den er ebenfalls Γόνθαριν (nur Akk.) nennt, nach seiner Praxis der Überführung der Wörter mit gotischem stammschließendem *d* in die griechische Deklination auf -ρις, -ριδος. Das *d* geht dabei im Griechischen gerade in den häufigsten Kasus verloren, aber das war in der Antike allgemeine Praxis. Als Prokop gegen 550 die ersten sieben Bücher seiner Kriegsberichte zusammenstellte, könnte er diesen Namen im Ohr gehabt haben, ohne zu wissen, dass es sich um zwei nur ähnlich klingende Namen handelte, und, 15 Jahre nach seinem Aufenthalt in Afrika, geglaubt haben, es seien phonetische Varianten desselben Namens. Auch andere Erklärungsmöglichkeiten kommen in Frage; es ist nicht sinnvoll, sich auf eine Erklärung festzulegen, da wir nicht wissen, in welcher Form Prokop seine Notizen angelegt hatte, aus denen er seine Kriegsgeschichte zusammenstellte. Die Chronologie (Tod des Namensträgers a. 428; Prokop hört den Namen a. 535 und macht Notizen; Prokop schreibt den Namen a. 550 in die Reinschrift) lässt mindestens so breiten Spielraum für Verderbnisse wie für andere Annahmen (Hinzutreten eines Dolmetschers oder andere Zufälle).

Besondere Begründungen für abweichende Schreibungen von Namen gibt es in Einzelfällen:

1. um einen bestimmten Zahlenwert herzustellen im Namen ‚Gaisarix', den man so presste (genauso wie den des Kaisers Anthemius), dass er in griechischer Schrift den Zahlenwert 666 ergibt, nach Off. 13, 18 der Zahlenwert des ‚Tieres', das den Antichrist darstellt:

Γ ε ν σ η ρ ι κ ο ς
3 + 5 + 50 + 200 + 8 + 100 + 10 + 20 + 70 + 200 = 666
Α ν τ ε μ ο ς
1 + 50 + 300 + 5 + 40 + 70 + 200 = 666

farbe von *u* zu *o* bei *a* der Folgesilbe, die in Γόνθα- vorliegen könnte, könnte ebenfalls innergermanische Ursachen haben.

2. um sich an einen berühmten Namen anzuknüpfen:

Hunirix nützte die Ähnlichkeit seines Namens mit dem des lange verstorbenen Kaisers Honorius aus: das Bestreben, an Ostrom anzuknüpfen, wird dadurch verständlich, dass er eine Tochter Kaiser Valentinians heiratete. Durch die Lautähnlichkeit mit dem Namen des Honorius (393–423) haben einige Handschriften an Stellen, wo vom Wandalenkönig Hunirix die Rede ist, fälschlich die Lesung *Honorius*. Anders scheint es sich mit den unter Hunirix geprägten wandalischen Münzen zu verhalten: zwei tragen den Namen des lange verstorbenen Kaisers (eine mit dem Titel *Honorius pius Augustus*), keine trägt den Namen des wandalischen Königs. Nennungen des regierenden wandalischen Königs auf Münzen kommen erst unter Gunthamund auf; aber seit der Entführung der Eudoxia durch Geiserich (a. 455) werden postume Münzen des Honorius zum Hinweis auf die Verwandtschaft mit dessen Familie geprägt, um nicht den regierenden Kaiser nennen zu müssen: ein Kompromiss zwischen Selbständigkeitsstreben und Gehorsam gegen Ostrom.[35]

Denkmäler in einem eigenen Schriftsystem und von Menschen, die diese Sprache selbst sprachen, überliefern uns nur eine Seite der Sprache; um zu wissen, wie diese Sprache klang und welche Laute hinter den Zeichen stehen, braucht man Vergleichsmaterial, wie Sprecher anderer Sprachen, deren Laut- und Schriftsystem wir besser kennen, sie hörten. Daher sind die Belege altgermanischer Sprachreste bei antiken Autoren wichtig, um die Aussprache von Wulfilas Gotisch rekonstruieren zu können. Die Hauptgruppe darunter sind Namen; einige diskutierten wir oben. Die Namen der gefährlichsten Barbarenvölker kannte ein Römer aber auch, wenn er nie einen ihrer Angehörigen gesehen hatte, und selbst Autoren, die mit ihnen in Berührung kamen, benutzten sicherlich weiterhin die römische Aussprache, selbst wenn sie die germanische gehört hatten, wie ein Engländer weiterhin *Munich* und *Vienna* sagt und schreibt, auch wenn er sich vor Ort vom einheimischen Namen überzeugen konnte. Außerdem berücksichtigen die Schreibungen der Namen bei Autoren aus Spanien oder dem Merowingerreich, die gleichnamige gotische, fränkische und wandalische Herrscher verzeichnen, sicher nicht etwaige Ausspracheunterschiede. Da ist die Beobachtung einheimischer nordafrikanischer Quellen wichtig, besonders, wenn es sich um Handschriften handelt, die noch die Schreibtraditionen der Entstehungszeit spiegeln. Wenn wir es mit hochmittelalterlichen Handschriften zu tun haben, die karolingische Redaktionen durchliefen, könnten Schreibungen eines z. B.

[35] Freundliche Mitteilung von Wolfgang Hahn, Wien.

fränkischen oder gotischen Geschichtsschreibers in Werke eines nordafrikanischen Autors gekommen sein. An Zufallsbelegen, die uns zeigen, wie ein Römer einen germanischen Satz, den er selbst gehört hatte, ohne Benutzung schriftlicher Traditionen wiedergab, haben wir für das 5. Jh. nur zwei, nämlich *froia arme* und *eils, scapia matzia ia drincan.*

Allein wäre das zur Rekonstruktion einer Sprache zu wenig, aber zur Absicherung der an den Namen gewonnenen Indizien sind sie wertvoll.

Ferdinand Wrede fand relativ wenige Unterschiede des Wandalischen gegen das Bibelgotische, während das Ostgotische in Italien einige Veränderungen mitmachte, die auf allmähliche Romanisierung der gotischen Bevölkerung schließen lassen. Besonders wertvoll für uns sind Bilinguen, weil wir nicht über die Bedeutung des Textes rätseln müssen, während wir z. B. bei Personennamen mit dem Zweitglied *-rith* nicht wissen, ob es für *-rēd* (zu Deutsch ‚raten') oder für *-rīd* (zu Deutsch ‚reiten') steht oder aus *-rīk* (zu Deutsch ‚Reich') verhört wurde. Die beiden Wörter eines Pseudo-Augustinus sind leider die einzige wandalische Bilingue, und es ist wertvoll, dass wir nun einen verlässlichen Text von ihr erhalten. Noch besser wäre es, auch zu wissen, die Aussprache welcher Gewährsleute in ihr wiedergegeben werden soll.

Das ist der Punkt, an dem ich mich dem Pseudo-Augustinus zuwende:

Wer sprach *froia arme*?

Gotisch könnte man ‚erbarme dich' durch den Imperativ (‚erbarme dich') oder Optativ (‚du mögest dich erbarmen') von *arman* ausdrücken. Der Imperativ lautet *armai*, der Optativ würde *armais* lauten. Aus der statistischen Überlegung, dass ein Abschreiber etwas öfter einen Buchstaben auslässt, als dass er einen zusätzlichen hinzufügt, wäre der Optativ ein wenig wahrscheinlicher, wenn sowohl die Lesung *froia arme* als auch die Lesung *froia armes* handschriftlich belegt ist. Wrede hatte die Lesung *froia armes* bevorzugt, weil mehr Handschriften das *-s* haben. Doch vergesse man nicht die Definition von ‚Wahrscheinlichkeit' durch Aristoteles: „Es ist wahrscheinlich, dass sich auch Dinge gegen die Wahrscheinlichkeit ereignen". Und so ist es hier: Heinrich Tiefenbach wies darauf hin,[36] dass der Optativ hier nicht zu erwarten ist und auch in keiner der entsprechenden Anrufungen belegt ist. Dagegen, ergab meine Tiefenbach bestätigende Gegenprobe, ist der Imperativ *armai* in der Wulfila-Bibel sechsmal belegt: Mt. 9, 27: ἐλέησον *armai uggkis, sunau Daweidis!* Ebenso Lc. 17, 13: *Iesu, talzjand, armai unsis!* Lc. 18, 38: *Iesu, sunu Daweidis, armai mik!* Lc. 18, 39: *sunau Daweidis, armai mik!* Mc. 10, 47 und 48:

[36] H. Tiefenbach, Das wandalische Domine miserere, HSF 104 (1991), 251–268 (253).

sunau Daweidis, Iesu, armai mik! Die Anrufungen um Erbarmen erfolgen alle im Imperativ. Außerdem ist die Handschrift, die *froia arme* bietet, die älteste der Collatio.[37] Der Lautstand entspricht dem wulfilanischen Text, mit Ausnahme der Monophthongierung von *au* und *ai*. Die neue Ausgabe, die den Text der ältesten Handschrift wählt, bringt den wandalischen Text also dem Gotischen näher. Dass der älteste Textzeuge des wandalischen *domine miserere*, der Turiner Codex, ein praktisch reines Gotisch bietet, scheint Tiefenbach suspekt.[38] Er meint, der oberitalienische Schreiber des Turiner Codex hätte vielleicht den barbarischen Text dem Gotischen, das er aus Oberitalien kannte, angenähert, und die Identität mit dem Gotischen könne so zu erklären sein. Tiefenbach vergleicht dazu den Codex 19 der Abtei Monte Cassino, der *froa armi* bietet, und von dem man mit großer Sicherheit annimmt, dass er in Spanien im 8./9. Jh. geschrieben wurde. Er meint, das *-i* von *armi* spiegle möglicherweise eine spätwestgotische Lautentwicklung. Vorliegender Beitrag entstand gleichzeitig mit der Handschriftenbeschreibung für diesen Band; ich konnte das relevante Material bereits benutzen. Demnach bleibt die Datierung der Montecassiner Handschrift gleich oder könnte höchstens etwas jünger anzunehmen sein; die Entstehung in Spanien ist sicher. Doch die Anhebung des *ē* zu *ī* im Gotischen betraf nicht das neue, aus *ai* postulierte *ē*, das im Althochdeutschen vor *r*, *h*, *w* und im Auslaut entstand, und das wir oben als gotisches und wandalisches *ai* bestimmten. Dagegen ist im Romanischen die Verwechslung von *e* und *i* ganz normal. Um 800, als die Montecassiner Handschrift entstand, gab es in Spanien niemanden, der gewusst hätte, wie man diese Wörter auf Gotisch ausgesprochen hatte, aber genug Unsicherheit im *e*/*i*-Bereich, die mit dem Gotischen nichts zu tun hatte. Daher ist es wahrscheinlicher, die Schreibung der Turiner Handschrift als richtig anzunehmen, und es reicht hin, auf die auch sonst zu beobachtende Identität von Gotisch und Wandalisch hinzuweisen.

Wenn wir aber *Geilamir* und andere sichere Belege als Zeugen für erhaltenes wandalisches *ai* finden konnten, wie sind die Monophthonge in *froia* und *arme* zu erklären? Wulfila schrieb eine Bibelübersetzung, die nach Meinung Schäferdieks auch von dem Katholiken Johannes Chrysostomos benutzt wurde und auch von Sokrates Scholastikos und anderen bewundert wird, obwohl sie bedauern, dass er die Goten arianisierte.[39] Die Arianisie-

---

[37] G. V. 26 der Biblioteca Nazionale Universitaria in Turin; 2. Hälfte 6. Jh., geschrieben vermutlich in Oberitalien.

[38] Wie Anm. 36.

[39] K. Schäferdiek, Art. Gotische Literatur § 1: Gotische Bibel: Kirchengeschichtliches, Reallexikon der germanischen Altertumskunde 12 (1998), 445–448, speziell 446.

rung wird also unabhängig vom Bibeltext gesehen, der nicht speziell arianisch ist (wie Schäferdiek betont). Wenn es im Pseudo-Augustinus heißt, dass auch Römer *froia arme* für *domine miserere* sagen dürfen: heißt das vielleicht, dass nicht der gotische Text an sich von Katholiken als anstößig empfunden wurde? Die Frage, warum Arianer und Katholiken nur in geringem Ausmaß versuchten, einander zu bekehren, könnte man vielleicht so sehen, dass man die theologischen Unterschiede nicht primär im Auge hatte.

Die Versteifung der religiösen Fronten ist wohl so zu sehen: Die Wandalen legten auf Abstammungstraditionen größten Wert und waren vermutlich der Meinung, sie könnten sich nur durch Betonung religiöser Unterschiede von den Römern getrennt und ohne Mischehen erhalten; daher versteiften sie sich auf ihren Arianismus und hatten nichts dagegen, wenn die Römer Katholiken blieben, wenn sie sich nur außerhalb des wandalischen Kerngebietes ansiedelten. Da die Zustimmung der Bischöfe zu Ehen von Grundbesitzern in der frühen Kirche eine große Rolle spielte, war durch die Einsetzung arianischer Bischöfe für die Wandalen deren Weiterexistenz als Volk besser gesichert als durch Maßnahmen zugunsten der gotischen Sprache. Im Denken der altgermanischen Völker spielte die Beibehaltung der Sprache sicher eine geringere Rolle als die Abstammung; die Sprache erhielt die für die ethnische Selbstzuordnung wesentlichste Position erst rund um das 19. Jh.

Die entsprechende Annahme bezüglich der Gegenseite wäre, dass die Römer einen Vorwand suchten, die Wandalen zu bekämpfen, und es ihnen daher angenehm war, dass man die Ketzerei als Grund für die Gegenwehr angeben konnte. Die Motivation auf römischer Seite war aber sicher komplexer: Das anmaßende Auftreten der Wandalenkönige gegenüber dem Kaiser in Byzanz war der Grund für die Zerstörung des Wandalenreiches, und man gab das auch offen zu (Prokop, Vand. 1, 9). Justinian wollte nicht den Nimbus des Beschützers des Katholizismus gegen die Arianer, sondern er wollte klarstellen, dass jeder, der nicht seine Oberhoheit anerkannte, mit Krieg zu rechnen hatte. Die Römer in Nordafrika hatten Grund genug, die Wandalen zu hassen; die theologischen Gründe dafür waren ihnen vermutlich unwichtig. Für die Motivation der katholischen Kleriker dagegen hatte die Tatsache, dass die Wandalen Ketzer waren, größte Bedeutung; aber auch sie wünschten sich die Wandalen mehr hinweg als bekehrt.

Wenn als das Trennende zwischen den Völkern nicht die Sprache, sondern die Religion empfunden wurde, könnte auch die Sprache schon im Schwinden gewesen sein, und ich frage: Hätte man auch Wandale sein können, wenn man auf der Straße Latein sprach? Von der Kulturgeschichte zurück zur Lautlehre: wenn ein Römer wiedergeben wollte, wie ein Wandale

**frauia armai* sprach, hätte er vermutlich auch so geschrieben, wie die Namen *Gainas*, *Radagaisus* (und vielleicht auch *Austrogoti*) zeigen. Wenn ein Römer aber den gotischen Text nachsprach, wie es die Collatio zu bezeugen scheint, sprach er vermutlich auch dann Monophthonge, wenn er Diphthonge gehört hatte, und schrieb dafür auch die Buchstaben für die Monophthonge, *e* und *o*. Da *froia arme* einen wandalisch-gotischen Satz in vulgärlateinischem Mund wiedergibt, kann es die Diphthongenfrage nicht entscheiden.

Die ‚gotischen Bilinguen' als Vergleichsobjekte

Der Pseudo-Augustinus allein hilft uns also bei der prinzipiellen Identifikation des Wandalischen mit dem Gotischen, kann aber ein wichtiges Detail (die Diphthongenfrage) nicht entscheiden. Vor allem das Studium germanischer Endungen könnte über die Verwandtschaft von Dialekten etwas aussagen. Inwieweit man bei der Latinisierung (bzw. Gräzisierung) germanischer Namen auch die Endungen berücksichtigte, kann man, da diese ja erst zu beweisen wären, nicht an Hand von Material untersuchen, das mehr als eine Unbekannte enthält. Am besten wäre eine Bilingue. Die ältesten Bilinguen, die uns die Namen von Germanen in schriftlicher Fixierung durch Germanen gleichzeitig mit den latinisierten Formen bieten, betreffen Ostgoten und entstammen erst der Mitte des 6. Jhs. In gotisch geschriebenen ‚Unterschriften'[40] von zwei Urkunden, deren Vertragstexte lateinisch geschrieben sind, finden sich folgende Entsprechungen von lateinisch und gotisch geschriebenen Namen:[41] In der Urkunde von Neapel *Ufitahari* (Nominativ), *Alamoda* (Dativ), *Sunjaifriþas* (Nominativ), *Merila* (Nominativ), *Wiljariþ* (Nominativ). Aus der Urkunde von Arezzo kommt dazu *Gudilaib* (Nominativ). In den lateinischen Urkundenteilen entspricht: *Optarit* (Nominativ), *Alamud* (Akkusativ), *Suniefridus*, *Mirica* (Nominativ), *Wiliarit* (Nominativ und Genitiv), *Gudilebus / Gudeliuus / Gudiliuus* (*-i* usw.). Solche ‚Übersetzung'[42] von Namen macht die Deutung von antiken Belegen germanischer

---

[40] Das in der Literatur übliche Wort ‚Unterschrift' setze ich unter Anführungszeichen, weil es zur Annahme von Eigenhändigkeit im heutigen Sinn verführt, die nicht bei allen gegeben ist: Ein Teil war Analphabeten und malte nur ein Kreuz, während der Schreiber ihre Namen einsetzte.

[41] Die Urkunden sind abgedruckt bei P. Scardigli, Die Goten. Sprache und Kultur, München 1973, 269–301.

[42] So nennt Scardigli (wie Anm. 41), 281, das Verhältnis von *Ufitahari* – *Optarit* bzw. *Merila* – *Mirica*. Der Ausdruck ist nicht glücklich, weil die später in Aktion tretenden gotischen Schreiber ja nicht die lateinischen Formen ins Gotische übersetzten, sondern die muttersprachlichen Namen der Urkundenden boten, während die zunächst agiert habenden Schreiber des lateinischen Textes gängige Latinisierungen derselben benutzt hatten,

Namen prinzipiell schwer; besonderes Erstaunen verursacht, dass jemand den wohl anders zu etymologisierenden Namen *Optarit* im lateinischen Text trägt, dessen Unterschrift *Ufitahari* lautet. Auch wenn man einkalkuliert, dass nach griechischer Schreibtradition *pt* die normale Schreibung für [ft] oder [wt] ist, und man daher zur Not die Erstglieder vereinigen könnte, würde man zumindest die Zweitglieder trennen, nämlich zu germ. **rē₁da-* ‚raten' (germanisches $\bar{e}_1$ erscheint in allen ostgermanischen Sprachen als *ī*, in den west- und nordgermanischen als *ā*) bzw. **harja-* ‚Heer'. Die Kasusendungen sind hier, Mitte des 6. Jhs., gegenüber dem Wulfilanischen reduziert: Von fünf Männernamen, deren Namen stark flektierende Zweitglieder haben und im Nominativ stehen, trägt nur einer (*Sunjaifriþas*) ein Endungs-*s*. Gerade dieser entspricht nicht unseren Erwartungen: Germanisch **friþu-* hätte als *u*-Stamm bei Wulfila die Nominativendung *-us*. Das Fehlen der Nominativendung in den vier übrigen Namen lässt annehmen, dass auch im Gotischen noch anscheinend aus dem Urgermanischen ererbte Tendenzen weiterwirkten, deren Folgen im Westgermanischen erst nach dem Aussterben des Gotischen fassbar werden, und in denen möglicherweise West- und Ostgermanisch einander näher standen als das Nordgermanische: Die westgermanischen Sprachen haben kein Nominativ-*s*. Ähnliche Fragen stellen sich uns, wenn wandalische Namen wie *Guntarith* und viele andere Namen auf *-rith* neben *Guntharic, Gundaricus* und anderen Schreibungen auftreten. Wrede ist auf dieses Phänomen mehrmals eingegangen.[43] Das Gotische scheint sich noch nach Wulfila weiterentwickelt zu haben, und einige Entwicklungen könnten auch im Ostgotischen und Wandalisch-Gotischen gleichsinnig verlaufen sein. Das Material ist gering, und ein einziger Neufund könnte daher die Bewertungen verändern.

Anforderungen der Sprachwissenschaft an Editionen

Genauer könnten wir vermutlich urteilen, wenn die Ausgaben der lateinischen und griechischen Texte uns mit den nötigen Informationen versorgen würden. Getrennt bewerten müsste man:[44]

allerdings nicht lautlich transkribierend, sondern ähnliche, schon öfter gehörte Latinisierungen germanischer Namen (teilweise falsch) zuordnend. Ich stelle mir den Vorgang im Lateinischen etwa so vor, wie wenn jemand, der nicht oder kaum Deutsch kann, nur wenige deutsche Namen kennt und den heute seltenen Namen *Wolfram* hört, ihn bedenkenlos als *Wolfgang* oder *Wolfang* oder *Wolfan* niederschreibt. Die ‚Unterschriften' dagegen wurden von Goten geschrieben.

[43] Vgl. besonders Wrede, Sprache der Wandalen (wie Anm. 1), 54–56.

[44] Nach H. Reichert, Art. Überlieferung, Reallexikon der germanischen Altertumskunde 35 (2007), 293–300, speziell 298f.

- Glaubwürdigkeit (verfälscht er?) und Vertrauenswürdigkeit (irrt er?) des Autors in Bezug auf historische Fakten und ihre kulturelle Interpretation;
- lautrichtige Wiedergabe germanischer Wörter durch den Autor;
- inhaltliche Vertrauenswürdigkeit der Handschriften und
- orthographische Vertrauenswürdigkeit der Handschriften in der Wiedergabe barbarischer Wörter.

Die Praefationes und kritischen Apparate der gängigen Ausgaben antiker Texte genügen jedoch diesen Anforderungen nicht: Die Herausgeber normalisieren üblicherweise stillschweigend die Schreibungen lateinischer Wörter, während die Schreibungen barbarischer Namen nach den Handschriften eingesetzt werden. So entsteht im Benutzer z. B. der Eindruck, wenn in der Ausgabe *e* der Handschriften in lateinischen Wörtern in *e* und *ae* getrennt wird, und ein germanischer Name in ihr mit *e* erscheint, es müsse sich um einen germanischen Kurzvokal handeln; wenn aber tatsächlich die Handschriften auch in lateinischen Wörtern unterschiedslos *e* bieten, kann das germanische Wort langes oder kurzes *e* enthalten haben. Vom Standpunkt des Sprachwissenschaftlers sind die meisten antiken Texte, auch die der wichtigsten klassischen Autoren, ungenügend ediert und kommentiert. Für das ‚Wandalische *Domine miserere*' werden wir von nun an eine Ausgabe besitzen, die von germanistischer Seite keine Wünsche offen lässt.

‚Barbaren' und Katholiken
Die Fiktion der Collatio sancti Augustini cum Pascentio Arriano und die Parteien des vandalischen Kirchenkampfes

Konrad Vössing

Dass die anonym überlieferte Schrift Collatio sancti Augustini cum Pascentio Arriano (coll. Pasc.) ins vandalische Africa gehört, kann als sicher gelten. An die Beteiligung Augustins an diesem Disput glaubt schon seit dem 17. Jahrhundert niemand mehr;[1] die Fiktion ist also ein Zeichen der Verehrung bzw. Indienstnahme des Kirchenvaters. Die Gründe für eine afrikanische Herkunft der Collatio sind einleuchtend: Der reale Pascentius hatte tatsächlich ein Religionsgespräch mit Augustin geführt,[2] und der nicht näher bestimmbare Autor[3] der coll. Pasc. übertrug dieses reale Ereignis – es war ihm durch Augustin-Briefe bekannt[4] – in ein fiktives Szenario: nämlich die Fortsetzung des Gesprächs am nächsten Tag. Dabei ist ihm wichtig, dass diese Fortsetzung einerseits zu einem anerkannten Sieger (dem Bischof von Hippo) führte und andererseits so endete, wie es der reale Augustin zu seinem Leidwesen nicht erlebte: als von Stenographen aufgenommene, vor aller Welt dokumentierte Debatte. Dabei legt der Autor Wert auf die Lokalisierung in Africa; er nennt nicht nur die Stadt (*Hippo Regius*), sondern auch das Haus (*domus Anicia*), in dem der Disput stattgefunden haben soll, und lässt auch Augustinus in einer Weise von Africa sprechen, dass eine afrikanische Perspektive erkennbar ist.[5] Es ist nicht einsehbar, warum er das afrikanische Ambiente so aufwendig fingiert haben sollte, vielmehr ist ein realer afrikanischer Hintergrund anzunehmen: die Auseinandersetzung der dorti-

---

* Literaturverweise beziehen sich, sofern nicht anders angegeben, auf die Literaturliste am Ende des Beitrags.

[1] S. die Einleitung von D. Weber, in diesem Band S. 10 mit Anm. 15; U. Heil, Augustin-Rezeption im Reich der Vandalen. Die Altercatio sancti Augustini cum Pascentio Arriano, ZAC 11 (2007), 6–29, hier 24–26.

[2] PAC 827–829; PLRE 2, 834f.; Possid. vita Aug. 17; Aug. epist. 238–241; indic. VIII 6f.

[3] Zur unbegründeten Zuweisung an Vigilius von Thapsus (zuletzt wieder bei Berndt 2007, 234f.) s. Heil (wie Anm. 1), 24, und Weber (wie Anm. 1), 8, Anm. 4.

[4] Aug. epist. 238–241. Der Autor benutzte auch Augustins antiarianische Schriften Collatio cum Maximino Arrianorum episcopo und Contra Maximinum Arrianum, s. oben S. 20f.

[5] Hiezu s. u. Teil III.

gen Katholiken mit dem ‚Arianismus' der Vandalenzeit. Nichts deutet darauf hin, dass dieses Interesse auch im byzantinischen Africa erhalten blieb; hier standen bald andere Themen – Drei-Kapitel-Streit, Monergetismus und Monotheletismus (Versuche Ostroms, die Monophysiten zurückzugewinnen) – im Vordergrund.

Da wir somit von einer vandalenzeitlichen Herkunft der Schrift ausgehen können, drängt sich die Frage auf, ob spezifische Rückschlüsse auf die historische Situation möglich sind bzw. ob diese, wenn sie sich genauer ermitteln lässt, die Collatio besser verstehbar macht. Um hier zu einer Antwort zu kommen, soll zunächst versucht werden, mit Blick auf die Geschichte des vandalischen Africa die Entstehungszeit einzugrenzen (I). Anschließend sollen die im Text enthaltenen Bausteine der historischen Szenerie untersucht werden, also die Charakterisierung und die Titel der Personen sowie die Szenerie des Streitgesprächs (II). Schließlich sollen Elemente der Argumentation ‚Augustins' als Hinweis auf die kulturelle Situation zur Zeit der Abfassung gedeutet werden, was dann zu einer genaueren Datierung führt (III).

I. Die Vandalen in Africa – Herrschaft und Religionspolitik

Im Mai des Jahres 429 überquerte die *gens* der Vandalen unter ihrem König Geiserich aus der Familie der Hasdingen die Straße von Gibraltar;[6] von wo genau in Mitteleuropa sie um 400 n. Chr. aufgebrochen waren, ist immer noch nicht ganz geklärt und hier auch nicht weiter von Belang. Jedenfalls hatten sie 406 den Rhein überschritten – zusammen mit Alanen, Sueben und anderen Gruppen – und waren, eine Spur der Verwüstung hinterlassend, zwei Jahre durch Frankreich gezogen. Anschließend hatten sie zwei Jahrzehnte lang mit wechselndem Erfolg versucht, sich in Spanien zu behaupten; nur ein Zufall hatte sie schließlich vor der Vernichtung durch den römischen General Castinus gerettet.[7] 429 lockte das reiche Africa,

---

[6] Die Literatur ist in den letzten 20 Jahren stark angewachsen, s. die Literaturliste am Ende des Beitrags. Davor gab es eigentlich nur zwei Standardwerke: L. Schmidt, Geschichte der Vandalen, München ²1942 und C. Courtois, Les Vandales et l'Afrique, Paris 1955 (Nachdruck: Aalen 1964); vgl. auch H.-J. Diesner, Das Vandalenreich. Aufstieg und Niedergang, Stuttgart u. a. 1966. Generell zur Problematik der germanischen Ethnogenese s. W. Pohl, The constructions of communities and the persistence of paradox: an introduction, in: The Construction of Communities in the Early Middle Ages, edd. R. Corradini et al., Leiden-Boston 2003, 1–15; H.-W. Goetz, *Gens*. Terminology and perception of the 'Germanic' peoples from late Antiquity to the Early Middle Ages, ebd., 39–64.

[7] Zur vandalischen Herkunft und Ethnogenese s. zuletzt W. Pohl, The Vandals: Fragments of a Narrative; in: Merrills, 31–47, hier 32–34; Berndt 2007, 142–174; zur Zeit in

dessen Verteidigung durch innere Unruhen, die wiederum maurische Invasionen provoziert hatten, geschwächt war. Mit den Vandalen setzte eine kleinere Gruppe Alanen über,[8] außerdem Goten, Sueben und andere Versprengte und Gestrandete der ‚Völkerwanderung'. Die Vandalen werden über solche Verstärkung froh gewesen sein. Es waren nämlich insgesamt wohl nur 80.000 Menschen, die auf den afrikanischen Kontinent übersetzten, also ca. 20.000 Krieger. Wenn diese Zahlen auch nicht über jeden Zweifel erhaben sind, kann an ihrer vergleichsweise geringen Größe doch kein Zweifel sein;[9] in den Städten Nordafrikas lebten demgegenüber damals bis zu drei Millionen Einwohner.[10]

Nach ihrer Landung in Africa zogen die Vandalen die Küste entlang in einem mit Zerstörungen und Plünderungen verbundenen Marsch ostwärts und, nach einem Sieg über ‚römische' Truppen (hauptsächlich wohl gotischer Herkunft) des *comes Africae* Bonifatius, bis nach Hippo Regius, das sie lange vergeblich belagerten. Die stark befestigte Stadt, in die viele Flüchtlinge geströmt waren, konnte jedoch von Bonifatius 14 Monate lang gehalten werden (in dieser Zeit, am 28. August 430, starb bekanntlich Augustinus), und die Vandalen mussten, so berichtet es jedenfalls Prokop, unverrichteter Dinge abziehen.[11] Bonifatius nahm die aktive Kriegführung wieder auf, wurde aber in einer offenen Feldschlacht erneut besiegt; die römische Bevölkerung in Hippo Regius konnte offenbar noch fliehen (auch die Bibliothek des Kirchenvaters blieb erhalten). Kurz darauf, wohl noch im Jahre 431, übernahmen die Vandalen die Stadt, anscheinend ohne allzu großen baulichen Schaden.[12] König Geiserich machte Hippo Regius nun zur Hauptstadt seines

---

Spanien: J. Arce, Los Vandalos in Hispania, AnTard 10 (2002), 75–86; ders., Bárbaros y romanos en Hispania (400–507 A.D.), Madrid 2005.

[8] Zu diesem iranischen Volk aus Südrussland s. G. Gaggero, Gli Alani nel Nord Africa, in: L'Africa romana. Atti dell'XI convegno di studio (Cartagine 1994), Bd. 3, edd. M. Khanoussi et al., Ozieri 1996, 1637–1642; A. Almany, Sources on the Alans: A Critical Compilation, Leiden u. a. 2000; Berndt 2007, 157–163.

[9] Vict. Vit. 1, 1f.; die Zahlenangabe diskutieren z. B. Schmidt (wie Anm. 6), 31f.; Courtois (wie Anm. 6), 215–217; W. Goffart, Barbarians and Romans, A. D. 418–584. The techniques of accommodation, Princeton, NJ 1980, 231–234 (Appendix A: How many Vandals invaded Africa?); Moorhead, 3; Liebeschuetz, 67; Pohl, The Vandals (wie Anm. 7), 38f.; an der Größenordnung zu zweifeln besteht kein hinreichender Grund. Vgl. auch Salv. gub. 7, 28 und Zach. Schol. hist. eccl. 9, 17.

[10] Courtois (wie Anm. 6), 105–107.

[11] Procop. Vand. 1, 3, 34.

[12] Jedenfalls haben sich keine Brandhorizonte gefunden; s. Laporte. Possid. vita Aug. 28; Vict. Vit. 1, 10 und Procop. Vand. 1, 3, 34–36 widersprechen einander, was eine Zer-

neu erworbenen Reiches. Fast 100 Jahre lang herrschten jetzt die Vandalen über den Maghreb.

435 n. Chr. musste der weströmische Kaiser einen Teil seiner afrikanischen Diözese den Eindringlingen überlassen: Ein in Hippo geschlossener Vertrag machte die Vandalen zu *foederati*.[13] Nominell wurden sie also – zumindest aus römischer Sicht – in die Dienste des Imperium aufgenommen. De facto waren sie unabhängig.

Aber König Geiserich war mit der Herrschaft über dieses Gebiet (im Wesentlichen das nördliche Numidien) nicht saturiert.[14] Am 19. Oktober 439 nahm er im Handstreich das eigentlich stark befestigte Karthago ein.[15] Die Metropole Africas wurde geplündert, in ihrem Baubestand blieb aber auch sie größtenteils erhalten; sie wurde zur Hauptstadt des neuen vandalischen Königreichs.[16] Denn im zweiten Vertrag mit dem römischen Kaiser, 442 n. Chr., gab Geiserich sich nicht mehr mit dem Föderaten-Status zufrieden, sondern wurde alliierter König, nominell also gleichberechtigter Verbündeter. Sein Gebiet umfasste nun vor allem die Provinzen Proconsularis, Byzacena und das östliche Numidien einschließlich des Aurès-Gebirges, das heißt das heutige Tunesien und das östliche Algerien.[17] Im Gegenzug überließen die Vandalen dem Imperium das westliche Numidien und Mauretanien, es fand also ein partieller Gebietstausch statt.

Einige Jahre später verlobte Valentinian III. seine Tochter Eudocia mit dem Vandalenprinzen Hunerich, Geiserichs Sohn, um diesen enger an das Reich zu binden. Namentlich wollte Aetius, der damals das römische Reich faktisch regierte, verhindern, dass sich Vandalen und Westgoten zu sehr annäherten. Geiserichs Sohn Hunerich hatte nämlich die Tochter des westgotischen Königs Theoderich geheiratet. Die Aussicht jedoch, in die Kaiser-

---

störung Hippos angeht, vgl. Courtois (wie Anm. 6), 163f., und M. Pizzica, Possidio e la caduta di Ippona, RomBarb 7 (1982/1983), 181–199.

[13] Ausbüttel 1991, 11f.

[14] Abgesehen davon, dass er sich seiner Stellung auch alles andere als sicher sein konnte, wurde der Hipponenser Vertrag von Ravenna doch nie ratifiziert

[15] Warum man sich dort vertrauensselig darauf verlassen hatte, dass die Vandalen sich mit den ihnen abgetretenen Gebieten zufrieden geben würden, ist schwer erklärlich. Prosper Tiro spricht in seiner Chronik vom *dolus pacis* und der *amicitia* des Königs (gemeint ist offenbar der Vertrag von 435), die die Karthager getäuscht hätten (chron. I p. 477, 1339 [MGH auct. ant. 9]).

[16] Zur Plünderung s. Modéran 2002. Zur Archäologie des vandalischen Karthago s. Lancel 1989; Clover, Nr. VI und Ben Abed - Duval, 179–202.

[17] Zum wachsenden Umfang des Vandalenreiches s. Modéran 1999 und ders., L'établissement territorial des Vandales en Afrique, AnTard 10 (2002), 87–122.

familie einzuheiraten, war der Traum aller Germanenkönige, dem einiges geopfert werden konnte, nicht nur die westgotische Prinzessin (die kurzerhand zurückgeschickt wurde), sondern sogar die ausgreifenden Piratenzüge, die die Vandalen bis ca. 445 mit ihrer neuerbauten Flotte und ausgehend von der Schlüsselposition im westlichen Mittelmeer mehrfach unternommen hatten. Dies hörte nun auf.

Dann aber kam es in Italien zum fatalen Umschwung, nachdem Kaiser Valentinian III. Ende September 454 n. Chr. seinen Feldherrn Aetius,[18] von dem er sich dynastisch bedroht fühlte, eigenhändig im römischen Kaiserpalast ermordet und sich damit, wie Prokop es später ausdrückte, mit der linken Hand die rechte abgeschlagen hatte;[19] ein halbes Jahr später wurde er seinerseits durch zwei von Aetius' Gefolgsleuten getötet. Anstifter und Valentinians Nachfolger war der hochrangige römische Senator Petronius Maximus, der nun dringend Legitimität brauchte und deshalb die eigentlich Hunerich versprochene Kaisertochter Eudocia mit seinem eigenen Sohn zwangsverheiratete.

Dies war nun für Geiserich der Casus belli, ganz abgesehen davon, dass seine römischen Vertragspartner, Valentinian und Aetius, jetzt beide tot und die Verträge für ihn damit ohnedies hinfällig waren. Niemand konnte die auf dem Meer unüberwindlich erscheinenden Vandalen daran hindern, 455 nach Rom zu segeln, die Stadt zwei Wochen lang zu plündern und das, was von den Goten Alarichs an Wertvollem noch übriggelassen war, auf ihre Schiffe zu bringen. Prokop kann davon auch deshalb so anschaulich berichten (hier ist der Ursprung des historisch nicht sehr gerechten ‚Vandalismus'-Vorwurfes: ein Kind der französischen Revolution, gerichtet gegen die Kunstzerstörung der Sansculotten),[20] weil er die von Belisar zurückeroberten vandalischen Beutestücke später in Karthago gesehen hat. Namentlich der römische Kaiserpalast wurde leergeräumt; die geraubten Kostbarkeiten dienten als Schmuck für die vandalische Residenz in Karthago. Ein ähnliches Schicksal traf das Kapitol: der Juppitertempel wurde zur Hälfte seines goldenen Daches beraubt, das ebenfalls nach Karthago transportiert wurde. Auf den

---

[18] B. Bleckmann, Attila, Aetius und das ‚Ende Roms'. Der Kollaps des Weströmischen Reiches, in: Sie schufen Europa. Historische Porträts von Konstantin bis Karl dem Großen, ed. M. Meier, München 2007, 93–110.

[19] Sidon. carm. 5, 305f.; Procop. Vand. 1, 4, 28.

[20] C. Bourgeois, Les Vandales, le vandalisme et l'Afrique, AntAfr 16 (1980), 213–228; G. Sprigath, Sur le vandalisme révolutionaire, Annales historiques de la Révolution Francaise 52 (1980), 510–535; A. Demandt, Vandalismus. Gewalt gegen Kultur, Berlin 1997, 15–19; zuletzt R. Steinacher, Art. Vandalen, DNP 15, 3 (2003), 941–945, hier 942.

Schiffen waren auch zahlreiche Gefangene, darunter die Kaiserin Eudoxia und ihre Töchter (auch Eudocia), die auch eine Art Lebensversicherung Geiserichs darstellen sollten; denn obwohl sie augenblicklich das westliche Mittelmeer beherrschten, waren die Vandalen doch sicher, dass diese Untaten Ostrom zu einer militärischen Reaktion provozieren würden.

Dies trat jedoch zunächst nicht ein, und Geiserich konnte deshalb, ohne auf Widerstand zu treffen, sein Reich in Nordafrika arrondieren. Victor von Vita und andere Quellen bezeugen, dass der König nun Africa fast in seinem ganzen Umfang in Besitz nahm, also von Tripolitanien bis zur Mauretania Caesariensis.[21] Nur der äußerste westliche Zipfel, die Tingitana, blieb sich selbst überlassen. Mit einiger Verspätung kam es dann zwar doch zu ost- und weströmischen Versuchen, die Vandalen zur Rechenschaft zu ziehen, doch als sie 470 zu Lande und zu Wasser gescheitert waren – teilweise übrigens nur ganz kurz vor Karthago –, war nicht nur die weströmische Flotte auf immer verloren, der Ostkaiser Zeno gab 474 eine Reconquista sogar vertraglich auf, was dann letztlich das Schicksal des westlichen Kaisertums insgesamt besiegelte, das ohne die Steuern und Agrarprodukte Africas keine Überlebenschance mehr hatte.[22]

Militärisch bedroht war die Vandalenherrschaft danach eigentlich nur noch durch innerafrikanische Gegner, die auch teilweise Verbündete waren bzw. unter vandalischem Oberbefehl kämpften, nämlich die Berberstämme, die unter Geiserich und zum Teil auch unter seinem Sohn Hunerich noch Ruhe hielten; schon unter Gunthamund aber begann ein Prozess fortgesetzten Druckes aus dem Süden, der im Laufe der Zeit trotz territorialer Zugeständnisse immer weniger eingedämmt werden konnte; in Mauretanien brach die vandalische Herrschaft schließlich vollständig zusammen.[23] Die Vandalen waren am Ende auf das alte römische Kernland beschränkt.

Wie lässt sich nun das Verhältnis der vandalischen Eroberer zu den Romanen beschreiben?[24] Es war in doppelter Hinsicht ambivalent. Einerseits waren die Vandalen auf die einheimische Bevölkerung angewiesen, sowohl auf die Landbevölkerung, als auch auf die Städter und besonders auf die Elite,

---

[21] An dieser Angabe (Vict. Vit. 1, 13) zu zweifeln, gibt es keinen durchschlagenden Grund.

[22] S. zuletzt Heather, 396f.

[23] Modéran 2003, 551–561.

[24] *Romani* war bei den Vandalen eine übliche Bezeichnung der Katholiken (z. B. Vict. Vit. 1, 44), weil die Konfessionsgrenze meist mit der ethnischen Zugehörigkeit übereinstimmte; dazu S. Costanza, 'Wandali-Arriani' e 'Romani-Catholici' nella Historia persecutionis Africanae provinciae di Vittore di Vita, in: Oikoumene. Studi paleocristiani pubblicati in onore del Concilio Ecumenico Vaticano II, Catania 1964, 223–241.

ohne die das urbane Leben und die Administration nicht aufrechterhalten werden konnten.[25] Deswegen haben die römischen Städte im Wesentlichen auch ihre Verfassung behalten dürfen, was der alten Oberschicht weiterhin die Bühne bot für ihre traditionelle Selbstdarstellung.[26] Dies gilt sogar für die Hauptstadt Karthago, wo es nach wie vor einen römischen *proconsul* gab, der für die Rechtsprechung zuständig blieb, natürlich nur jene zwischen Römern.[27] Auch die alten Rangtitel blieben erhalten (hierzu später mehr). Vielleicht durfte der Stadtrat von Karthago sogar eigene Münzen prägen.[28] In Ammaedara fanden sich Belege für das Weiterleben der traditionellen Priesterämter *flamen perpetuus* und *sacerdos provinciae Africae*, also für den Kaiserkult, der wohl zum Königskult für die vandalischen Herrscher geworden war.[29]

Auf der anderen Seite wurde die alte, romanische Elite nicht in die eigentliche Herrschaft der Germanen integriert; die Grundmechanismen des zivilen Lebens der Romanen wurden zwar intakt gelassen, dieses blieb jedoch die ,Welt der Besiegten' und wurde von den neuen Herren separiert. Von Anfang an war es Geiserichs Bestreben, die Vandalen zu konzentrieren, einerseits um sie im Bedarfsfall schnell aktivieren zu können, andererseits um ihre Zusammengehörigkeit zu bewahren. Es war seine tiefsitzende und schon angesichts der Zahlenverhältnisse sicher nicht unberechtigte Sorge, die Vandalen könnten sich irgendwie auflösen. Sie wurden also nicht über das ganze

---

[25] Hierzu s. M. Overbeck, Untersuchungen zum afrikanischen Senatsadel in der Spätantike, Kallmünz 1973, 66; zuletzt Aiello 2006, 31f. Zur fortdauernden Bedeutung vermögender Romanen als Grundbesitzer s. etwa Overbeck, 58–61; dies zeigen auch die Kaufverträge der ,Tablettes Albertini': s. zuletzt B. Dufrêne, The Albertini 'tablets', a memory of the invasions, in: The true Story of the Vandals, Värnamo 2001, 173–177.

[26] Nicht nur als *proconsul* oder als Anwalt (*togatus*), s. die nächste Anm., sondern auch als *sacerdos* und *flamen* (s. Anm. 29).

[27] Vict. Vit. 3, 27 (*proconsul Carthaginis*); Drac. Romul. 5, im Explicit (*proconsul almae Carthaginis*). Dracontius selbst war *vir clarissimus et togatus* (Anwalt) *fori proconsulis almae Carthaginis*: Dracontius, Oeuvres 3, ed. J. Bouquet, Paris 1995, 160. Hierzu zuletzt Gil Egea, 285–287. Dass Aiello 2006, 29f., diesen Prokonsul vom *proconsul Africae* unterscheidet, leuchtet nicht ein.

[28] Duval, 8; zur vandalischen Münzprägung s. F. M. Clover, Felix Karthago, in: Clover, Nr. IX; Berndt - Steinacher 2006.

[29] Zu den Inschriften s. A. Chastagnol - N. Duval, Les survivances du culte impérial dans l'Afrique du Nord à l'époque vandale, in: Mélanges d'histoire ancienne offerts à W. Seston, Paris 1974, 87–118, speziell 94–100. 110–112, und N. Duval, Culte monarchique dans l'Afrique vandale: culte des rois ou culte des empereurs?, REAug 30 (1984), 269–273; anders F. M. Clover, Emperor worship in Vandal Africa, in: Clover, Nr. VII, der mit einer fortgesetzten Verehrung der römischen Kaiser rechnet.

Reich verteilt, sondern nur im fruchtbaren Hinterland von Karthago angesiedelt, ansonsten in Garnisonen stationiert. Bezeichnenderweise ließ sich der König auch weiterhin *Rex Vandalorum et Alanorum* nennen, niemals etwa *rex Vandalorum et Romanorum*.[30]

Häuser, Grundstücke und Ländereien für die neue Oberschicht - den König und die Dynastie der Hasdinger, die vandalischen Großen und die ‚arianische' Hierarchie - mussten den alten Besitzern genommen werden;[31] auch die einfachen Krieger erhielten Landlose (die Victor von Vita *sortes Vandalorum* nennt), konzentriert im weiteren Umkreis der Hauptstadt. Die Anfangsphase war folglich in der Proconsularis geprägt von regelrechten großflächigen Enteignungen und Vertreibungen. Die neuen Herren waren jetzt natürlich auch die Nutznießer der Steuern des nichtokkupierten Landes.[32] Ein Teil der betroffenen Oberschicht ging ins Exil; allerdings hören wir später auch von Rückkehrern.[33]

---

[30] *Rex Vandalorum et Alanorum*: z. B. Vict. Vit. 2, 39; 3, 3; anders später die Mauren: G. Camps, Rex gentium Maurorum et Romanorum. Recherches sur les royaumes de Maurétanie des VIe et VIIe siècles, AntAfr 20 (1984), 183–218.

[31] J. J. Rossiter, Villas Vandales; le *suburbium* de Carthage au début du VIe siècle de notre ère, in: Histoire et archéologie de l'Afrique du Nord (colloque intern., Strasbourg 1988), 1: Carthage et son territoire dans l'antiquité, Paris 1990, 221–227.

[32] Vgl. J. Durliat, Le salaire de la paix sociale dans les royaume barbares (V^{e}–VIe siècles), in: Anerkennung und Integration. Zu den wirtschaftlichen Grundlagen der Völkerwanderungszeit, 400–600 (Symposion, Stift Zwettl 1986), ed. H. Wolfram, Wien 1988, 21–72, hier 40–45. Wie Durliat vertritt auch A. Schwarcz (The Settlement of the Vandals in North Africa, in: Merrills, 49–57) die auf Goffart (wie Anm. 9), 68, Anm. 20, zurückgehende These, dass es keine wirkliche Verteilung von *sortes* (Vict. Vit. 2, 39; 3, 4; Procop. Vand. 1, 5, 12) unter den vandalischen Kriegern gegeben habe; die von Vict. Vit. (1, 13) berichtete Aufteilung *funiculo hereditatis* bedeute nur, dass die Besitzer den Vandalen Abgaben zu zahlen hatten. Aber dann müsste Prokop seine Quellen völlig missverstanden haben, die Bezeichnung *sortes Vandalorum* wäre schwer erklärlich, und auch der Ausdruck *funiculo hereditatis dividere* stände dem entgegen. Laut Schwarcz habe Victor (in Hinblick auf 1 Par. 16, 18) nur darauf abgezielt, einen Vergleich zu ziehen „between the settlement of the Chosen People in Canaan and that of the Vandals in Roman Africa and not to give information about the techniques of accommodation of the barbarians" (55). Aber ein solcher Vergleich wäre doch sehr überraschend. *Funiculus* als (von der Messschnur abgeleitete) metonymische Bezeichnung der Besitzübertragung ist häufig in der Vulgata: Deut. 32, 9; Ios. 17, 14; 19, 9; 2 Reg. 21, 13; Mich. 2, 5; Am. 7, 17 (die letzte – unheilverkündende – Stelle war weit eher ursächlich für die Wortwahl: *humus tua funiculo metietur*), und immer geht es dabei um vollen (zu vererbenden) Besitz.

[33] Vita Fulg. Rusp. p. 11 (= PL 65, 119A). Vgl. auch H.-J. Diesner, Mobilität und Differenzierung des Grundbesitzes im nordafrikanischen Vandalenreich, AAntHung 15 (1967), 347–358.

Und die Religion? Bekanntlich waren die Vandalen, als sie nach Africa kamen, Christen, aber keine Katholiken. Wann die Christianisierung stattgefunden hat, ist nirgends explizit bezeugt. Immerhin deutet eine Aussage des Zeitgenossen Orosius darauf hin, dass sie erst nach ihrem Einmarsch in Westeuropa stattfand.[34] Es ist somit anzunehmen, dass die Vandalen in Spanien – vielleicht im Kontakt mit den bereits christianisierten Westgoten – das Christentum annahmen. Auf der anderen Seite ist – gerade mit Blick auf ihre kämpferische Religionspolitik in Africa (ein Proprium der Vandalenherrschaft) – kaum glaubhaft, dass in dieser kurzen Zeit der gesamte Stamm seinen alten Glauben ablegte und zum glühenden Verfechter des neuen wurde. Orosius' Bemerkung dürfte sich vielmehr auf die offizielle Konversion des Königshauses (das schon heidnische ‚Gottesgnadentum' der vandalischen Könige entfaltete dabei sicher eine zusätzliche Dynamik)[35] und des gesamten Adels beziehen, die durch eine – bereits in Mitteleuropa begonnene – gotisch geprägte Christianisierung von erheblichen Teilen des Stammes vorbereitet war und nun zum Abschluss kam.[36]

Die Vandalen hatten von den Goten das Christentum in homöischer Ausprägung übernommen, also mit einer subordinatianischen Sicht der Trinität, bei der der Sohn dem Vater und der Heilige Geist dem Sohn untergeordnet sind.[37] Man muss diese Ausrichtung nicht mit der besonderen Affinität der germanischen Gefolgschaft zu einer hierarchischen Dreifaltigkeit begründen; dem 19. Jahrhundert hat diese Herleitung zwar eingeleuchtet, den Betroffenen war eine solche Nähe aber vielleicht ganz verborgen. Ein

[34] Oros. hist. 7, 41, 8: *Quamquam si ob hoc solum barbari Romanis finibus inmissi forent, quod vulgo per orientem et occidentem ecclesiae Christi ... Vandalis ... diversisque innumeris credentium populis replentur, laudanda et adtollenda misericordia Dei videretur, quandoquidem, etsi cum labefactione nostri, tantae gentes agnitionem veritatis acciperent, quam invenire utique nisi hac occasione* (sc. des Einfalls in Gallien) *non possent*.

[35] In diesem Sinne sind wohl Salv. gub. 7, 54 (*ipsi* [sc. die Vandalen] *fatebantur, non suum esse quod facerent: agi enim se divino iussu ac perurgeri*) und Iord. Get. 169 (*rem publicam ... intravit* [sc. Geiserich in Africa], *ubi a divinitate, ut fertur, accepta auctoritate diu regnans* ...) zu verstehen.

[36] Eine regelrechte Missionierung durch die Westgoten in Spanien wird oft behauptet, ist aber angesichts ihrer erbitterten Kämpfe mit den Vandalen problematisch. M. E. ist eher eine Konkurrenz anzunehmen bzw. ein ‚Nachziehen' der noch nicht (vollständig) christianisierten Vandalen.

[37] Zur Problematik des Kampfbegriffes ‚arianisch' s. K. Schäferdiek, Art. Germanen, Germania, Germanische Altertumskunde, IV: Gesittung, B. Religion, § 46: Christianisierung, Reallexikon der germanischen Altertumskunde 1 (1998), 388–395; wieder in: Die Germanen, edd. H. Beck et al., Berlin 1998, 208–215, hier 211; Markschies und den Beitrag von H. C. Brennecke in diesem Band, S. 125–128.

ausreichender Grund ist die Tatsache, dass die abschließende Christianisierung der Goten im vierten Jahrhundert vom Ostteil des Reiches ausging, wo das homöische Bekenntnis vorherrschte. Der ‚Gotenbischof' Wulfila stand auf dem Boden der damaligen Orthodoxie. Von ihr war auch die (gotische) Liturgie, basierend auf einer gotischen Bibelübersetzung, geprägt.[38] Nach der kirchenpolitischen Wende unter Theodosius hatten die Goten – als Foederaten, die zwar zur Heeresfolge unter römischem Kommando, nicht aber zur Aufgabe ihrer eigenen Stammesgesetze verpflichtet waren – keinen Grund, die neuen Religionsgesetze des Reiches zu befolgen.

Unsere wichtigste Quelle zur vandalischen Kirchengeschichte ist die Historia persecutionis Africanae provinciae des Victor von Vita, fertiggestellt wenige Jahre nach dem Tod Hunerichs (484 n. Chr.).[39] Trotz dieses Titels ist sie der Gattung nach keine ‚Historia', sondern eher eine ‚Passio', also mehr als an einer Darstellung der Gesamtsituation an den Leiden der Verfolgten interessiert, durchaus auch mit dem Ziel der Selbstvergewisserung. Dieser Charakter macht die überlieferten Ereignisse jedoch nicht zu Erfindungen. Die wechselnde Beurteilung seiner Glaubwürdigkeit ist ein interessantes Reagenz für die generelle Sicht der Vandalen.[40] Konkret wird dies bei der Frage, ob die Vandalen bei ihrem afrikanischen Marsch nach Osten nur die (nicht nur damals!) üblichen Plünderungen und Zerstörungen zu verantworten hatten oder ob die Berichte Victors – er beschreibt, wie sich die Aggression besonders gegen afrikanische Kirchen und Klöster richtete – einen besonderen Charakter der Gewalt belegen. Tatsächlich gibt es wenig Grund,

[38] K. Schäferdiek, Wulfila. Vom Bischof von Gotien zum Gotenbischof, ZKG 90 (1979), 107–146; s. ders., Art. Germanenmission, RAC 10 (1978), 492–548, hier 497–501; Brennecke in diesem Band; s. auch u. Anm. 107 und 124.

[39] Lancel 2000; kommentierte Übersetzungen: S. Costanza (Roma 1981; Testi patristici, 29); Moorhead; Lancel, ed. 2002. Victor war ein gebildeter Angehöriger des Klerus von Karthago, s. R. Pikäranta, Studien zum Latein des Victor Vitensis, Helsinki 1978. D. Shanzer, Intentions and Audiences: History, Hagiography, Martyrdom and Confession in Victor of Vita's *Historia Persecutionis*, in: Merrills, 271–290, hier 274–278, stellt zu Recht in Frage, dass das Werk Bischof Eugenius von Karthago gewidmet sei; weniger skeptisch ist Howe, 32f.

[40] S. den Durchgang durch die Forschungsgeschichte bei Y. Modéran, Une guerre de religion: les deux églises d'Afrique à l'époque vandale, AnTard 11 (2003), 21–44, hier 21–23. Howe, 61–70. Der Titel des Werkes ist vielleicht sekundär. Im Vorwort spricht der Autor davon, dass die vorliegende Sammlung in eine *historia* des Anonymus, dem das Werk gewidmet ist, eingehen solle. Ein durchschlagender Grund, die Authentizität des Vorworts anzuzweifeln (so zuletzt wieder Shanzer [wie Anm. 39]), ist nicht erkennbar.

die massiven Zerstörungen und Quälereien zu bezweifeln,[41] namentlich wenn man Victors Benutzung der Kirchenarchive afrikanischer Bistümer bedenkt;[42] fraglich bleibt aber, inwieweit von Anfang an eine gezielte Politik dahinterstand. Klar ist jedenfalls, dass es auch nach dem endgültigen Sieg der Vandalen nicht, wie unter den West- und Ostgoten, zu einer Beruhigung kam, sondern immer wieder zu Phasen methodischer Verfolgung der Katholiken.[43]

Diese Maßnahmen müssen jedoch differenziert werden, chronologisch, aber auch was ihre Träger angeht. Die vandalische Kirche, an der Spitze ein *patriarcha*,[44] hat von Anfang an auf die Zerstörung ihrer katholischen Rivalin gesetzt: in gewisser Weise eine zwangsläufige Konfrontation, sollte und wollte die neue Kirche doch den Platz der alten einnehmen; Kompromisse waren hier kaum möglich. Dies bedeutet aber nicht, dass diese Interessenlage auch für den König als den Repräsentanten des neuen Staates anzunehmen ist. Geiserichs Kirchenpolitik war zwar auch durch Konfiskationen und Vertreibungen geprägt, konzentriert aber auf den Siedlungsraum der Vandalen (*sortes Vandalorum*). Ihm ging es nicht um eine Vernichtung der katholischen Kirche in Africa und auch nicht generell um Konversionen, sondern gerade im Gegenteil um eine Grenzziehung und ein Mittel der Separation: nur das vandalische Kernland sollte ‚arianisch' sein[45] – von der vandalischen Furcht vor einer Auflösung war schon die Rede –, die katholischen Gemeinden in entfernteren Teilen der Proconsularis, in Numidien und in der Byzacena wurden dagegen in ihrem Bestand nicht bedroht.[46]

[41] Und erst recht nicht, sie auf irgendeine Weise den Opfern anzulasten, s. Modéran, (wie Anm. 40), 22, zu Courtois' übersteigerten Versuchen, die Vandalen zu entlasten (romanhaft ausgeschmückt dann von H. Gourdin, Genséric, soleil barbare, Paris 1999).

[42] Zu Victors Quellen s. Lancel, ed. 2002, 18–29; Howe, 36f.

[43] Modéran 2001 und AnTard 2003, 21–44.

[44] Zur ‚arianischen' Kirche der Vandalen s. zuletzt R. W. Mathisen, Barbarian Bishops and the Churches *in barbaricis gentibus* during Late Antiquity, Speculum 72 (1997), 664–695; Modéran 2001, 284f.

[45] Vict. Vit. 1, 14. 17. Kirchen und Kirchengüter wurden hier konfisziert, Bischöfe und *insignes viri* der Kirche großteils vertrieben.

[46] Deshalb ist es auch nicht nachzuvollziehen, warum Modéran 2001, 272, davon spricht, dass Geiserich „unmittelbar nach seinem Sieg bereits einen langfristigen Plan zur systematischen Ausmerzung des Katholizismus hatte". Aus Gründen der politischen Opportunität konnte Geiserich zu weitgehenden Zugeständnissen bereit sein: Er erlaubte im Okt. 454 die Ordinierung eines katholischen Bischofs für Karthago (Deogratias: Vict. Vit. 1, 27; PAC 271–273; er starb gegen Ende 457, ohne einen Nachfolger zu bekommen), wohl um Valentinian für die Ermordung des Aetius zu ‚belohnen' (Vict. Vit. 1, 24, dazu

Zu dieser Politik einer klaren Abgrenzung passt ein Religionsgespräch, wie es die Collatio darstellt, das einen öffentlichen doktrinären Angriff pariert, nicht, weder als ideales oder kompensatorisches Gegenstück zu faktischen (für den politisch machtlosen Kontrahenten im Ergebnis meist unbefriedigenden) Disputationen noch als ,Trockenübung' bzw. Training für künftige Auseinandersetzungen. Bis zu Geiserichs Tod 477 n. Chr. (er starb erst im Alter von ungefähr 90 Jahren) hat sich an dieser Situation nichts geändert.

Unter Geiserichs Nachfolger und Sohn Hunerich (477–486 n. Chr.) ist jedoch ein Umschwung zu beobachten, der den religiösen Gegensatz erheblich verschärfte. Wieso kam es zu dieser zumindest für die katholische Kirche verhängnisvollen Wende? Wir befinden uns hier, da vandalische Quellen fehlen, weitgehend im Raum der Vermutungen. Persönlichen Fanatismus des Königs als Ursache anzunehmen, ist schon deshalb problematisch, weil Hunerich nach seinem Regierungsantritt zunächst die ,Kirchenfront' deutlich entspannte, auch indem er 480 erlaubte, dass der lange vakante Sitz des katholischen Metropoliten in Karthago wieder besetzt wurde, noch dazu mit dem für seine Unbeugsamkeit bekannten Eugenius.[47] Auch Byzanz gegenüber ließ der König eine frühere Forderung fallen: die Herausgabe des Vermögens der Eudocia und damit das ihres Vaters Valentinian III.[48] Der Grund für diese Konzilianz dürfte auch in einem Aufstand der ,Mauren' zu sehen sein, der das Aurès-Gebiet erschütterte und eine Entspannung der Konflikte mit Byzanz ratsam erscheinen ließ. Für die halbnomadischen Berberstämme im Süden der Provinzen hatte der Tod ihres Vertragspartners Geiserich, dem sie auch nach Rom gefolgt waren, die Geschäftsgrundlage geändert.[49] Geiserich hatte die meisten Festungen aus Furcht vor römischem Widerstand schleifen lassen,[50] was die Verteidigungsmöglichkeiten reduzierte. Die nach

Lancel, ed. 2002, 286); in seinen letzten Regierungsjahren erlaubte er erneut die Wiederbesetzung, diesmal um mit Kaiser Zenon ein Abkommen zu erreichen (Vict. Vit. 1, 51).

[47] Vict. Vit. 2, 1–6; PAC 362–365. Vom Fanatismus des Königs spricht dagegen Modéran 2001, 276.

[48] Priskos frg. 29f.; Ioh. Ant. frg. 204. Eudocia war nach 16 Jahren Ehe mit Hunerich im Jahre 472 nach Jerusalem geflohen.

[49] Modéran 2003, 550, datiert den Aufstand des Aurès „vers la fin du régne d'Hunéric". Procop. Vand. 1, 8, 5 sagt aber etwas anderes: ... ἐτελεύτησε νόσῳ (sc. Hunerich), Μαυρουσίων ἤδη τῶν ἐν τῷ Αὐρασίῳ ὄρει ᾠκημένων ἀποστάντων τε ἀπὸ Βανδίλων καὶ αὐτονόμων ὄντων. Bei Hunerichs Tod war der Aufstand also schon Vergangenheit und der Aurès endgültig verloren. Die Auseinandersetzungen dürften also bald nach seinem Regierungsantritt begonnen haben.

[50] Procop. Vand. 1, 5, 8; Aed. 6, 5.

wie vor geringe Zahl der vandalischen Krieger, die aus Sicherheitsgründen nicht durch Romanen[51] verstärkt werden konnte, machte die Lage prekär.

Auf der anderen Seite entfernte eine religiöse Friedenspolitik den vandalischen König von seiner Kirche, und dies könnte in dem Moment zu einer Kehrtwende geführt haben, als sich einerseits die militärischen Verluste auf das Aurès-Gebiet beschränken ließen und anderseits ein neues Konfliktpotential entstand, das ein enges Bündnis mit der – in den Jahrzehnten in Africa sicher erheblich erstarkten – ‚arianischen' Hierarchie zu fordern schien: Hunerichs Versuch, eine neue Thronfolgeregelung durchzusetzen.[52] Nach der bisherigen agnatischen Regelung war der älteste männliche Verwandte des Königs nachfolgeberechtigt,[53] Hunerich jedoch wollte seinen (und Eudocias) Sohn Hilderich durchsetzen. Die erheblichen Widerstände im vandalischen Adel, der ohnehin unter Geiserich systematisch zurückgedrängt worden war,[54] und am Königshof wurden 481 und 482 mit brutaler Härte niedergekämpft; um aber dauerhaften Erfolg zu haben, brauchte Hunerich Bundesgenossen, und in dieser Situation dynastischer Herausforderung bot sich ihm wahrscheinlich in erster Linie die ‚arianische' Kirche an;[55] sie galt es, eng an seine Herrschaft zu binden. Ausgangspunkt der nun folgenden Maßnahmen war wohl die ‚Reinigung' des Hofes von allen Katholiken, die Geiserich dort belassen hatte[56] (schon der war von „seinen Bischö-

[51] ... die es ohnehin verlernt hatten, sich selbst zu verteidigen: vgl. Aiello 2004.

[52] Vgl. D. Claude, Probleme der vandalischen Herrschaftsnachfolge, Deutsches Archiv für Erforschung des Mittelalters 30 (1974), 329–355.

[53] Iord. Get. 33, 169; Procop. Vand. 1, 7, 29; Vict. Vit. 2, 13 spricht von der diesbezüglichen *constitutio Geiserici*. Eine neue Generation der männlichen Königsfamilie konnte dabei erst dann zur Nachfolge kommen, wenn der letzte Vertreter der älteren Generation gestorben war; die direkte Nachkommenschaft des regierenden Königs hatte also keinerlei Vorrang.

[54] Zugunsten eines sog. Dienstadels, s. Castritius 2006, 204.

[55] Dass er auch ihm verdächtige Kleriker dieser Kirche bestrafte (Vict. Vit. 2, 13), widerspricht dem nicht: auch von ihr erwartete er unbedingte Loyalität. Zu Hunerichs Hinrichtungen vandalischer Adliger und Hofleute s. Vict. Vit. 2, 14f. Dass er damals ernsthaft auch die katholischen Bischöfe, wenn sie seiner Nachfolgeregelung zustimmten, integrieren und „dem widerstrebenden Reichsvolk der W. [sc. Wandalen] und Alanen die Provinzialrömer nun gleichberechtigt an die Seite stellen" wollte (Castritius 2006, 199, s. auch Castritius 2007, 126, in der Nachfolge von Courtois [wie Anm. 6], 241, und Claude [wie Anm. 52], 340–348), ist unglaubhaft. Denn was hätte ihm die Unterstützung der katholischen Kirche genützt, wenn er dafür – wovon auszugehen war – den für sein Vorhaben viel wichtigeren Rückhalt der vandalischen Hierarchie verlor? Victor (3, 16–20) spricht ja auch von einem Täuschungsmanöver.

[56] Vict. Vit. 2, 8–11.

fen" dazu gedrängt worden, hatte sich aber auf einige prominente Exempel beschränkt).[57] Dann wurden allen katholischen Bischöfen finanzielle Fesseln angelegt.[58] 482 oder Anfang 483[59] kam es zu einer weiteren Radikalisierung: zu einer Massendeportation des katholischen Klerus der Proconsularis in den Süden.[60]

Im Mai dieses Jahres berief der König schließlich für den 1. Februar 484 eine Konferenz aller Bischöfe seines Herrschaftsgebietes ein, die den Religionsstreit endgültig entscheiden sollte.[61] Es kam tatsächlich zu einer öffentlichen Disputation zwischen den katholischen Bischöfen (insgesamt etwa 460) um Eugenius und den ‚arianischen' Gegenspielern um ihren Patriarchen, den Vandalen Cyrila. Natürlich war die Veranstaltung, die wohl an das katholisch-donatistische Religionsgespräch von 411 erinnern sollte, eine Farce; sie diente vor allem der Einschüchterung und als Startpunkt einer weiteren Steigerung der Verfolgung: Allen Katholiken wurde nun bis zum 1. Juni die Konversion befohlen.[62] Die Strafbestimmungen bei Zuwiderhandlung sollten dabei offenbar an die Ketzergesetze des römischen Reiches erinnern, schon insofern ein schiefer Vergleich, als diese in der konkreten Durchführung meist abgemildert wurden, während in Africa damit teilweise die ‚arianische' Hierarchie betraut wurde, die – als finanzielle und ideologische Nutznießerin[63] – verschärfend agierte. Das Ziel war offenbar einerseits

---

[57] Geiserichs Maßgabe (Vict. Vit. 1, 43: *suadentibus episcopis suis*) war offenbar schon aus praktischen Gründen nicht konsequent verfolgt worden: Man brauchte die katholischen Romanen für die Administration. Diese Abhängigkeit war sicher geringer geworden, schon wegen der zahlreichen Konversionen zum ‚arianischen' Glauben.

[58] Bezeichnenderweise wurde diese Maßnahme auf Anraten seiner davon offenbar überraschten (Vict. Vit. 2, 23: *festinavit*) *domestici* wieder zurückgenommen. Da er sie nicht ohne Ratgeber beschlossen haben dürfte, ist auch hier wohl an die konkurrierende Kirche zu denken.

[59] Zur Datierung s. Vict. Vit. 2, 30 mit dem Kommentar von Lancel, ed. 2002, 135.

[60] Vict. Vit. 2, 26: 4966 Personen; Vict. Tonn. chron. II p. 189, 479, 1 (MGH auct. ant. 11): ungefähr 4000 Personen. Zielort war eine unwirtliche Gegend im Südwesten Numidiens (Chott el Hodna), die kaum verlassen werden konnte, zumal die Internierung von verbündeten Mauren überwacht wurde (Vict. Vit. 2, 26–37).

[61] Vict. Vit. 2, 38–40.

[62] Vict. Vit. 3, 12.

[63] Vict. Vit. 3, 2: ... *universae Africae ecclesias clausit* (sc. Hunerich) *universamque substantiam episcoporum et ecclesiarum suis episcopis munere condonavit*; 3, 42: *Nam illo tempore crudelius Arrianorum episcopi, presbyteri et clerici quam rex et Wandali saeviebant. Nam ad persequendum ipsi cum suis clericis ubique gladiis accincti currebant*; 3, 48: *Nam et episcopi atque presbyteri illorum* (sc. der ‚Arianer') *cum armatorum manu nocturnis temporibus vicos vel oppida circumibant* ...; 3, 54: *sceleratus tyrannus* (sc. Hunerich) *hoc ei*

die Zerschlagung des katholischen Klerus (der jetzt praktisch vogelfrei war) und andererseits die Konversion und Wiedertaufe der gesamten katholischen Bevölkerung mithilfe regelrechten Terrors. Auf beiden Gebieten gab es weitgehende ‚Fortschritte', jedoch auch spektakuläre Misserfolge, die bekanntlich in solchen Situationen besonders zählen.[64]

Der König starb schon am 22. Dezember 484, zu früh, als dass er seine dynastischen, aber auch seine religionspolitischen Ziel hätte erreichen können. Nachfolger wurde nicht Hilderich, sondern Hunerichs Neffe Gunthamund (484–496), der den harten Kurs seines Onkels offenbar sofort verließ.[65] In diese Zeit einer Lockerung, in der die Erinnerung an das Gespräch vom Februar 484 und an die Folgen jedoch noch sehr frisch war, passt vielleicht die Selbstvergewisserung der Katholiken mithilfe kontroverstheologischer Schriften, zu denen auch unsere Collatio gehört.[66] Der Schiedsrichter steht dabei anfangs aus dramaturgischen Gründen auf Seiten des Pascentius, um am Ende dann natürlich Augustinus den Sieg zuzusprechen. Die Autorität des großen Namens wird benutzt, um die eigenen Reihen zu festigen.

Alternativlos ist diese Datierung[67] aber nicht. Auch die 30-jährige Regierungszeit von Gunthamunds Nachfolger und Bruder Thrasamund (496–523) kommt in Frage und verdient, wie gleich gezeigt werden soll, sogar den Vorzug. Damals scheint sich ein weiterer Wandel der Kirchenpolitik der vandalischen Könige vollzogen zu haben: vom Funktionalen zum Dogmatischen. Thrasamund ist der erste König, der für die Lehrdifferenzen selbst Interesse zeigte.[68] Die Konversion möglichst vieler Katholiken strebte auch er an, jedoch mit geschmeidigeren Methoden[69] und vor allem offenbar mit

(sc. einem katholischen Beschwerdeführer) *mandasse perhibetur: ‚vade ad episcopos nostros et quod tibi dixerint sequere, quia ipsi huius rei habere noscuntur per omnia postestatem'.*

[64] Vgl. die 90 als ‚gestorben'– *prb*(*t*) = *perivit*, womit wohl der Abfall gemeint ist – gekennzeichneten Bischöfe in der Not. Episc., Lancel, ed. 2002, 252–272. S. auch Anm. 71.

[65] Im Jahre 487 durfte Eugenius aus der Verbannung zurückkehren, sieben Jahre später auch die anderen verbannten Kleriker, denen sogar ihr Besitz restituiert wurde.

[66] Das Werk stände dann in einer Reihe mit dem Liber fidei catholicae, den Eugenius und die katholischen Bischöfe für das Religionsgespräch von 484 verfassten (Vict. Vit. 2, 56–101; dazu Lancel, ed. 2002, 63–67).

[67] Zuletzt vertreten von Heil (wie Anm. 1), 28.

[68] Vgl. Fulg. Rusp. ad Tras. 1, 2, 2 (hierzu u. S. 198f.); Cassiod. var. 5, 43, 1; Vita Fulg. Rusp. pp. 99f. (= PL 65, 139C–140C); Procop. Vand. 1, 8, 8. Übrigens scheint sich die dogmatische Trennung der Vandalen (oder schon die der Goten im späten vierten Jahrhundert?) von den Katholiken insofern verschärft zu haben, als der dritten Person der Trinität mehr oder weniger deutlich die Göttlichkeit abgesprochen wurde, s. Vict. Vit. 2, 75–99; dazu Modéran (wie Anm. 40), 34f.

[69] S. etwa Procop. Vand 1, 8, 9f.: Prämien für Übertritte.

der Überzeugung, damit der überlegenen Doktrin zu dienen. Die strategische Allianz seiner Vorgänger war damit (auch) zu einem Bündnis aus religiöser Überzeugung geworden.

Im Kerngebiet der vandalischen Siedlungen in der Africa Proconsularis durften katholische Priester (wie schon zuvor)[70] nicht agieren; in der Byzacena durften Bischöfe auch weiterhin nicht geweiht werden. Als dieses Verbot ca. 507 n. Chr. übertreten wurde, ließ Thrasamund die neugeweihten Bischöfe exilieren, ca. 60 davon, darunter Fulgentius von Ruspe, nach Sardinien.[71] Irgendwann zwischen 515 und 520 wurde Fulgentius jedoch nach Karthago zu Religionsgesprächen zurückgerufen, in die der König sich persönlich einschaltete.[72] Die dabei entstandenen Schriften des Fulgentius sind wichtige (wenn auch parteiliche) Zeugnisse für die Theologie der ‚arianischen' Kirche in Africa.[73] Nachdem Fulgentius sich in den Diskussionen überlegen gezeigt hatte, verwies ihn Thrasamund (auch auf Druck des ‚arianischen' Klerus) übrigens sofort wieder des Landes. Die Collatio steht in der theologischen Qualität gegenüber diesen Werken deutlich zurück, was aber nicht ausschließt, dass sie in diesem Umkreis, als kontroverse Religionsgespräche noch einmal in aller Munde waren, entstanden ist. In kultureller Hinsicht passt sie sogar besser in diese Zeit als in die nach 484. Hiervon soll der dritte Teil dieser Skizze handeln.

II. Die fiktive Szenerie der Disputation

Werfen wir zuvor aber einen kurzen Blick auf einige Aspekte der speziellen Szenerie unserer Disputation, zunächst auf das Rangtitel-System um 400 n. Chr., wie es aus Gesetzestexten, Inschriften und Briefen rekonstruiert werden kann.[74]

---

[70] Vita Fulg. Rusp. pp. 35–45 (= PL 65, 125B–128B).

[71] Vita Fulg. Rusp. p. 59 (= PL 65, 131A/B); pp. 67–77 (= 132D–135D); pp. 87–93 (=137B–138C). Diese Fortsetzung der Verfolgung spricht gegen die These Howes, 367, von der erfolgreichen Religionspolitik Hunerichs.

[72] Vita Fulg. Rusp. pp. 99–107 (= PL 65, 139C–141D).

[73] Sie sind nur zum Teil erhalten, s. die Übersicht in der Ausgabe von J. Fraipont (CC 91), VI.

[74] O. Hirschfeld, Die Rangtitel der römischen Kaiserzeit, in: Sitzungsbericht Berliner Akad. Wiss. 1901, 579–610; wieder in: ders., Kleine Schriften, Berlin 1913, 646–681; W. Dürig, Art. Dignitas, RAC 3 (1957), 1024–1035; A. H. M. Jones, The Later Roman Empire 284–602, Bd. 2, Oxford 1964, 526–530; E. Jerg, Vir venerabilis. Untersuchungen zur Titulatur der Bischöfe in den außerkirchlichen Texten der Spätantike als Beitrag zur Deutung ihrer öffentlichen Stellung, Wien 1970, 51–55; H. Löhken, Ordines dignitatum.

Der alte Senatorenstand hat zwar am Ende des 3. Jahrhunderts n. Chr. von der militärischen Karriere Abschied nehmen müssen, ist aber als Stand nominell erhalten geblieben. Die Tetrarchen und Konstantin hatten ihn jedoch so stark ausgeweitet, dass er seine Qualität als *ordo*, in den man in der Regel hineingeboren wurde, verloren hatte. Teilweise war er zum Dienstadel geworden, hatte also seine Unterscheidung vom Ritterstand eingebüßt.[75] Die Unterschiede innerhalb dieses Standes hatten sich außerdem so verfestigt, dass ihnen spezielle Rangtitel entsprachen. An der Spitze standen die *illustres* (ἰλλούστρεις), ein Titel für die Inhaber der höchsten Ämter (Prätorianerpräfekte, Stadtpräfekte, Heermeister, Hofminister) und für Senatoren im unmittelbaren Gefolge des Kaisers.[76] Als *spectabiles* (περίβλεπτοι) wurden die bedeutendsten Provinzgouverneure geehrt, das heißt die Prokonsuln,[77] ferner die Vorsteher der ‚Diözesen‘ genannten Provinzgruppen (die *vicarii*), die Vorsteher der Hofkanzleien und sonstige hohe Beamte des Kaisers sowie die Mitglieder des kaiserlichen Rates. *Clari* oder *clarissimi* (λαμπρότατοι) schließlich durften sich nicht nur die anderen senatorischen Provinzstatthalter nennen, sondern auch alle übrigen Senatoren. Diese Auszeichnung stand den Senatoren ja schon in der Hohen Kaiserzeit zu und blieb ihnen erhalten. Auch höherrangige Senatoren verzichteten nicht auf sie, wurden also *vir clarissimus* (*v. c.*) *et* ... tituliert.

Auch die Angehörigen des Ritterstandes (nicht mehr, wie in der Hohen Kaiserzeit, aus Familien, die auf eine lange Tradition in kaiserlichen Diensten zurückblicken konnten, sondern häufig Aufsteiger), der infolge der Ausweitung des Senatorenstandes in seiner Bedeutung abgesunken war, waren in mehrere Rangklassen eingeteilt:[78] die höchste war die der *perfectissimi* (διασημότατοι), hierzu gehörten etwa Truppenkommandeure an Grenzabschnitten (*duces*), Finanzverwalter (*procuratores*) sowie kaiserliche Boten und ‚Agenten‘

Untersuchungen zur formalen Konstituierung der spätantiken Führungsschicht, Köln-Wien 1982.

[75] Zum senatorischen *cursus honorum* des 4. Jahrhunderts s. W. Kuhoff, Studien zur zivilen senatorischen Laufbahn im 4. Jahrhundert n. Chr., Frankfurt/M. u. a. 1983.

[76] Dieser hatte außerdem die Möglichkeit, enge Vertraute mit dem Titel *patricius* auszuzeichnen, der sie über den ganzen *ordo senatorius* erhob.

[77] Seit den Verwaltungsreformen des späten 3. Jahrhunderts gab es nur noch zwei *proconsules*: die von *Asia* und *Africa* (*Proconsularis*); im frühen 4. Jahrhundert kam *Achaea* dazu. Die Titel der niederen Gouverneure waren in absteigender Reihung *consulares*, *correctores* (in Italien) und *praesides*. S. zuletzt D. Slootjes, The Governor and his Subjects in the Later Roman Empire, Leiden 2006, 16–25.

[78] Z. B. Cod. Theod. 12, 1, 5 (317 n. Chr.). Am Ende des 4. Jahrhunderts wurden alle Provinzen von Senatoren verwaltet.

(*agentes in rebus*). Außerdem gab es noch die vom ehemaligen Jahresgehalt abgeleiteten Titel *ducenarii* und *centenarii* sowie am Schluss die *egregii* (κράτιστοι); dieser Titel verschwand allerdings im frühen 4. Jahrhundert.

Wenn wir nun die Rangtitel der Personen in der Collatio betrachten, müssen wir uns zunächst vor Augen halten, dass die Vandalen die alten Titulaturen keineswegs abgeschafft haben. Victors Historia überliefert sie anlässlich des erwähnten Edikts Hunerichs, das in Umkehrung der kaiserlichen Religionsgesetze den Katholiken in Africa verschiedene Strafen androht, auch den Senatoren, und zwar in der Abstufung ihrer hergebrachten Ränge.[79] Diese waren also durchaus noch in Gebrauch, und es ist deshalb nicht verwunderlich, dass sie auch von dem unbekannten Autor der Collatio verwendet werden. Zu prüfen ist lediglich, ob dabei auch ihre Wertigkeit noch eine Rolle spielte oder ob sie bloßes Kolorit sind.

Der Schiedsrichter Laurentius ist als Person vielleicht rein fiktiv; er hat den senatorischen Titel *clarissimus*.[80] Laurentius wird zudem als *iudex* beschrieben; *iudex* ist zwar als allgemeine Funktionsbezeichnung des römischen Statthalters häufig bezeugt, und wir wissen, dass auch noch unter den Vandalen *proconsules* in Karthago zu Gericht saßen, hier aber schließt das *delectus a Pascentio* im Incipit dies aus:[81] Es geht um den ausgewählten Schiedsrichter. Pascentius, der Gegner Augustins, ist nicht nur *nobilissimus* (hier kein Titel, sondern eine Ehrung), sondern auch *vir spectabilis*; dass er an einer Stelle zudem den Titel *clarissimus* erhält, ist, wie wir gesehen haben, durchaus kompatibel.[82] Er ist, wie gesagt, eine historische Person, auch die Disputation mit Augustinus über das ὁμοούσιον hat stattgefunden. Possidius, Augustins Biograph, nennt Pascentius *comes domus regiae*. Die *domus regia* ist

[79] 3, 10: *inlustres – spectabiles – senatores – principales – sacerdotales – decuriones – negotiatores – plebei – circumcelliones*; vgl. Overbeck (wie Anm. 25), 74–82. Das Vorbild dürfte Cod. Theod. 16, 5, 52pr. gewesen sein (412 n. Chr., gegen die Donatisten), mit derselben Reihenfolge; hier fungieren allerdings zwischen *senatores* und *sacerdotales* (ehemalige Provinzialpriester des Kaiserkults) noch – unter Hunerich vergessene – *clarissimi*, wohl um sicherzustellen, dass auch diejenigen erfasst wurden, die den Klarissimat nur ehrenhalber erhalten hatten. Generell zu den vandalischen Urkunden s. R. Heuberger, Vandalische Reichskanzlei und Königsurkunden, Innsbruck 1929 (MIÖG, Erg.-Bd. 11), und G. Vismara, Gli editti dei re vandali, in: Studi in onore di G. Scherillo, 2, Milano 1972, 849–878.

[80] 1, 1 usw. Augustinus dagegen wird mit dem nur unspezifisch ehrenvollen *honorabilis* angeredet: 5, 1; 7, 2.

[81] ... *praesidente LAURENTIO iudice delecto a PASCENTIO viro spectabili*; s. auch 2, 10; 3, 8. Zum *proconsul* s. o. Anm. 27; ihm kommt der *spectabilis*-Titel zu.

[82] (*vir*) *nobilissimus*: 1, 6; 3, 2; *spectabilis*: ab 2, 6 immer wieder; *clarissimus*: 5, 1. *Nobilissimus* als Rangstufe blieb Angehörigen des Kaiserhauses vorbehalten.

in der Spätantike das Kaiserhaus, und *comites* (damals eine unspezifische Bezeichnung für den Inhaber eines staatlichen Amtes oder gar nur eines Titels) hießen die den *vicarii* der Diözesen unterstehenden Finanzbeamten.[83] Sie wurden auch *comites thesaurorum* genannt, was gut zu Possidius' weiterer Charakterisierung passt: *fisci vehementissimus exactor*. Die genauere Bestimmung, welchen Fiskus er denn nun so heftig füllte, ist allerdings schwierig. Sehr unwahrscheinlich ist, dass er tatsächlich, wie es in unserer Collatio heißt, den Titel eines *spectabilis* führte, den ja auch sein Vorgesetzter hatte.[84]

Bezeichnenderweise ist von der fiskalischen Funktion des Pascentius in der Collatio nichts übrig geblieben. Wahrscheinlich kannte der Autor Possidius' Biographie überhaupt nicht, sondern nur die genannten Augustin-Briefe; die einzige Information, die über diese hinausgeht, ist der Titel *spectabilis*, den der Autor aus der Charakterisierung des Pascentius als *comes* im Incipit der Briefe erschlossen haben kann,[85] das auf Possidius zurückgehen dürfte. Bei diesem ist *comes* (*domus regiae*) aber nur eine allgemeine Beschreibung des Beamtenstatus,[86] die dann vom Autor der Collatio missverstanden und durch den *spectabilis*-Titel aufgewertet wurde.

Der fiktive Disput wird in Hippo Regius lokalisiert, und zwar in einer *domus Anicia*.[87] Die reale Disputation hatte in Karthago stattgefunden, wie jedoch nur aus Possidius ersichtlich war. Dass der Autor der Collatio das Gespräch nach Hippo Regius versetzte, ist verständlich; dies war sein natürlicher Ort. Ging es ihm doch vor allem um das Renommee des großen

---

[83] Possid. vita Aug. 17, 1. R. Delmaire, Largesses sacrées et *res privata*. L'*aerarium* impérial et son administration du IVe au VIe siècle, Paris 1989, 218–220.

[84] Heil (wie Anm. 1), 14, spricht irrig vom „*comes* am Kaiserhof"; *domus regiae* gibt aber nur seinen Auftraggeber an; sein Arbeitsgebiet war sicher (zumindest teilweise) in Africa. Augustin spricht ihn in keinem seiner drei Briefe mit einer Amtsbezeichnung oder Titulatur an, vielleicht aus Gründen der Diskretion (vgl. Possid. vita Aug. 17, 5).

[85] S. Weber in diesem Band S. 13f. mit Anm. 34. Epist. 238–241 bildeten wohl schon im 5. Jahrhundert eine kleine, selbständig überlieferte Kollektion, s. schon H. Lietzmann, Zur Entstehungsgeschichte der Briefsammlung Augustins (SB. Preuss. Akad. Wiss, Phil.-Hist. Kl., 1930, 356–388), in: Kleine Schriften, 1, Berlin 1958, 260–304, hier 300f.

[86] Zur Ausweitung des Comitats im 4. Jahrhundert s. O. Seeck, Art. Comites, RE 4, 1 (1900), 622–679, hier 634f. Ein passendes Zeugnis für unterschiedliche Kategorien von *comites* ist Cod. Theod. 11, 18, 1 (409 n. Chr.), wo der Beamtenapparat in absteigender Reihenfolge vorgeführt wird: *non ... illustres viros praefectos ... comites sacri ac privati aerarii illustres ... non viros spectabiles comites archiatrorum, non comites stabuli ... comites dispositionum, decuriones, magistrum admissionum et ceteras similes comitum laboribus nostris socias dignitates eiusdem praestationis sors teneat.* Der unterste der *comites* in Rom, der auf die Spectabilität Anrecht hatte, war offenbar der *comes archiatrorum*.

[87] So im Incipit: *Collatio ... habita in domo Anicia Hippone Regio.*

Kirchenvaters, das er gegen die vandalischen (Zwangs-)Belehrungen in Stellung bringen wollte, und das war eben besonders mit Augustins Bischofstadt verbunden.

Aber warum *in domo Anicia*? Es erscheint wenig glaubhaft, dass es sich hier um eine völlig fiktive Ortsbezeichnung handelt. Viel wahrscheinlicher (wenn auch nicht beweisbar) ist, dass auch sie dazu diente, das augustinische Lokalkolorit zu verstärken, das heißt, dass es in Hippo eine *domus Anicia* gegeben hat, deren Beziehung zum Bischof bekannt war. Tatsächlich spielte die senatorische Familie der Anicii im Africa des 4. Jahrhunderts eine besondere Rolle: Zusammen mit den Petronii haben sie dort die senatorischen Posten phasenweise regelrecht monopolisiert.[88] Übrigens ist schon die Person, die in der afrikanischen Epigraphik – nach Göttern und Kaisern natürlich – am häufigsten bezeugt ist, ein Anicier: Q. Anicius Faustus, dem über 50 Inschriften gewidmet sind; er war numidischer Gouverneur in den Jahren von 196–201, also unter Septimius Severus, später *proconsul Asiae*. Der Grund für sein häufiges Vorkommen in afrikanischen Ehreninschriften ist, dass er Stadtpatron nicht nur in seiner Hauptstadt Cirta, sondern auch in Lambaesis, Thamugadi, Uzappa und in anderen Städten war.[89] Es gibt eine Verbindung von diesen Aniciern zu denen des 4. Jahrhunderts,[90] darunter Sex. Anicius Paulinus (Konsul 325), jener Anicier auf dem Gouverneurssitz in Karthago,[91] der Indizien zufolge (schon in konstantinischer Zeit) der Erste seiner Familie war, der zum Christentum konvertierte.[92] Eine römische Inschrift preist übrigens seine Spendenfreudigkeit (*benignus*).[93]

---

[88] M. T. W. Arnheim, The Senatorial Aristocracy in the Later Roman Empire, Oxford 1972, 192; für ein Stemma der Anicii des 4. Jahrhunderts PLRE 1, 1133.

[89] A. Beschaouch, Uzappa et le proconsul d'Afrique Sex. Cocceius Anicius Faustus Paulinus, MEFRA 81 (1969), 195–218.

[90] M. Christol, À propos des Anicii: le IIIe siècle, MEFRA 98 (1986), 141–164; P. I. Wilkins, The African Anicii – a Neglected Text and a New Genealogy, Chiron 18 (1988), 377–382.

[91] Laut T. D. Barnes, The New Empire of Diocletian and Constantine. Cambridge, Mass. 1982, 171, wohl von 322–324 n. Chr.

[92] Auf ihn bezöge sich dann Prud. c. Symm. 1, 522f.; A. Chastagnol, Les fastes de la préfecture de Rome au Bas-Empire, Paris 1962, 85; PLRE 1, 679f.; D. M. Novak, Constantine and the Senate, AncSoc 10 (1979), 271–310, hier 291–297; ders., Anicianae domus culmen, nobilitatis culmen, Klio 62 (1980), 473–493, hier 491; H. Sivan, Anician Women, the Cento of Proba, and Aristocratic Conversion in the Fourth Century, VChr 47 (1993), 140–157, hier 151; eine andere Identifizierung bei T. D. Barnes - R. W. Westall, The Conversion of the Roman Aristocracy in Prudentius' Contra Symmachum, Phoenix 45 (1991), 50–61, hier 51–55.

[93] CIL 6, 1681.

Auf die Topographie des christlichen Hippo Regius kann hier nicht genauer eingegangen werden.[94] E. Marecs Publikation seiner Ausgrabungen von 1958 kann leider nicht als verlässliche Grundlage dienen; zu viele seiner Interpretationen sind widerlegt bzw. umstritten.[95] Nach wie vor ungeklärt sind der Zusammenhang und die Ausdehnung (und damit letztlich die Existenz) des ,christlichen Viertels', einer unregelmäßig geschnittenen *insula* von ca. einem Hektar mit Wohneinheiten und Gewerbeanlagen. Falls die wohl aus der Mitte des 4. Jahrhunderts stammende Basilika mit Augustins Bischofskirche, der *Basilica Maior* oder *Pacis*, identifiziert werden kann,[96] müsste wohl mit weiteren christlichen Gebäuden in der Umgebung gerechnet werden:[97] etwa mit einer *matricula pauperum* und mit der *Memoria sancti Stephani* samt einem *xenodochium*.[98] Andererseits hat es im 5. und 6. Jahrhundert zahlreiche Umbauten gegeben, deren Abfolge nicht geklärt ist (seit den 60er Jahren des letzten Jahrhunderts gab es hier keine Grabungen mehr; viele der damaligen Resultate sind nicht mehr zu verifizieren).

Jedenfalls lässt sich aber eine interessante Besonderheit des Baubefundes festhalten: Auffallend ist, dass die Kirche nicht – wie in den meisten Städten dieser Zeit, namentlich im Okzident – am äußeren Rand oder außerhalb der Stadt lag, etwa an einer Ausfallstraße mit ihren Grabbezirken, wo leichter Grundbesitz zu erwerben war, sondern ziemlich zentral (in nur 200 Meter Entfernung vom westlich davon gelegenen Forum); im Osten grenzte es an ein Villenviertel der Oberschicht. Warum es den Christen[99] hier gelang, an

---

[94] S. zuletzt N. Duval, Art. Hippo Regius, RAC 15 (1991), 442–466; S. Lancel, Art. Hippo Regius, AugL 3 (2006), 351–363; B. Bizot, La basilique et ses abords, in: X. Delestre (ed.), Hippone, Aix-en-Provence 2005, 193–215.

[95] E. Marec, Monuments chrétiens d'Hippone, ville épiscopale de St. Augustin, Paris 1958; s. auch I. Gui et al., Basiliques chrétiennes d'Afrique du Nord (Inventaire et Typologie), I: Inventaire des monuments de l'Algérie, Paris 1992, no. 123; Bizot (wie Anm. 94).

[96] Aug. epist. 118, 9; serm. 325, 2.

[97] D. I. Pallas, Art. Episkopion, Reallex. Byz. Kunst. 2 (1971), 335–371; N. Duval, L'évêque et la cathédrale en Afrique du Nord, in: Actes du XIe congr. intern. d'archéologie chrétienne (Lyon 1986), Rome 1989, 1, 345–399; 3, 2797–2806; U. Real, Die Bischofsresidenz in der spätantiken Stadt, in: Die spätantike Stadt und ihre Christianisierung (Symposion, Halle/Saale 2000), edd. G. Brands - H.-G. Severin, Wiesbaden 2003, 219–237.

[98] Aug. epist. 20*, 2, 4; serm. 356, 7; civ. 22, 8.

[99] Falls die Basilika mit der katholischen *Basilica Leontiniana* (Aug. serm. 262, 2) zu identifizieren ist, wäre das Problem nur verlagert; falls sie zunächst den Donatisten gehörte, ist sie 411/412 n. Chr. ebenfalls in katholischen Besitz übergegangen; außerdem lagen die katholische und die donatistische Bischofskirche dicht beieinander: Aug. epist. 29, 11; retract. 2, 27. Zuletzt plädierte wieder Lancel (wie Anm. 94), 359, für die Beibe-

ein größeres Grundstück zu kommen, ist nicht überliefert; anzunehmen ist aber eine Schenkung oder eine Erbschaft.[100]

Hier könnte nun der bauliche Befund einen Hinweis geben. Denn es ist unstrittig, dass beim Bau der Basilika mindestens zwei spätantike Häuser im Wortsinn die Grundlage bildeten: Eines überbaute man fast vollständig (wobei die Mosaiken wieder verwendet wurden); das andere, im Nordosten, wurde zum kleineren Teil in einen Baptisterium-Consignatorium-Komplex umgewandelt, zum größeren blieb es (mitsamt einem Peristyl-Innenhof) erhalten, wobei eine direkte Verbindung mit der Basilika erkennbar ist. Ob man hier nun das ‚Haus des Bischofs' (*episcopium*) sieht oder ein anderes kirchliches Gebäude, durchaus vorstellbar ist, dass ein solcher Komplex – wenn er denn auf einer *domus Anicia* gründete – diesen an den ursprünglichen Besitzer und Wohltäter erinnernden Namen nicht gänzlich verlor (wenn auch nicht in der offiziellen Diktion),[101] ja dass er eng mit dem Episkopat des großen Kirchenvaters verbunden blieb, etwa weil dieser hier seine Gerichtsbarkeit (*audientia episcopalis*) ausübte.

Dass man auch in vandalischer Zeit noch von der *domus Anicia* sprach, müsste dann nicht überraschen. Schon deshalb nicht, weil es immer noch zeitgenössische bedeutende Anicier in Rom gab – man denke nur an Anicia Juliana (ca. 460–530 n. Chr.), die Tochter des Anicius Olybrius, des Schwagers der Eudocia (König Hunerichs Frau), der 472 für kurze Zeit Westkaiser war,[102] oder an die Familie des um 480 geborenen Boethius –, die dazu beige-

haltung der Hypothese, die die erhaltenen dreischiffigen Reste mit der *Basilica Pacis* identifiziert. Real (wie Anm. 97), 224, spricht dagegen von ihrer Widerlegung, weil nur Baptisterium, Bad und ein nördlicher ‚Teilbereich' unmittelbar an die Basilika angebunden waren (s. u.). Da wir aber über die Struktur der kirchlichen Bauten Hippos kaum informiert sind (welche Stellung hatte etwa die *Basilica Leontiniana*, wo immerhin 427 n. Chr. ein gesamtafrikanisches Konzil stattfand: CC 149, ed. Ch. Munier, 250), sollte man hier apodiktische Urteile meiden.

[100] Real (wie Anm. 97), 234f.; vgl. auch H.-R. Meier, Zentrumsverlagerung oder Deurbanisierung? Eine Frage zur „Christianisierung der spätantiken Stadt", in: Brands - Severin (wie Anm. 97), 165–177.

[101] Dass Augustinus ihn niemals erwähnt, ließe sich so erklären, ist aber ohnehin nicht verwunderlich, denn er spricht nur ein einziges Mal von seiner eigenen Residenz, und auch dies nur allgemein (Aug. serm. 355, 2: *Et volui habere in domo ista episcopi monasterium clericorum*).

[102] F. M. Clover, The Family and Early Career of Anicius Olybrius, Historia 27 (1978), 169–196; wieder in: Clover, Nr. III. Juliana verfügte auch über bedeutende Kontakte im Osten: Ihr Ehemann wäre 515 fast zum Gegenkaiser in Byzanz ausgerufen worden: PLRE 2, 796–798.

tragen haben könnten, dass die alte Bezeichnung *domus Anicia* prominent blieb. Sicherheit aber ist, wie gesagt, bei all dem nicht zu gewinnen.

Die Szenerie des Streitgesprächs zeugt einerseits von einem noch sehr regen Nachleben Augustins und andererseits von einem intakten System der spätantiken Rangtitel, jedenfalls in groben Zügen. Dies passt zur Beibehaltung der römischen Administration, mit der bezeichnenden Ausnahme der zentralen Finanzverwaltung. Diese Ergebnisse sind allerdings für eine genauere Datierung nicht zu verwerten. Aber könnte hier vielleicht eine kulturhistorische Einordnung weiterhelfen?

III. Die Einordnung in die kulturelle Situation des vandalischen Africa

Die Collatio cum Pascentio hatte schon immer, trotz ihres theologisch bescheidenen Ertrags,[103] eine gewisse Prominenz, weil sie eines der beiden einzigen gotischen Zitate in der lateinischen Literatur der Vandalenzeit (und überhaupt in der spätantiken Romania) enthält: die liturgische Formel *froia arme* für *domine miserere*.[104] Hier soll es aber nicht um die sprachliche Form dieses kostbaren Reliktes der gotischen Kultsprache, derer sich auch die Vandalen bedienten, gehen, sondern nur um zwei beachtenswerte kulturhistorische Aspekte dieses Abschnitts.

Zum einen spielt darin die *lingua barbara* eine auffallend große Rolle: Neun Mal taucht der Begriff *barbarus* kurz hintereinander auf, meist in Antithese zu *Graecus* oder *Latinus*. Da die intendierte Szenerie, ein Streitgespräch des Augustinus mit einem anderen Römer, dies keineswegs erfordert, muss man hier einen Reflex der tatsächlichen Abfassungszeit sehen. Ein Satz ist dabei noch deutlicher: „Nicht in Africa oder in der gesamten *Barbaria*,[105] sondern in Syrien oder auch Griechenland“ sei das Wort Gottes schriftlich fixiert worden, das erst später aus dem Hebräischen und Griechischen übersetzt wurde.[106] Die sachlich ganz unmotivierte Nennung Africas weist klar

[103] Heil (wie Anm. 1), 12–24. Tatsächlich handelt es sich nicht um eine Fortsetzung der Argumentation aus Aug. epist. 238, sondern eine Art Wiederholung und Simplifizierung, allerdings mit aktuellen Bezügen (s. u.).

[104] 15, 201; dazu zuletzt H. Tiefenbach, Das wandalische *Domine miserere*, HSF 104 (1991), 251–268; Francovich Onesti, 137–139; H. Reichert, in diesem Band S. 167–170.

[105] Zum Gegensatzpaar *Romania – Barbaria/Gothia* (s. z. B. Oros. hist. 3, 20, 11; 7, 43, 5) s. J. Zeiller, L'apparition du mot *romania* chez les écrivains latins, REL 7 (1929), 194–198; J. M. Wallace-Hadrill, Gothia and Romania, BRL 44 (1961), 213–237; Costanza (wie Anm. 24), 235f. Auffallend ist, dass Africa hier von der *Barbaria* getrennt wird, offenbar weil hier vom Autor bewusst eine Situation vor der vandalischen Eroberung gezeichnet werden soll (vgl. Possid. vita Aug. 30, 1 über die Invasoren: *Romaniae eversores*).

[106] 15, 96f.: *non enim in Africa aut cuncta barbaria, sed in Syria vel Graecia ...*

auf die Umwelt des Schreibers. Zugleich wird – wie schon durch die Antithese *barbarus* und *Graecus/Latinus* (und eben nicht *Romanus*)[107] – deutlich, dass es nicht um kulturelle Gegensätze geht, sondern ausschließlich um sprachliche. Hintergrund ist die Frage, inwieweit Übersetzungen zentraler Begriffe der christlichen Lehre legitim sind. Dies sind traditionelle Argumentationsfiguren aus dem Streit um das ὁμοούσιον, der betonte Bezug auf die *lingua barbara* jedoch ist hier vom Autor eigens entwickelt worden (gemeint ist durchgängig das Gotische), in Reaktion auf die Herrschaft der Vandalen, deren Idiom auch die Kultsprache der vandalischen Kirche war.[108]

Nun ist der Begriff *barbarus* bekanntlich alles andere als neutral.[109] In Africa war er vor allem für die ‚Berber'-Stämme in Gebrauch, mit traditioneller Topik und stark pejorativem Beiklang,[110] und dann ebenso für die 429 in Africa eingedrungenen Germanen. Der karthagische Bischof Quodvultdeus, Zeuge der Eroberung der Stadt, hielt zwei anklagende Predigten *De tempore barbarico*; Victor spricht von einer barbarentypischen Hinterlist und Grausamkeit[111] und macht vor allem den Schlussappell seines Werkes zu einer leidenschaftlichen Anklage gegen die ‚Barbaren': „Ihr, die ihr die Barbaren schätzt, wie einige es tun, und die ihr sie mitunter (zu eurer eigenen Verdammung) lobt, prüft ihren Namen und erkennt ihr Wesen: Hätten sie mit einem anderen, passenden Namen belegt werden können als mit ‚Bar-

[107] Anders einzig im Satz *Si enim licet dicere non solum barbaris lingua sua, sed etiam Romanis* (15, 201f.); hier geht es aber auch nicht um die Sprachen. Siehe u. S. 200.

[108] Dies zeigt etwa (neben Procop. Vand. 1, 2, 2. 5) Vict. Vit. 2, 4; der Plural *linguae* spricht hier scheinbar für das Gegenteil. Tatsächlich ist aber nur eine Sprache gemeint, und dass Hunerich für die Germanen im Ostreich die Liturgie „in der Sprache, die sie wollen" (*in ecclesiis suis quibus voluerint linguis populo tractare*) garantiert wissen will, zeigt, dass die *lingua barbara* auch in Africa noch die Kirchensprache der ‚Arianer' war; sonst wäre diese Sorge schwer verständlich.

[109] I. Opelt - W. Speyer, Barbar, JbAC 10 (1967), 251–289; dies., Art. Barbar I, RAC S 1 (2001), 811–895; Y. Dauge, Le Barbare. Recherches sur la conception romaine de la berberie et de la civilisation, Bruxelles 1984 (endet mit der Eroberung Roms 410 n. Chr.); P. Heather, The Barbarian in Late Antiquity: image, reality, and transformation, in: Constructing identities in Late Antiquity, ed. R. Miles, London-New York 1999, 234–258.

[110] S. für Augustinus F. Decret, Les *gentes barbarae* asservies par Rome dans l'Afrique du Ve siècle, in: IIe coll. intern. sur l'histoire et arch. de l'Afrique du Nord (Grenoble 1983), Paris 1985, 265–269. Dies blieb auch in byzantinischer Zeit so: I. Opelt, Barbarendiskriminierung in den Gedichten des Cresconius Corippus, RomBarb 7 (1982/1983), 161–179, und J. Manthke, Das Bild der Barbaren in der „Johannis" des Corippus, Philologus 140 (1996), 329–333.

[111] Quodv. temp. barb.; Vict. Vit. 1, 25 (*servitus barbarica*); 2, 1 (*subtilitas barbarorum*); Howe, 306–311 sieht hier weniger Barbarentopik als ‚Infidelentopik'.

baren', mit dem sie die Bezeichnung besonders von Wildheit, Grausamkeit und Schrecken ihr eigen nennen?"[112] Wenige Jahre nach dem Ende Hunerichs und der Verfolgungen, als Victor sein Werk verfasste (1, 1), waren die Wunden noch frisch und die Fronten ganz klar.

Dies aber ist nicht der Grund für die Benutzung von *barbarus* in unserem Streitgespräch. Denn da, wie gesagt, die zahlreichen Verweise auf die *lingua barbara* vom Autor bewusst in die Argumentation eingebaut wurden, müsste man zumindest an einigen Stellen einen pejorativen Sinn erkennen können. Eine solche Färbung wäre allerdings auf der anderen Seite auch verwunderlich. Zwar würde sie durchaus passen zu einem Dokument der religiösen Selbstvergewisserung, wäre aber kontraproduktiv bei einer kontroversen Disputation, in der die Gegner nicht provoziert, sondern überzeugt werden sollen. Die unpolemische Benutzung von *barbarus* setzt aber andererseits voraus, dass der Begriff nicht nur ganz neutral gebraucht, sondern sogar eine Selbstbezeichnung der Vandalen war. Warum sonst hätte dieses Wort (und nicht das nur beschreibende *gothicus*) gewählt werden sollen, dessen negativer Klang für Romanen immer zu hören war.[113] Tatsächlich lässt sich dies

---

[112] 3, 62: *nonnulli qui barbaros diligitis et eos in condemnationem vestram aliquando laudatis, discutite nomen et intellegite mores. Numquid alio proprio nomine vocitari poterant nisi ut barbari dicerentur, ferocitatis utique, crudelitatis et terroris vocabulum possidentes?* Vgl. auch das Folgende und dazu S. Costanza, *Barbarus furor* in Vittore di Vita, in: Sodalitas. Scritti in onore di A. Guarino, Napoli 1984, 711–719. Dass sich Victor hier kritisch mit Salv. gub. auseinandersetzt (so z. B. A. Schwarcz, Bedeutung und Textüberlieferung der Hist. persecutionis africanae prov. des Victor von Vita, in: Historiographie im frühen Mittelalter, edd. A. Scharer - G. Scheibelreiter, München 1994, 115–140, hier 119), scheint unwahrscheinlich; eher geht es um afrikanische ‚Kollaborateure'.

[113] So war in den zeitgenössischen römischen Gesetzen *barbari* ein Synonym von *hostes*, s. S. Rugullis, Die Barbaren in den spätrömischen Gesetzen. Eine Untersuchung des Terminus *barbarus*, Frankfurt/M. u. a. 1992, bes. 87 (mit Bezug auf die Vandalen). Für das Africa des 6. Jahrhunderts s. o. Anm. 110. Bezeichnend ist auch das *De conviviis barbaris* umschriebene Epigramm Anth. 285 Riese (= 279 Shackleton Bailey): ... *Inter ‚eils' goticum ‚scapia matzia ia drincan'/ non audet quisquam dignos edicere versus* – „Zwischen ‚Heil'-Rufen und ‚Gib Essen und Trinken' (s. zuletzt G. Köbler, Gotisches Wörterbuch [1989], s. v.; Francovich Onesti, 140–143) wagt doch keiner, würdige Verse vorzutragen". Die Rekonstruktion des genauen Kontextes ist schwer, da das Gedicht sich auch auf den riesigen gotischen Hofstaat (K. Vössing, Art. Thrasamund, Reallexikon der germanischen Altertumskunde 30 [2005], 508) der Königin Amalafrida, Thrasamunds Frau und Theoderichs Schwester, beziehen könnte. Klar ist aber, dass die ‚barbarischen' *convivia* mit dieser negativen Kennzeichnung ihren Bezug zur Welt der Literatur verloren haben.

ebenso zeigen,[114] wie dass *barbarus* kontextabhängig auch von Romanen als neutrale Beschreibung gebraucht werden konnte.

König Thrasamund gilt in der heutigen Literatur meist als hochgebildet, was vor allem darauf zurückgeht, dass ihm einige traditionelle lateinische Dichtungen gewidmet sind – eine problematische Argumentationsbasis (entscheidend ist ja, ob die werbenden Rufe der Romanen eine Antwort fanden).[115] Immerhin ist er der einzige Vandalenherrscher, über dessen geistige Interessen eine antike Quelle positive Aussagen macht.[116] Als der bereits genannte nach Cagliari verbannte Bischof Fulgentius um 515 n. Chr. von Thrasamund zurückgerufen worden war, überreichte der König ihm eine Schrift mit zehn Fragen, die der Bischof schriftlich beantwortete, unter anderem mit der Abhandlung Ad Thrasamundum regem.[117]

Hier heißt es zu Anfang des 2. Kapitels: „Dies durchschaut zweifellos Deine Güte und Milde, dies erkennt der Scharfblick Deines begabten und

---

[114] Schon Vict. Vit. 3, 62 spricht m. E. für die vandalische Selbstbezeichnung als Barbaren. Bei einer reinen Fremdbezeichnung durch die Römer wäre die Aufforderung, aus diesem *nomen* Rückschlüsse zu ziehen, sinnlos. Dies lässt sich aber absichern. Für Beispiele anderer Germanenstämme, die sich *barbari* nannten, s. Opelt - Speyer (wie Anm. 109), 880f.

[115] Einige Gedichte der Anthologia Salmasiana beziehen sich zwar (häufig panegyrisch) auf vandalische Adlige und Könige (vgl. M. Chalon et al., Memorabile factum. Une célébration de l'évergétisme des rois vandales dans l'Anthologie Latine, AntAfr 21 [1985], 207–262; F. M. Clover, Carthage and the Vandals, in: Excavations at Carthage 1978, ed. J. H. Humphrey, Ann Arbor 1982, 1–22; wieder in: Clover, Nr. VI); es wird aber immer übersehen, dass wir nichts von entsprechenden Aufforderungen oder Reaktionen auf vandalischer Seite hören; hierzu Vössing (vgl. Literaturliste). Die Frage soll an anderer Stelle behandelt werden. Als Beleg für Thrasamunds literarische Interessen wird meist das Lobgedicht Anth. 376 Riese (= 371 Shackleton Bailey) angeführt. Tatsächlich werden hier positive Eigenschaften des Königs genannt, Bildung oder Gelehrsamkeit sind aber gerade nicht darunter. S. auch u. Anm. 121. Die einzige klare Reaktion auf römische Gedichte, die wir von vandalischer Seite kennen, ist eine negative: der Misserfolg der ‚Satisfactio' des Dracontius, die dieser dann trotzdem veröffentlichte. Zu ‚Barbaren', die römische Bildung annahmen, s. R. W. Mathisen, Les barbares intellectuels dans l'Antiquité tardive, DHA 23 (1997), 139–148; die entscheidende Frage ist aber die nach dem Rang dieser Bildung im Selbstverständnis der ‚Barbaren'; Mathisen spricht hier zu Recht von der literarischen Kultur als „élément utile de ségrégation", akzeptiert und eingesetzt von beiden Seiten (s. etwa Fulg. myth. 1, 17).

[116] S. dazu o. Anm. 68. Vgl. auch Vict. Vit. 2, 12f. über den Neffen Hunerichs: *prudens et sapiens ... magnis litteris institutus.* Wurde mit seiner und seiner (bestimmenden) Mutter Hinrichtung ein alternativer Weg vandalischen Selbstverständnisses abgeschnitten?

[117] S. auch seine Dicta regis Thrasamundi et contra ea responsiones (CC 91, ed. J. Fraipont, 65–94).

geübten Verstandes. Jeder, der ihn kennt, preist ihn als etwas Bewunderungswürdiges, nicht weil es ungewöhnlich wäre, dass ein Mensch sich dem Studium der Heiligen Schriften widmet, sondern weil es bislang als Seltenheit gelten muss, dass das Herz eines barbarischen Königs (*barbari regis*), das beständig von zahlreichen Sorgen um das Reich erfüllt ist, von einer so brennenden Liebe zur Erkenntnis der Wahrheit ergriffen wird; solch unermüdliche Anstrengungen unternimmt ja gewöhnlich selbst bei den Römern nur jemand, der Zeit hat. Durch Dich, gnädigster König, durch Dich, sage ich, beginnt das Streben nach Wissen in das Wesen (D)eines barbarischen Volkes (*barbaricae gentis*) Einzug zu halten, das üblicherweise für sich – wie einen kennzeichnenden Besitz – die Unwissenheit beansprucht."[118]

Tatsächlich werden hier der Scharfsinn, der Wissensdurst und die Wahrheitsliebe des Königs gerühmt. Dabei muss auffallen, dass der König offenbar keinen Wert darauf legt, nicht als Barbar gekennzeichnet zu werden. Während etwa Cassiodor im ostgotischen Italien diese Bezeichnung für seine Könige sorgsam vermeidet und beteuert, Bildung sei ein Unterscheidungsmerkmal gegenüber illegitimen, ‚barbarischen' Gewaltherrschern, wozu er die Goten gerade nicht rechnet,[119] zögert Fulgentius, der doch die Bedürfnisse der Vandalen genau kannte und allen Grund hatte, auf diesem Gebiet vorsichtig zu sein, doch nicht, seinen Landesherrn als ‚Barbarenkönig' anzusprechen.[120] Dies setzt voraus, dass es sich um eine Selbstbezeichnung handelt, und genau dies impliziert auch der letzte Satz des Abschnitts. Er lässt durchscheinen, dass damit die Vandalen für römische Ohren eigentlich die Unwissenheit (wie ein angestammtes Besitztum) aufs Panier geschrieben haben, was jedoch durch Thrasamunds geistige Interessen aufgehoben werde.

---

[118] Fulg. Rusp. ad Tras. 1, 2, 2 (CC 91, ed. J. Fraipont, 99): *hoc benigna mansuetudo tua procul dubio perspicit, hoc ingenii studiique tui sagacitas recognoscit; quam vere mirandam, quisquis novit, considerare pronuntiat, non quod insolitum sit hominem scripturarum studiis insistere, sed quod rarum hactenus habeatur barbari regis animum numerosis regni curis iugiter occupatum tam ferventi cognoscendae sapientiae delectatione flammari, cum huiuscemodi semper infatigabiles nisus non nisi vel otiosus quis habere soleat vel Romanus. Per te, clementissime rex, per te, inquam, disciplinae studia moliuntur iura barbaricae gentis invadere, quae sibi velut vernacula proprietate soles inscitiam vindicare* (*soles* statt *solet* ist offenbar ein Druckfehler in der Edition).

[119] Cassiod. var. 9, 7, 3; 9, 21, 4; vgl. auch 3, 17, 1: *vestimini moribus togatis, exuite barbariem.*

[120] Dass die stark negative Konnotation von *barbarus* auch bei den Romanen damals (trotz der Subsumierung vieler Völker) einer im Wesentlichen deskriptiven Bedeutung weichen konnte, zeigt Vita Fulg. Rusp. p. 35 (= PL 65, 125C), wo der ‚Arianer' Felix charakterisiert wird: *natione barbarus, moribus saevus* (das eine implizierte nicht das andere).

Natürlich enthält Fulgentius' Formulierung auch eine vergiftete Spitze, die jedoch nicht im Gebrauch von *barbarus* liegt. Thrasamunds exzeptioneller Wissensdurst, der sich hoffentlich auch auf sein Volk übertragen werde, bezieht sich hier ausschließlich auf die religiöse Unterweisung, konkret also auf den Streit über das Wesen Christi. Fulgentius verbindet hier sein Lob für dieses Bemühen mit erstaunlich optimistischer Hoffnung auf Missionserfolg. Das ‚arianische' Bekenntnis wird dabei zu einer Folge mangelnder Informationen; dem kann und soll nun abgeholfen werden.

Es verwundert nicht, dass die Schrift des mutigen Mönchs ziemlich ungnädig aufgenommen und dass ihr Autor bald wieder in die Verbannung expediert wurde, weit mehr schon, dass der zitierte Passus heute gern als Beleg für eine schmiegsame Romanisation, ja für die besondere literarische Bildung des Königs gilt.[121] Dies ist er nicht. Uns kann er jedoch zeigen, dass die ‚barbarische' Benennung der Sprache der Vandalen auch in der Collatio nur ihrer Beschreibung, nicht ihrer Stigmatisierung diente. Möglich war dies, weil die Vandalen selbst sich diesen Begriff aneigneten,[122] was auf ihre angebliche Romanisation ein bezeichnendes Licht wirft. Aber das ist hier nicht das Thema.

Die zweite in diesem Zusammenhang relevante Beobachtung bezieht sich auf die schon genannte Stelle, an der das gotische Zitat vorkommt. Es ist der

---

[121] Schmidt (wie Anm. 6), 111: „wissenschaftliche Bildung"; Diesner (wie Anm. 6), 142: „Bildungsstreben". Malamud, 156; Isola 1995. So auch generell F. M. Clover, The Symbiosis of Roman and Vandals in Africa, in: Das Reich und die Barbaren, edd. E. Chrysos - A. Schwarcz, Wien-Köln 1989, 55–73; wieder in: Clover, Nr. X; A. Goltz, Gelehrte Barbaren?, in: Gelehrte in der Antike. FS Alexander Demandt zum 65. Geb., edd. A. Goltz et al., Köln u. a. 2002, 297–316, hier 309f.: „Bildung und wissenschaftliche Kenntnisse"; Modéran 2002, 128f.; W. Pohl, Die Völkerwanderung. Eroberung und Integration, Stuttgart 2002, 81: „weitgehende(n) Romanisierung und Akkulturation der Vandalen" (mit Verweis auf Clover). S. auch Spielvogel, 219; Castritius 2006, 201: Thrasamunds Herrschaft „geprägt durch eine dezidierte Orientierung an der römischen Kultur"; Castritius 2007, 149f.

[122] Vgl. auch den von Procop. Vand. 2, 6, 15–30 ‚überlieferten' Brief des byzantinischen Heerführers Fara (ein Heruler), der Gelimer in Pappua eingeschlossen hat: „Auch ich bin ein Barbar; Schreiberei und viele Worte bin ich von Jugend auf nicht gewöhnt, noch habe ich sie später nachgelernt. Wie nun der einfache Menschenverstand mir zu tun gebietet, schreibe ich Dir ..." – Εἰμὶ μὲν καὶ αὐτὸς βάρβαρος καὶ γραμμάτων τε καὶ λόγων οὔτε ἐθὰς οὔτε ἄλλως ἔμπειρος γέγονα. Ὅσα δέ με ἄνθρωπον ὄντα εἰδέναι ἀνάγκη, ἐκ τῆς τῶν πραγμάτων φύσεως ἐκμαθὼν ἔγραψα. – Vgl. auch W. Pohl, Die Namen der Barbaren. Fremdbezeichnung und Identität in der Spätantike und im Frühmittelalter, in: Zentrum und Peripherie – gesellschaftliche Phänomene in der Frühgeschichte, Intern. Symp. (Zwettl 4.–8. 12. 2000), edd. H. Friesinger - A. Stuppner, Wien 2004, 95–104.

einzige Satz der Schrift, in der in diesem Sinn von *Romani* die Rede ist. Hier geht es tatsächlich nicht um die Sprache, sondern um die Kultur. Hintergrund ist, wie gesagt, das Räsonnement über die sprachliche Inkulturation des Wortes Gottes: erlaubt ist es zwar nicht, *Amen* oder *Alleluia* aus dem Hebräischen ins Lateinische oder Gotische zu übersetzen; ansonsten sind die Heiligen Schriften aber sehr wohl mit voller Berechtigung übersetzt worden (Gott ließ ja auch zu, dass auf dem *titulus crucis* drei Sprachen standen, und er wirkte das Pfingstwunder). Wenn es nicht erlaubt wäre, das Wesen der Trinität mit einem griechischen Terminus (ὁμοούσιον) auszudrücken, dann wäre es auch nicht erlaubt, Gott in der *lingua barbara* zu loben und zu bitten.[123] Da dies aber fraglos der Fall ist, ja sogar das *Domine miserere* nicht nur von den ‚Barbaren' *lingua sua* (nämlich als *Froia arme*) gesprochen werden dürfte, sondern so auch von den Romanen: Warum sollte dann nicht erlaubt gewesen sein, auf den Konzilien der Väter mitten im Land der Griechen mit ihrer Sprache Christus als den ὁμοούσιον zu bekennen?[124]

Auch hier fällt auf, wie entspannt die Sprachendifferenz zwischen Romanen und Vandalen behandelt wird. Sie ist keineswegs direkt an das unterschiedliche Bekenntnis gekoppelt, so als würde der Gebrauch eines gotischen Gebetsrufs gleich zum ‚Arianer' machen. Auch die *Romani* ‚dürfen' *Froia arme* beten. Das *licere*, das in diesem Abschnitt mehrmals vorkommt, bezieht sich nicht auf irgendeine Legitimität im afrikanischen Glaubenskampf und im Streit um Kirchen und Liturgien,[125] sondern einzig auf die Erlaubtheit von Übersetzungen. Mit einem Beispiel aus der tatsächlichen (nicht der fiktiven) Umwelt der Collatio wird dabei versucht, besondere Überzeugungskraft zu gewinnen. Dabei ist die Ebene weiterhin nicht die der religiösen Praxis, sondern die der theologischen Legitimität. Ob und wann Katholiken tatsächlich *Froia arme* beteten, war also nicht die Frage. ‚Erlaubt' aber (nicht im Sinne eines kirchlichen Indults, sondern vor dem Hintergrund der

[123] 15, 90–104. 181–194. Das eigentliche Argument der Gegner des ὁμοούσιον war natürlich nicht die griechische Form, sondern die mangelnde biblische Bezeugung; die Argumentation läuft also in gewisser Weise ins Leere. Allerdings wissen wir nicht, ob die vandalischen Gegner des Autors nicht teilweise tatsächlich den griechischen Ausdruck als solchen angegriffen haben.

[124] 15, 201–205: *Si enim licet dicere non solum barbaris lingua sua, sed etiam Romanis ‚Froia arme' quod interpretatur ‚Domine miserere', cur non liceret in conciliis patrum in ipsa terra Graecorum, unde ubique destinata est fides, lingua propria homousion confiteri … ?*

[125] Dies wäre schon deshalb problematisch, weil die Disputation ja in eine Zeit versetzt wird, die davon nichts wissen konnte. Übrigens zeigt der ganze Passus klar, dass die ‚arianische' Liturgie immer noch gotisch war (anders zuletzt wieder Berndt 2007, 236). S. auch u. Anm. 129.

providentiellen Ausbreitung der *verba fidei* in verschiedene Sprachen) war ihnen diese Sprache, und nur darauf kam es dem Autor an.

Auch wenn wir diesen Sätzen also keinen Hinweis auf einen Sprachenwechsel der Romanen entnehmen können, zeugen sie doch von einer – vor dem Hintergrund der Verfolgungen unter Hunerich erstaunlichen – Offenheit der gotischen Kirchensprache gegenüber. Auch hier zeigt sich, wie beim Gebrauch von *barbarus*, ein deutlicher Abstand zur Situation, wie sie Victor beschreibt.

Dieser berichtet nämlich, wie Cyrila, der vandalische Patriarch, das Religionsgespräch von 484 sabotierte, indem er (sicher auf Gotisch) vorbrachte, er könne gar kein Latein. Obwohl dies offenkundig falsch war, wie ihm auch sofort vorgehalten wurde (*semper te Latine esse locutum manifesto novimus*),[126] kam ein Gespräch auf Grund verschiedener weiterer Winkelzüge nicht zustande. Cyrilas Vorwand war sicher kein spontaner Einfall.[127] Die Aufforderung, seinen Standpunkt darzulegen, kam ja nicht überraschend; er reagierte darauf mit Vorbedacht und mit königlichem Einverständnis, zudem in der Gewissheit, damit keineswegs als ungebildeter Tölpel dazustehen. Die Weigerung hatte also programmatischen Charakter: Sie sollte die kulturelle Grenze betonen,[128] die Vandalen und Katholiken dauerhaft trennte und trennen sollte, auch wenn in der Praxis manche Vandalen Latein lernten (etwa Vorsteher der Zivilverwaltung oder Kleriker mit Missionsabsichten).[129]

Beide Beobachtungen zu Kapitel 15 konvergieren also darin, dass die kulturelle Situation, die hier erkennbar wird, von der unter Hunerich deutlich abzuweichen scheint. Die Argumentation des Anonymus bezeugt zwar keine

[126] Vict. Vit. 2, 55.

[127] So stellt es auch Victor (2, 55) nicht dar: *Et videns catholicos episcopos ad conflictum magis fuisse paratos, omnino audientiam diversis cavillationibus declinavit.* Hier geht die sonst vorzügliche Übersetzung Lancels in die Irre: „Voyant que les évêques catholiques étaient mieux préparés à la confrontation ...". Aber *paratus ad* heißt auch ‚entschlossen zu', was hier besser passt. Die Zurückweisung des Spracharguments zeigt die Entschlossenheit der Katholiken, nicht ihre bessere Vorbereitung. Cyrila ist umgekehrt entschlossen, es nicht zu einer echten Diskussion kommen zu lassen, was wiederum die Katholiken vorausgesehen hatten (*praevidentes*); sie präsentierten einen vorher verfassten *libellus de fide*.

[128] Costanza (wie Anm. 24), 238–241; anders Lancel, ed. 2002, 309.

[129] Dies gilt auch umgekehrt: Romanen am Königshof lernten sicher ebenso die *lingua barbara* wie manche katholische Priester, die trotz der Verbote zu missionieren versuchten (vgl. Vita Fulg. Rusp. pp. 35–45 [= PL 65, 125B–128B). Auch in diesem Kontext war es ‚erlaubt', *Froia arme* zu beten, ohne dass jedoch an der zitierten Stelle ein solcher spezieller Fall gemeint war.

weitgehende Romanisation der herrschenden Germanen,[130] wohl aber auf katholischer Seite eine entspanntere Behandlung der vandalischen Selbstbezeichnung als *barbari* und der gotischen Kirchensprache. Dies passt gut zu den Verhältnissen unter Thrasamund, der mit Fulgentius um 515 n. Chr. die theologische Klinge kreuzte, was sich dann offenbar auch im Schrifttum der hinteren Reihen katholischer Theologen widerspiegelte.

Literatur zur Vandalenherrschaft in Africa aus den letzten 20 Jahren

AIELLO, V. (2004), I Vandali nel Mediterraneo e la cura del *limes*, in: L'Africa Romana. Ai confini dell'Impero: contatti, scambi, conflitti. Atti del XV convegno di studio (Tozeur 2002), edd. M. Khanoussi et al., Roma 2004, 723–739.

DERS. (2006), Che fine ha fatto l''elite' burocratica romana nel regno dei Vandali, in: Le trasformazioni delle 'élites' in età tardoantica. Atti del convegno internaz. (Perugia 2004), ed. R. Lizzi Testa, Roma 2006, 15–40.

ANTTARD (2002) = L'Afrique vandale et byzantine, 1 (Colloque, Tunis 2000); Antiquité Tardive 10, 2002.

ANTTARD (2003) = L'Afrique vandale et byzantine, 2 (Colloque, Paris 2001); Antiquité Tardive 11, 2003.

AUSBÜTTEL, F. M. (1991), Die Verträge zwischen den Vandalen und den Römern, RomBarb 11 (1991), 1–20.

DERS. (2007), Geiserich, in: Germanische Herrscher. Von Arminius bis Theoderich, ed. ders., Darmstadt 2007.

BEN ABED, A. - N. DUVAL, Carthage, la Capitale du rouyaume et les villes de Tunisie à l'époque vandale, in: Sedes regiae (ann. 400–800), edd. G. Ripoll - J. P. Gurt, Barcelona 2000, 163–218.

BERNDT, G. M. (2007), Konflikt und Anpassung. Studien zu Migration und Ethnogenese der Vandalen, Husum 2007.

DERS. - R. STEINACHER (2006), Die Münzprägung im vandalenzeitlichen Nordafrika. Ein Sonderweg?, in: Altertum und Mittelmeerraum. FS Peter W. Haider zum 60. Geburtstag, edd. R. Rollinger et al., Stuttgart 2006, 599–622.

DERS. - DERS. (edd.; 2008), Das Reich der Vandalen und seine Vorgeschichte(n); Workshop, Wien 2005, Wien 2008 (Forschungen zur Geschichte des Mittelalters 13).

[130] Im Gegenteil: Wenn die ‚barbarische' Sprache der Vandalen damals bis auf wenige Inseln bereits verschwunden gewesen wäre (so zuletzt Castritius 2007, 151; s. auch Kay, 8f.), wäre die Betonung der *lingua barbara* in diesem Passus kaum erklärlich.

BRIGHT, D. F., The Miniature Epic in Vandal Africa, Norman-London 1987.

CAMERON, Av., Vandal and Byzantine Africa, in: The Cambridge Ancient History, vol. XIV: Late Antiquity. Empire and Successors, AD 425–600, edd. dies. et al., Cambridge 2000, 552–569.

CASTRITIUS, H. (2006), Wandalen, Reallexikon der germanischen Altertumskunde 33 (2006), 168–209.

DERS. (2007), Die Vandalen, Stuttgart 2007.

CASTRIZIO, D., La monetazione del *limes*. Per una rilettura del sistema monetale vandalo (note preliminari), in: wie Aiello 2004, 741–755.

CESA, M., Roma e i Vandali nell'età di S. Agostino, in: 'L'adorabile vescovo di Ippona'. Atti del convegno (Paola 2000), ed. F. E. Consolino, Soveria Mannelli 2001, 133–151.

CLAUDE, D., Geiserich, Reallexikon der germanischen Alterstumskunde 10 (1998), 576–584.

CLOVER, F. M., The Late Roman West and the Vandals, Aldershot 1993.

DELOGU, P. (ed.), Le invasione barbariche nel meridione dell'impero: Visigoti, Vandali, Ostrogoti. Atti del convegno (Cosenza 1998), Soveria Manneli 2001.

DUVAL, N., L'année de règne vandale et le monnayage en argent de Carthage, REAug 34 (1988), 80–85.

EGER, Chr., Vandalische Grabfunde in Karthago, Germania 79 (2001), 347–389.

FRANCOVICH ONESTI, N., I Vandali. Lingua e storia, Roma 2002.

GIL EGEA, M. E., África en tiempos de los Vándalos. Continuidad y mutaciones de las estructuras socio-políticas romanas, Alcali de Henares 1999.

HÄGERMANN, D. et al. (edd.), Akkulturation. Probleme einer germanisch-romanischen Kultursynthese in Spätantike und frühem Mittelalter, Berlin 2004.

HEATHER, P., The Fall of the Roman Empire, London u. a. 2006.

HETTINGER, A., Migration und Integration. Zu den Beziehungen von Vandalen und Romanen im Norden Afrikas, FMS 35 (2001), 121–143.

HOWE, T., Vandalen, Barbaren und Arianer bei Victor von Vita, Frankfurt/M. 2007.

ISOLA, A. (1990), I cristiani nell Africa vandalica nei 'Sermones' del tempo, Milano 1990.

DERS. (1995), A proposito dell'inscitia dei Vandali secondo Fulg., ad Tras. 1, 2, 2, RomBarb 13 (1995), 57–74.

KAY, N. M., Epigrams from the Anthologia Latina. Text, Translation and Commentary, London 2006.

LANCEL, S. (1989), Victor de Vita et la Carthage vandale, in: L'Africa romana. Atti del VI convegno di studio (1988), vol. 2, ed. A. Mastino, Sassari 1989, 649–661.

DERS. (2000), Victor de Vita, témoin et chroniqueur des années noires de l'Afrique romaine au Ve siècle, CRAI (2000), 1199–1219.

DERS. (ed., 2002), Victor de Vita, Histoire de la persécution vandale en Afrique. La passion des sept martyrs. Registre des Provinces et des cités d'Afrique, textes établis, trad. et comm., Paris 2002 (Coll. univ. France, sér. lat. 368).

LAPORTE, J.-P., Hippo Vandale et Byzantine (un état de la récherche); in: Hippone, ed. X. Delestre, Aix-en-Provence 2005, 37–40. 241f.

LIEBESCHUETZ, J. H. W. G., *Gens* into *regnum*: The Vandals, in: *Regna* and *gentes*. The Relationship between Late Antiquity and Early Medieval Peoples and Kingdoms in the Transformation of the Roman World, edd. H.-W. Goetz et al., Leiden 2003, 55–83.

LUISELLI, B., Storia culturale dei rapporti tra mondo romano e mondo germanico, Roma 1992, 537–555.

MALAMUD, M., Vandalizing Epic, Ramus 22 (1993), 155–173.

MARKSCHIES, Chr., The Religion of the Late Antiquity Vandals: Arianism or Catholicism?, in: The true story of the Vandals, Värnamo 2001, 187–197.

MAZZA, M., I Vandali, la Sicilia e il Mediterraneo nella tarda antichità, in: Atti del IX Congr. internaz. di Studi sulla Sicilia Antica = Kokalos 43/44 (1997/1998), 107–138.

MERRILLS, A. H. (ed.), Vandals, Romans, and Berbers: New Perspectives on Late Antique North Africa, Aldershot 2004.

MODERAN, Y. (1998), Genseric (Geiseric), EncBerb 20 (1998), 3152–3159.

DERS. (1999), Les frontières mouvantes du royaume vandale, in: Frontières et limites géographiques de l'Afrique du Nord antique. Hommage à Pierre Salama (Table ronde, Paris 1997), edd. C. Lepelley - X. Dupuis, Paris 1999, 241–263.

DERS. (2001), Afrika und die Verfolgung durch die Wandalen, in: Die Geschichte des Christentums, III: Der lateinische Westen und der byzantinische Osten (431–642), ed. L. Pietri, franz. Orig. (1998) bearb. v. W. Weismann, Freiburg (2001), 264–299.

DERS. (2002), Les Vandales et la chute de Carthage, in: L'Afrique du Nord antique et médiévale. Mémoire, identité et imaginaire. Actes des journées d'études (1998/1999), edd. C. Briand-Ponsard - S. Crogiez, Rouen 2002, 97–132.

DERS. (2003), Les Maures et l'Afrique romaine (IVe–VIIe siècle), Rome 2003.

MOORHEAD, J. (ed.), Victor of Vita: History of the Vandal Persecution, Liverpool 1992.

PARSONS, J., The African Catholic Church under the Vandals, 429–533, Ph. Diss. London 1994 (unpublished).

RODOLFI, A., A Difficult Co-existence in Vandal Africa: King Geiseric and the Catholics, in: Papers presented to the 14th Intern. Conf. on Patristic Studies (Oxford 2003), edd. F. Young et al., Leuven u. a. 2006, 117–123.

SPIELVOGEL, J., Arianische Vandalen, katholische Römer: die reichspolitische und kulturelle Dimension des christlichen Glaubenskonflikts im spätantiken Nordafrika, Klio 87 (2005), 201–222.

STRZELCZYK, J., Wandalowie i ich afrykańskie państwo (= Die Vandalen und ihr afrikanischer Staat), Warszawa 1992.

VIAN, G. M., Ariani d'Africa, in: Africa Cristiana. Storia, religione, letteratura, edd. M. Marin - C. Moreschini, Brescia 2002, 241–254.

VÖSSING, K., Die Anthologia Salmasiana, das vandalische Karthago und die Grenzen der Stilanalyse, in: Der Stilbegriff in den Altertumswissenschaften, ed. K. Zimmermann, Rostock 1993, 149–155.

WALTER, U., Geiserich und das afrikanische Vandalenreich. Lernprozeß eines Gründerkönigs, in: Sie schufen Europa. Historische Porträts von Konstantin bis Karl dem Großen, ed. M. Meier, München 2007, 63–77.